U0510640

希腊化和中世纪早期哲学经典集成

章雪富 主编

论自由意志

[古罗马]奥古斯丁 著

石敏敏 译

HELLENIZED AND EARLY-MEDIEVAL CLASSICS

中国社会科学出版社

图书在版编目(CIP)数据

论自由意志/(古罗马) 奥古斯丁著；石敏敏译.—北京：中国社会科学出版社，2021.12 (2024.11 重印)

(希腊化和中世纪早期哲学经典集成)

ISBN 978-7-5203-9383-6

Ⅰ.①论… Ⅱ.①奥…②石… Ⅲ.①奥古斯丁(Augustine, Aurelius 354-430)—哲学思想 Ⅳ.①B503.1

中国版本图书馆 CIP 数据核字(2021)第 249046 号

出 版 人 赵剑英
责任编辑 冯春凤
责任校对 张爱华
责任印制 张雪娇

出　　版 中国社会科学出版社
社　　址 北京鼓楼西大街甲 158 号
邮　　编 100720
网　　址 http://www.csspw.cn
发 行 部 010-84083685
门 市 部 010-84029450
经　　销 新华书店及其他书店

印刷装订 北京市十月印刷有限公司
版　　次 2021 年 12 月第 1 版
印　　次 2024 年 11 月第 2 次印刷

开　　本 650×960 1/16
印　　张 21.5
插　　页 2
字　　数 296 千字
定　　价 158.00 元

凡购买中国社会科学出版社图书，如有质量问题请与本社营销中心联系调换
电话：010-84083683

目　录

独语录

导　论

奥古斯丁一直挣扎着奋力走向他母亲莫尼卡的信仰。这个过程漫长而艰辛，最后终于在米兰花园完成。这是他一生中最为刻骨铭心的场景之一，如他在《忏悔录》中所描述的，他在一个未见其人只闻其声的孩子的命令声中，拿起使徒保罗的书卷，读他的经文，“顿觉有一道清澈的永恒之光射进心田，往日阴霾笼罩的疑阵被一扫而光”①。

当时是386年的仲夏。但他受洗的日子还未到来，他得作为望教者度过一段时间。事实上，直到来年的复活节，米兰主教圣安波罗修（Ambrose）才为他举行了圣洗礼。同时，他虔心学习并祷告。在此期间，他的健康状况堪忧。夏日的炎热以及繁重的教学工作使他筋疲力尽。肺部的痼疾使他说话困难，但也使他得以体面地辞掉让他日益厌恶的工作。他的牙疼也一直折磨他，经常几乎难以阅读或思考。所幸的是，此时他的一位好友凡莱昆都斯（Verecundus）——尽管其本人还未信主，妻子却已是大公教徒——提供米兰城外一处乡村别墅为他所用。

奥古斯丁带着几位挚友来到这个位于卡西西亚库（Cassiciacum）的乡村度假地休养生息，这里风景怡人、气候凉爽。他那位圣洁的母亲莫尼卡，此时为儿子皈依的神迹满心欢喜，也与他随行。与他同去的还有他至爱的朋友阿利比乌斯（Alypius），他的兄弟拿威基乌斯（Navigi-

① 参考奥古斯丁《忏悔录》第八卷十二章，周士良译，商务印书馆2013年版。

us），两位表兄弟拉斯提狄亚努斯（Lastidianus）和鲁斯提库斯（Rusticus）；他的儿子阿德奥达图斯（Adeodatus），还有两位学生利凯提乌斯（Licentius）和特里盖提乌斯（Trygetius）。奥古斯丁与这些亲爱的家人和朋友度过了许多安详而快乐的日子。山里的空气清新凉爽，不久他的身体就有改善，灵魂也大为安宁，使他倍感安慰。虽然处理地产的重担落在他身上，花费了他一些时间，但还不算太过烦琐，并未影响他所要达成的目标。他一遍遍地诵读大卫的诗篇，一次次地泪流满面。他祷告并为他皈依的恩典而荣耀上帝。他写了一些书信，主要是写给朋友奈伯里第乌斯（Nebridius）。但他最喜爱的事则是将他在别墅的亲爱朋友聚集到身边，讨论伟大的哲学和宗教问题。就如他在《独语录》里告诉我们的，这是他生命里最美好的福祉之一：有朋友围绕身边，“我们可以一起同心合意地寻求我们的灵魂和上帝”。(1. 12. 20)

这些各具特色的哲学讨论硕果累累，最后收集为《卡西西亚库对话录》，它充分表明这种教与学的方式十分卓越。奥古斯丁以对话的形式，就如他之前的柏拉图和西塞罗常用的，让我们看到他那个时代的最根本问题，看到一位高超的老师与一群仰慕他的聪明学生不间歇地为我们讨论这些问题。《驳学园派》向我们呈现的是知识的问题，以及如何为心灵获得确定性的能力辩护。在《论幸福生活》我们看到对幸福的出色研究，人的渴求，最终这种渴求在上帝即至善中得到满足。恶与神意的问题是《论秩序》的主题。最后，两卷本的《独语录》讨论上帝和灵魂。因此，我们在他的卡西西亚库文集里看到基督教思想的某种基本蓝图。奥古斯丁会不断触及这些话题，它们是贯穿他一生的主题，激发他最深层的思考。

随着年事渐长，他朝向天国的思想之泉也越深越广，但其源头乃是始于卡西西亚库隐居时的那股清流。将他早期的对话与晚期同样话题的思考作个比较，我们就看出，他的思想与其说改变了，不如说发展了。他的晚期作品与其说是修正了先前的错误，不如说是扩展、延伸了早就在对话中形成的结论。然而，这并不是说他的思想没有发展，其实，他的思想从最初到最后确实有一个稳步的进展过程，但这是基于持续不断地学习、沉思和祷告而自然产生的，是不断成熟的判断能力导致的必然结果。

就如人们可以预料的，这些对话有柏拉图主义或新柏拉图主义的痕迹。这个迟迟才接受大公教的杰出心灵是一个在不同时期经过不同学派熏陶的心灵，从摩尼教经怀疑派一直到最后的新柏拉图主义，可谓对各种思想兼收并蓄。比如在《独语录》就有一些观念让人想到新柏拉图主义的概念。但是关于这位年轻望教者的这些早期对话录，令人惊奇的一点乃是，它们是如此的深刻有力，如此的条理严谨，如此的妥当确切。

《独语录》是卡西西亚库对话录的最后一篇，也是圣奥古斯丁本人最喜爱的一篇。这部篇幅不长的两卷本作品写于 386 年末至 387 年初。它其实并不是一篇对话，因为讨论中并没有对话伙伴，作者只是把“我”（ego）与“理性”（ratio）作为讨论双方。为了这样一个设计，他发明出“独语录”（soliloquia）这个名称，“这个名称诚然是我新造的，可能有点生硬，但非常恰当地表明了它所指向的目标”①。

奥古斯丁以一段相当长的高雅祷告作为开篇，紧接着就确定探讨的目标。这个目标就是认识上帝和灵魂。对这样一本小书来说，这无疑是一个相当大的主题。确实，想要在这里找到研究上帝和灵魂所产生之问题的所有答案，或者甚至只是奥古斯丁的所有答案，都是错误的。我们认识上帝本性的最好方式是借着灵魂，这是与造主最相似的造物。我们认识灵魂的最佳方式是研究它的功能。它最典型的功能就是认知，因此，最佳途径必然就是研究认知问题。感官的作用，真假的本性，理智知识的来源，灵魂不可毁灭的本性——所以这些话题都以逻辑顺序并且

---

① 《独语录》2. 7. 13。

以修辞学家奥古斯丁特有的优美语言一一呈现在我们面前。

从灵魂迈向上帝这一步并非不可逾越，因为即使就人的理智活动来说，上帝也是源头和光，灵魂借着这光才能看见。上帝就是“可理知的光”，可比作使眼睛得以实施看见之功能的光。正是由于灵魂追求知识的活动依赖于上帝，才会有这种将上帝与灵魂结合起来的研究。这也是典型的奥古斯丁观念，是他的思想得到发展和完善所基于的第一原理。

如果研究者关注的是作为一个人和一位圣徒的奥古斯丁，而不是作为哲学家或神学家的奥古斯丁，那么他会从这篇作品中得到很多启发，由此洞悉这位四世纪的教会博士的独特个性。我们在《独语录》的某些段落里看到的性格特点，正是我们在《忏悔录》的自白中所看到的；我们看到一个友好和蔼、耐心温婉的朋友；看到一颗朝向上帝的灵魂不时被他属人的考验和试探挫败。总之，我们看到一位圣徒最初的状况，他的成圣始于他的自我征服。

遗憾的是，《独语录》并没有获得应有的知名度。非常奇怪的是，倒有一篇同名伪作似乎比真品享有更大盛名。这篇伪作往往与同样伪造的 *Manuale* 和 *Meditationes S. Augustini* 合编在一起。两卷本《独语录》的拉丁文本直到最近才被收入全集文库。现在可以找到它的单行本。[①]

本译本所用的拉丁文本是本笃版，Migne 翻印，Patrologia Latina 32（Paris 1861）869 ff. 。

英译本有两个版本，一个是 Charles C. Starbuck，library of the Nicene and post-Nicene Fathers（1st ser. , ed. Schaff, Vol. 7, 1888）；另一个是 Rose Elizabeth Cleveland，出版于 1910 年。值得一提的还有一个版本，就是 Alfred Ⅰ国王的 Anglo-Sazon 译本。这个译本在我们的语言史上举足轻重，尽管由于 Alfred 不满足于单纯的翻译，使它作为一个译本

① New York, Cosmopolitan Science & Art Service Co. , Inc. , 1943.

的价值大打折扣；该书四分之三的内容是他自己的插补。然而，这位敬虔而博学的国王选择把该作品译成他自己的母语，这一事实本身就是对奥古斯丁这篇短小精悍之作的莫大肯定。

第一卷　如果我们能脱离感官沉思至美

求告上帝向他显现（1，1—6）

引言

1.1. 很长时间以来，我心里一直翻滚着许多事情，纠缠着诸多思绪，我日复一日不停地、执着地探求着我的自我、我的善，以及何谓应避免的恶。突然，有个声音对我说话——我不知道它是我自己，还是我身内或身外的他者，这正是我一直努力想要明白的事。这声音——我们暂且称之为理性吧——对我说：

理性（以下简称理）：现在，假设你发现了什么；那么你会把它交托给谁，以便继续探寻其他问题？

奥古斯丁（以下简称奥）：当然是交托给记忆了。

理：记忆是否真的能完整保存你思考所发现的一切呢？

奥：很难，几乎不可能。

理：因此你要把它记下来。不过，你的健康状况[①]不允许你从事写作的劳顿，你该怎么办呢？那些思绪也不能口授，因为它们需要绝对的孤独。

---

① 奥古斯丁在1.15.27又提到“他目前的状态”，还提到折磨他的牙痛（1.12.21）。《驳学园派》和《论幸福生活》都有提到他的健康欠佳。

奥：你说得没错。我还真不知道该怎么办。

理：那就祷告吧，祈求健康和帮助，使你能如愿以偿；也把这个写下来，使你因自己的成果而备受鼓舞。然后用一些简短的论断概述你的发现。现在你不必在意如何赢得大批读者；这些概述对你的几位朋友来说已经足够。

奥：就按你说的做吧。

求告上帝，他是万有之开端

1. 2. 上帝啊，宇宙的创造者，请赐给我力量，首先让我能正确地向你祈求；其次让我行正当之事，配得你垂听；最后让我蒙你释放得自由。

上帝啊，那靠自己不能存在的万事万物，因着你才能努力存在。

上帝啊，甚至那些自我毁灭的事物，你也不会让它们归于无有。

上帝啊，你从无中创造了这个世界，每一双眼睛都视它为至美。

上帝啊，你没有引起恶，你使那已变恶的，不至于沦为至恶。

上帝啊，你向那少数以真理（quod vere est）为避难所的人显明，恶不过是虚无。

上帝啊，因着你，宇宙——甚至包括它险恶的一面——是完全的。

上帝啊，在你的管理下，没有任何绝对的不和谐，因为不完全的事物与完全的事物和谐一致。①

上帝啊，凡是能爱的，哪个事物不爱你，不论有意，还是无意。

上帝啊，万物都在你里面，但宇宙造物的丑陋不能羞辱你，它们的败坏不能伤害你，它们的错误不能蒙骗你。

上帝啊，若不是纯洁者，你不愿意他们知道真理。②

---

① 奥古斯丁在《论秩序》（稍早于《独语录》）里详尽讨论了恶、宇宙秩序和神意问题。

② 参见《订正录》I. 4. 2。

上帝啊，你是真理之父，智慧之父，至真至高的生命之父，福祉之父，美善事物的父，可理知之光的父，使我们警醒并得启示的父，提醒我们归向你的盟约之父。

也是一切属人真理的开端

1.3. 上帝啊，我向你求告，你就是真理，一切真实的事物莫不是本于你（in quo）、依靠你（a quo）、因着你（per quem）而是真实的；你就是智慧，一切有智慧的事物莫不是本于你、依靠你、因着你而获得智慧；你是真实至上的生命，凡是有真实而完美生命的，无一不是本着你、依靠你、因着你而活着；你就是幸福，凡是幸福的，无一不是本着你、依靠你、因着你而是幸福的。你是善和美，凡是善的和美的事物，无一不是本着你、依靠你、因着你而是善的和美的。你是可理知之光，凡是拥有可理知之光的，无一不是本着你、依靠你、因着你而有可理知之光。

上帝啊，整个世界就是你的王国，那是感官所无法感知的。[①] 你王国的法律甚至也在这些地区颁布。

上帝啊，背弃你就是堕落，转向你就是复兴，留连于你，就是站立得稳。

上帝啊，离开你就是死灭，回归你就是复活，在你里面就是存活。

上帝啊，若不是被蒙骗，无人失去你；若不是得告诫，无人寻求你；若不是得洁净，无人找到你。

上帝啊，抛弃你就是毁灭，关注你就是热爱，看见你就是拥有。

上帝啊，信心把我们推向你，盼望把我们升向你，慈爱把我们联结于你。

上帝啊，依靠你，我们战胜仇敌，我向你祈求；依靠你，我们获得

① 参见《订正录》I. 4. 2。

的才不会完全消失。

上帝啊，你告诫我们，叫我们警醒。依靠你，我们得以分辨善恶；依靠你，我们避恶求善；依靠你，我们不被困苦打倒；依靠你，我们为仆为主都尽职分；依靠你，我们明白那原本以为疏远的却是亲近的，原本以为亲近的却是疏远的；依靠你，我们不迷恋于恶的魅惑和引诱；依靠你，琐碎的事不会贬损我们；依靠你，我们的高级部分不会屈从于低级部分；依靠你，“死被得胜吞灭”①。

上帝啊，你使我们皈依，使我们脱下“所不是”（quod non est），穿上“所是”（quod est）。

上帝啊，你使我们配被垂听。

上帝啊，你赐我们力量，引领我们进入全部真理。

上帝啊，你向我们讲述一切善好之事，你不让我们心灵失常，也不许任何人这样做。

上帝啊，你召我们回到正路，领我们来到门口，并允诺凡叩门的，就给他开门。②

上帝啊，你赐给我们生命的粮。③

上帝啊，依靠你，我们渴念那杯水，喝了它就永远不渴。④

上帝啊，你叫世人为罪、为义、为审判。⑤

上帝啊，依靠你，我们不会被那些没有信仰的人所动摇；依靠你，我们驳斥那些认为灵魂在你面前毫无价值之人的错误；依靠你，我们不会再回到那懦弱无用的小学，再作奴仆。⑥

上帝啊，你洁净我们，使我们预备领受那因你垂怜临到我们的神圣

---

① 《哥林多前书》第十五章第54节。
② 参见《马太福音》第七章第8节。
③ 参见《约翰福音》第六章第35、48节。
④ 参见《约翰福音》第四章第14节；第六章第35节。
⑤ 参见《约翰福音》第十六章第8节。
⑥ 参见《加拉太书》第四章第9节。

赏赐。

求告上帝，他本体为真，统治世界

1.4. 独一的上帝啊，无论我说了什么，求你帮助我！你是一，是永恒，是真实的实体，在你，没有纷争，没有混乱，没有变化，没有缺乏，没有死亡；在你，惟有完全的和谐，完全的明晰，完全的持续，完全的丰富，完全的生命；在你，没有任何不足，也没有任何多余；在你，生育者与受生者原为一。[①]

上帝啊，凡服侍的，都服侍于你，一切善良灵魂都遵从于你。

上帝啊，按照你的法律，斗转星移，日管白昼，月主夜晚；光去暗来，是为一日，月圆月缺，是为一月，春夏秋冬，四时更替，是为一年，太阳完成一周，是为太阳年，星辰周而复始，是为大时代，就这样，整个世界——就感官所能及的世界而言——以周而复始的秩序和时令保持着令人惊奇的稳定。

上帝啊，因着你永恒不变的法律，可变事物的不稳定运动不会变得混乱，而是在世代的循环下始终回到相对稳定；因着你的法律，灵魂的选择是自由的，但赏善罚恶是一条永不动摇的铁律。

上帝啊，一切善好都从你降于我们，一切邪恶都因你与我们隔绝。

上帝啊，无物在你之上，无物在你之外，无你便无一切；一切都在你之下，一切都在你之中，一切都因你而存在。你照着你的形象和样式造了人[②]，认识自己的都承认这一点。

我的上帝啊，求你垂听、垂听，垂听我，你是我的主，我的王，我的父，我的因，我的盼望，我的财富，我的荣耀，我的家园，我的故土，我的救赎，我的光明，我的生命。求你垂听、垂听，垂听我，以你

---

① 参见《约翰福音》第十章第30节；参见《订正录》I. 4. 3。

② 参见《创世记》第一章第26节。

那只为少数人所知的方式垂听我！

求告上帝，以便向他回归

1.5. 如今我惟独爱你，惟独跟从你，惟独寻求你，预备惟独侍奉你，因为惟有你公义地统治，我渴望服在你的掌管之下。

我恳求你下令，发布你任何想发的命令，但请医治并开启我的耳朵，让我聆听你的声音；医治并开启我的眼睛，让我看见你的旨意。

请去除我的无知，让我认识你。告诉我该朝向哪里才能看见你，我希望自己能成就你命令的一切事。

主啊，我最仁慈的父，我恳求你，接纳你的浪子吧；我遭受的惩罚已经足够，我侍奉你踩在脚下的仇敌已经足够，我被错误玩弄已经足够；当我逃离所有这些时，请你接受你的仆人；当初我逃离你时，他们待我如外人。

我知道我必须归向你。我敲你的门，让你的门为我打开吧；请教我如何来到你面前。我所有的别无其他，惟有意愿；我所知的别无其他，惟知流逝可灭的事物当唾弃，确定永恒的事物当追求。父啊，我这样做是因为我知道的惟有这一点；但我不知道如何才能来到你面前。求你告诉我、指示我，为我的旅程提供装备。

如果那些求救于你的人是靠着信心找到你的，就请赐给我信心；如果是靠美德找到你的，请赐我美德；如果是知识，赐给我知识。请加给我更多的信，更多的望，更多的爱吧。

你的美善是何等神奇而非凡！

也为了医治自己

1.6. 我要走向你，我再次恳求你指示我走向你的路径。如果你抛弃我，我必毁灭，但你没有抛弃我，因为你是至善，凡是正当寻求的，没有谁会完全找不到。而凡是正当寻求的，正是你使他们能够正当寻求。父啊，让我能够寻求你吧，让我能够脱离谬误；让我在寻求你时，独独发现你，而不是别的事物。父啊，如果我欲求的只是你，没有别的事物，请让我最终发现的也惟独你。如果我心里有任何虚妄的欲求，请你洁净我，使我得以仰望你。

至于我这必朽身体的健康，全智全善的父啊，我既不知道它对我或者对我所爱的人有什么益处，我就把它交托给你，我也要因你适时对我提出鞭策[①]而祷告，我全心祈求你的无上仁慈，让我完全皈依于你，在我朝向你的路上不设任何障碍；当我还承受着这个身体之时，求你对我发号施令，让我变得纯洁、宽宏、正义、审慎，全心爱你的智慧，理解你的智慧，配得你的居所，住在你至福的王国。阿门，阿门！

我们借着何种知（sciendo）走向上帝（2，7—5，11）

如果对上帝的知有可能足够

2.7. 奥：你看，我向上帝祷告了。

理：那你想要知道什么呢？

奥：就是我所祷告的一切。

理：请简洁地总结一下。

奥：我想知道上帝和灵魂。[②]

理：没有别的了吗？

---

① 指他的胸痛病。

② 参见《论秩序》2.18.47：“属于哲学的问题有两个：第一个讨论灵魂；第二个讨论上帝。第一个使我们认识自己；第二个让我们认识自己的起源。前者对我们来说比较愉快，后者则更加宝贵。前者使我们配过幸福生活，后者使我们获得幸福。第一个适合初学者，第二个适合训练有素的人。这就是智慧的各门学科的秩序。人借此就能理解事物的秩序，看到两个世界以及整个宇宙的创造主——灵魂除了知道对他多么无知之外，对他一无所知。”（引自中译本《论秩序》，石敏敏译，中国社会科学出版社 2017 年版，第 131 页，略有修正。——中译者注）

奥：确定没有了。

理：那就开始寻求吧。首先请澄清一下，如果向你显明上帝，如何显明你会说：这样足够了。

奥：我不知道应该如何向我显明上帝，我可以说这样足够了，事实上，当我想要知道上帝的时候，我不认为我知道什么东西。

理：那我们怎么办呢？你难道不认为首先应该知道，你知道上帝到什么程度对你是足够了，这样你获得这种知识之后就不作更多寻求？

奥：我也这么认为，但我不知道如何能做到。试想，我所理解的事物有哪个与上帝相似，从而我可以说，我想要理解上帝，就如我理解这个事物那样？

理：你既不知道上帝是谁，你又怎知道你所知道的事没有一个与上帝相似？

奥：因为如果我知道某物与上帝相似，那么毫无疑问我会爱它；但是除了上帝和灵魂，我不爱任何事物，而这两者，我都一无所知。

理：那你不爱自己的朋友吗？

奥：我既爱灵魂，怎么会不爱朋友呢？

理：这样说来，那你也爱跳蚤和昆虫啰？

奥：我说我爱灵魂（animam），不是爱动物（animalia）。①

理：或者你的朋友不是人，或者你不爱他们；因为每个人都是动物，而你说你不爱动物。

奥：他们是人；我爱他们不是因为他们是动物，而是因为他们是人。也就是说，因为他们有理性灵魂，甚至盗贼的理性灵魂，也是我所爱。因为我可以爱任何人的理性，同时正当地憎恨任何滥用我所爱之物

① 灵魂也是一切有灵魂之物（动物）的生命原则。

的人。所以，我的朋友越是善用——或者至少渴望善用——理性灵魂，我便越爱他们。

认识上帝靠理性不够

3.8. 理：我同意你的观点。不过，如果有人对你说："我让你认识上帝，就如同你认识阿利比乌斯一样。"你不会对此表示感谢，说："这就够了"吧？

奥：我肯定会感谢，但不会说这就够了。

理：请问为什么？

奥：因为我对上帝的认识还没有对阿利比乌斯的认识多，更何况我对阿利比乌斯的认识也不够呢。

理：那就要小心了，你这个连阿利比乌斯都没有足够认识的人，却想要对上帝有足够的认识，是不是太不自量力了。

奥：并非如此。比如，与星宿相比，我的晚餐算什么呢？然而，就算我不知道明天的晚餐是什么，仍然可以毫不自负地宣称，我知道明天的月亮将以什么月相出现。

理：那么，如果你知道上帝就如知道明天的月相那样，是否就足够呢？

奥：不够，因为后者我是通过感官知道的。我不知道上帝或者某种隐秘的自然原因是否会突然改变月亮的位置和行程。如果那样的事发生，那么我所设想的一切都将是错误的。

理：你相信这样的事会发生吗？

奥：我不相信。然而我是要寻求我该知道的，而不是我该相信的。或许可以恰当地说，凡我们知道的，我们都相信；但我们相信的，我们并非都知道。

理：那么你在这个问题上要拒斥所有感性证据吗？①

奥：确实要拒斥。

理：是吗？你的那位朋友，你说你还不怎么认识他，那你是想用感官还是理智认识他？

奥：对于他，我用感官所知道的——如果用感官能有所知的话——都是无关紧要的，所知也已足够；但是真正使他成为我朋友的那一部分，即灵魂本身，我希望通过理智知道。

理：没有可能用其他方式知道吗？

奥：没有。

理：那么对于你的这位朋友，也是你最熟悉的人，你敢说你一无所知吗？

奥：为何不敢？我认为友谊之法是最公正的，它规定一个人爱朋友就等于爱自己，不多也不少。而我对自己一无所知，所以当我说我对朋友并无知识时，怎么可能因此使他蒙羞呢？更何况——我相信——他其实自己也并不认识自己。

理：如果你想要知道的是属于理智才能获得的那类事物，那么当我说你连阿利比乌斯还不知道，就想去知道上帝，有点自不量力时，你就不应该提出你的晚餐和月相——如果这些事物，如你所说，属于感官对象——来作类比。

认识上帝不靠权威

4.9. 不过，那与我们何干？现在请回答这个问题：如果柏拉图和

---

① 奥古斯丁对感官知识之价值的反思很有意思地呈现出他思想的真实发展历程。他最初谈到这个问题时，倾向于否认感官的确定性，表明他受柏拉图主义影响颇深。（参见《驳学园派》3. 11. 26）。但是在其成熟作品《论三位一体》中，他对这个话题提出了明确而可靠的论述，抨击（15. 12. 21）了学园派哲学家“喋喋不休”地反对感官，主张感官知识在其自身范围之内具有客观有效性。

普罗提诺[①]关于上帝的言论是真的，那么你是否认为你知道上帝就像他们知道那样就足够了呢?

奥：即使他们所说是真的，并不能由此直接推出他们必然知道上帝。许多人对他们并不知道的事长篇大论地谈论，就如我说我想知道所有那些我所祈求的事，如果我知道这些事，就不会想要知道它们了。那么我为何还能谈论这些事呢?其实我所说的并不是通过理智理解的事，而是我从各处收集起来交给记忆的事，是我尽我所能相信的事；而知道那是另外一回事。

理：请告诉我，你至少知道几何学里的线是什么吧?

奥：这个我清楚地知道。

理：你这样说，就不怕学园派的人[②]吗?

奥：一点不怕。他们不希望智慧人犯错，但我不是智慧人。所以对于我所知道的事，我不怕承认有知识。如果我如愿以偿，获得智慧，我会做她指示我的事。

理：我无以反驳。不过，我现在要问，你是否知道他们称为球体的圆形物体，就如同你知道线一样?

---

① 奥古斯丁在《忏悔录》(7. 10. 20) 证实柏拉图的思想对自己有很大影响；又说对一个已经找到基督教真理的人来说，那种思想是不完备的。在《上帝之城》他谈到柏拉图主义哲学家，说："没有人比他们更接近我们了"(8. 5)；"他们比别的哲学家更接近真理"(11. 5)。在《驳学园派》(3. 20. 43)，他说："我的天性使我迫切抓住真理，不只是通过信仰，而且通过理解力；我也相信我会在柏拉图主义哲学家那里找到与我们的奥秘不相违背的东西。"他还在该书中谈到普罗提诺："柏拉图哲学中最纯粹、最耀眼的学说尤其在普罗提诺那里大放光彩，把错误的疑云一扫而光。大家认为这位柏拉图主义哲学家与柏拉图本人非常相像，让人觉得两人应该就生活在同一时代；或者——因为他们之间的时间跨度很大——可以认为是柏拉图在普罗提诺身上复活了。"(3. 18. 41)。

② 奥古斯丁在皈依之前曾倾心于这些哲学家的观点。"我心中产生了这样的想法，那些被称为学园派的哲学家比其他人更有智慧，因为他们主张人应该怀疑一切，认为人不可能理解任何真理。我以为他们的思想就是当时人们普遍认为的那样，但其实我并没有理解他们的含义"(《忏悔录》5. 10. 19)。"于是，我以学园派的方式——或者以号称的学园派方式——怀疑一切，对一切悬而不决。我想，既然在我尚处怀疑的时候，我已看出许多哲学家都胜过摩尼教徒，那我就决定必须离开摩尼教。但我也绝不信任那些哲学家，交由他们来医治我的灵魂疾病，因为他们不识救主基督的名"(《忏悔录》5. 14. 25)。

奥：我知道。

理：你对两者是同等地知道，还是知道一个多点，另一个少点？

奥：自然是同等，因为对两者我都不会犯错。

理：那么对这两者，你是通过感官还是通过理智知道呢？

奥：在这件事上我体验到感官就如同一艘船，它把我运送到我要去的地方之后，我就把它弃之一边，然后，当我上了岸在地上安顿下来之后，我就开始用思维反复思考这些事，在很长一段时间内我的脚步一直踉跄不稳。因此，在我看来，一个人在陆地上航行也要比通过感官了解几何学更容易，尽管感官似乎在最初时对初学者有一定帮助。

理：那么关于那些事的学问，如果你有一些这样的学识，你会毫不犹豫地称之为知识吗？

奥：斯多亚学派不会允许的，他们认为知识只属于智慧者。我不否认我对这些事有正确理解，尽管他们认为愚人也有这样的理解，但我不怕任何斯多亚学派的人。可以肯定，你所问的所有这些事，我都有知识。你继续问吧，我要看看你的问题把我们引向哪里。

理：不要急，慢慢来，我们有时间。请你专注，免得不假思索地认同。我正在努力让你欣然回到你不用担心有任何责难的问题，你却催我加紧往前，似乎这个问题无足轻重。

奥：但愿上帝成全你的话。那就按你的规则问吧，如果我再有类似表现，你就重重责备我吧。

通过数理知识（认识上帝）对人来说足够

4.10. 理：那么在你看来是否很显然，一条线绝不可能在纵向上被分成两条？

奥：是很显然。

理：那么横向呢？

奥：那不就是无限可分吗？

理：关于球体，是否同样清楚：从球心分开的任何一部分都不可能有两个同等的圆？

奥：是同样清楚。

理：这个线和球，在你看来是同样的东西，还是彼此有所分别？

奥：谁看不出两者大相径庭呢？

理：如果你对两者同等地知道，而两者，如你所承认的，又彼此迥异，那么对不同的事物可以有同等的知识，是吗？

奥：谁曾否认这点呢？

理：你刚刚就否认了。当我问你：你想要如何知道上帝从而能说这就足够，你回答说你无法解释，因为当你想要认识上帝时，你对他还没有任何知识，因为你不知道哪个事物与上帝有相似性。现在怎样呢？线与球是相似的事物吗？

奥：谁会这样说呢？

理：但我不是问你知道什么与上帝相似，而是问你有什么知识与关于上帝的知识是相似的。现在，你对线的知识与对球体的知识是类似的，尽管两个对象迥异。那么请告诉我，你知道上帝就如你知道几何学的球体一样，即对上帝毫不怀疑，就如对球体确定无疑一样，这样对你来说是否就足够了呢？

认识上帝与认识数的区别不在于认识方式

5.11. 奥：尽管你不遗余力地督促我、说服我，我还是不敢说我想要知道上帝就如我知道这些事一样。不仅因为两者所涉对象不同，而且知识本身，在我看来也是彼此不同的。首先，线与球体之间虽有区别，但两者的知识仍然属于同一个学科，但没有哪个几何学家会说自己教导关于上帝的知识。其次，如果关于上帝与关于那些几何图形的知识是同等的，那么当我知道那些知识时应该是欣喜若狂的，就如同我所预想的当我认识上帝时必然欢喜至极那样。然而，相比于认识上帝，我完全轻视那类知识，有时候甚至认为，如果我能认识上帝，能以他可被看见的方式看见他，那么所有这些事物都可以不在我的考虑之内；即使现在，由于我对上帝的爱，这些事物也几乎进不了我的心里。

理：你认识上帝时的喜乐必然大大超乎你对这些事物的知识，但区别不在于认识的方式，而在于认识的对象。比如，你看大地的方式与看宁静天空的方式难道不一样吗？然而看后者要比看前者使你快乐很多。如果有人问你，你看大地是否与看天空一样地确定，除非眼睛出错，我相信你会回答，你看两者同样确定，尽管天空的美丽和荣光比大地更使你欣喜。

奥：我承认你的类比打动了我，我倾向于同意这个观点，对上帝可理知之美的观照与确定而真实的几何学知识之间的区别，正如在类别上天与地之间的区。

我们通过医治和对光的凝思走向上帝（6，12—8，15）

我们走向上帝：a. 通过医治（sanando）

6.12. 理：你真是从善如流啊。与你对话的理性承诺要把上帝呈现给你的心灵，就如把太阳呈现给眼睛一样。可以说，心灵有自己的眼睛，它就如同灵魂的感官。学识中最确定的真理，就如同那通过太阳的光照才能看见的事物，比如大地和地上的一切；而上帝就是那光照者。我，理性，对于心灵，就如看（aspectus）之于眼睛。有眼睛不等于能看（aspicere），看也不等于看见（videre）。因此灵魂需要三样东西：一是它能正当使用的眼睛；二是看；三是看见。当心灵清除了一切属体痕迹，即摆脱并洁净了对一切属世事物的欲望，它就是健康的眼睛，而要做到这样的洁净，首先，唯有依靠信心（fides）。心灵若被污秽蒙蔽，被疾病缠绕，是不可能向它显现上帝的，因为它不健全就不能看见；如果它不相信惟有健全才能看见，它就不会去寻求医治。然而，即使它相信确实如此，即唯有健全的视力，才可能去看见，它若对医治不抱希望，那它岂不会放弃寻求，拒绝医生的治疗呢？

奥：完全可能，尤其因为这些疗方必然会令病患者感到痛苦。

理：因此除了信心，还必须加上盼望（spes）。

奥：我相信是这样。

理：如果心灵相信自己如此拥有所有这些，也盼望能被医治，然而它不爱也不渴望所应许的光，反而认定自己应该满足于自己的黑暗——因为已经习惯，所以以之为乐——那怎样呢，它岂不同样会拒斥医生？

奥：确实如此。

理：因而必须再加上爱（caritas）。

奥：没有比这更必须了。

理：没有这三者，灵魂不可能得医治，从而得以看见（videre），即理解（intellegere）它的上帝。

b. 通过凝思（contemplando）

6. 13. 当它有了健全的眼睛，接下来会怎样呢？

奥：它就会看（aspiciat）。

理：灵魂的看（aspectus）就是理性，但是并非所有看者都能看见，唯有正当的、完全的看，即产生视像（visio）的看，才称为德性（virtus）；德性就是正当或完全的理性。但是灵魂若不保守那三者，它的眼睛纵然健全，看本身仍不可能使眼睛转向光；那三者，即信心，借之相信它应当转而凝视的事物必定给它带来幸福；盼望，借之确定只要它专注看，就必能看见；爱，借之渴望看见并享有。最后，看产生的是关于上帝的视像，他就是看的最终目的；不是说此时就不存在看，而是说再没有别的事物需要朝向。这就是真实而完全的德性，理性达到了自己的最终目的，随之而来的就是幸福生活。然而，这视像本身属于灵魂里的理解，通过理解者和被理解者产生；正如在眼睛里，所谓的看见是由感官和感觉对象构成的，离开任何一方，都不可能看见任何事物。

c. **通过看见**（videndo）

7.14. 因此，当灵魂最终得以看见即认识上帝，我们来看看此时它是否仍需要信望爱。既然它已经看见了，信心还有必要吗？既然它已经拥有了，还需要盼望吗？至于爱，不仅不会减少一分，而且必定大大增加。因为当它看见那独特而真实的美，必会越发爱之；它若不以非凡的爱定睛之，永不放弃地凝视之，就不可能存留在那至福的视像之中。当灵魂还在身体之中时，尽管它也可能最大限度地看见，即认识上帝，然而，即使身体感官利用自己特有的功能，就其功能来说不会犯错，就其结果来说却会引入歧途，所以那使它抵挡这些错觉并相信另有真实之物的，仍可称之为信心。同样，在此生中，虽然灵魂因认识上帝已然有福[①]，但由于它得承受诸多身体苦痛，所以它得盼望死后不会再有这种种折磨，因此当灵魂还在此生时，就不能放弃盼望。此生之后，它就完全在上帝里面，爱使它坚守那里。此时就不能说它需要信心，相信那些事物为真，因为已经没有任何虚假扰乱真理；它也不需要任何盼望，因为它安全地拥有一切。因此，就与灵魂至关重要的三件事——它健全、它看、它看见——来说，另三件事，即信、望、爱，对第一件事与第二件事始终是必需的；对第三件即看见，在此生都是必需的，到了来生，惟有爱是必需的。

人如何能看见上帝

8.15. 现在听着，就目前所需，我要通过可感事物的类比教导关于上帝的一些事。上帝自然是可理知的对象，那门学科（几何学）的符号也属于可理知对象，但两者之间有巨大区别。比如，大地和光都是可

---

① 参见《订正录》I. 4. 3。

见的，但是若不是有光照射，地是不可能被看见的。同样，学科里教导的那些知识，人人都理解并且承认它们毫无疑问是正确无误的，但是必须相信，它们若不是由某种如同太阳一样的事物照亮，是不可能为人所理解的。因此，正如关于这个太阳，可以注意到三件事：它存在，它发光，它照亮；同样，关于你想要理解的那位最隐秘的上帝，也有三件事：他存在，他被理解，他使其他事物被理解。为了让你理解这两者，即你自己和上帝，我斗胆教导你。不过请回答，你会如何看待我所说的呢，是看作可能的，还是真实的？

奥：当然是看作可能的。但我必须承认，我心中升起了更大的希望（我希望获得更多的知识），因为除了关于那两者即线和球体的知识之外，你所说的其他事，我不敢说自己还知道什么。

理：不足为奇，因为到现在为止我们还没有阐释什么，怎么会要求你有所理解呢。

奥古斯丁的进步（9，16 — 13，23）

考察他自己的进步：a. 通过审慎，它就是约束者理性本身

9.16. 那我们还磨蹭什么呢？赶紧上路吧。我们首先要看看，我们是否健全。

奥：这个你可以自己得到答案，只要你仔细观察一下你的或我的内在状态。至于我，对于你的任何问题，只要我有什么想法，都会回答你。

理：除了关于你自己和上帝的知识之外，你还爱其他事物吗？

奥：我倒想回答说，就我目前的想法而言，我没有其他所爱了，但是为了谨慎起见，我还是回答：我不知道。因为我经常遇到这种情形，每当我以为没有什么事会触动我了，心里却不期然地出现某种东西，完全意料之外地影响我。同样，某些事当它只是出现在我思想中时对我没有什么干扰，但当它真实发生后对我的影响却比我预想的严重。不过，在我看来，有三件事会对我产生困惑：对失去所爱之物的恐惧，对痛苦的恐惧，以及对死亡的恐惧。

理：所以你爱与至友共度的生活，爱你健康的体魄，爱你这身体生命本身，不然，你就不会担心会失去它们。

奥：我承认确实如此。

理：然而事实上，并非你的所有朋友都在你身边，你的健康状况也不那么好，这使你的灵魂多少感到痛苦——我看这就是结论。

奥：你说得没错，我无法否认。

理：那么，如果你突然觉得并确证自己身体健康无恙，看到你所有至爱的人都在你身边和睦相处，享受高雅的闲暇，你岂不是要喜不自胜了吗？

奥：确实有点。如果真的如你所说，这些事突然发生了，那我如何能自抑，怎么可以掩饰这种欣喜呢？

理：因此你仍然受困于灵魂的种种顽疾和不安。这样的眼睛，想要去看太阳，难道不是草率吗？

奥：你得出这样的结论，似乎我完全不知道我的健康已有多大程度的改善，哪些疾病已经离我远去，哪些还有残留。那就暂且让我承认这一点吧。

b. 通过节制，它是快乐的约束者

10. 17. 理：你岂不看见这肉眼，即使很健全，也时时防御并避开太阳的光线，尽量躲到自己的幽暗之中？而你还在想着自己取得了多大进步，而非想着你希望看见的对象究竟是怎样的存在。那就让我来跟你谈谈这一点，即你认为我们已经取得的进步。你不欲求任何财富吗？

奥：目前它确实不是我最渴求的。我现在三十有三，不求财富差不

多已有十四年了[①]；即使偶然得到财富，我也只是把它们看作生计所需，维持体面的生活。事实上，西塞罗的一本书[②]使我欣然接受这样的观点：绝不能贪求财富；如果它们落到我们手里，就要十分明智而谨慎地处理。

理：那么荣誉呢？

奥：我承认，到了最近甚至只在这几天，我才不再欲求它们。

理：妻子呢？有一个美丽、端庄、温顺、有学识，或者轻易可教的妻子，你会不欢喜吗？甚至她可能带来一笔嫁妆，根本不会影响你的悠闲生活——既然你鄙视财富——尤其是如果你指望并确定她不会给你带来任何不便，有这样的妻子你不高兴吗？

奥：不论你如何用种种美德粉饰她，把各种品质加诸她，我已经决定最应该避而远之的东西莫过于婚姻。我发现没有什么比女人的温存以及有妻子就不可能避免的肉体交合更容易使男人的灵魂从它的堡垒跌落了。所以，如果生儿育女属于智慧人的一种职责（对此我还不太确定），那么凡是为完成此项任务而娶妻的人，在我看来都值得敬佩，但绝不应该仿效他，因为尝试这样的事，与其说有可能得幸福，不如说更可能遭危险。因此，我想，为了我灵魂的自由，我已经命令——完全正当和有益——自己不求妻、不恋妻、不娶妻。[③]

理：现在我不是问你决心做什么，而是问你是否还在情欲中挣扎，或者已经战胜了它。因为这涉及你眼睛的健全问题。

奥：我完全不寻求也不渴望这类事，甚至回想这样的事还觉得恐惧和恶心。你还想听到什么呢？这种好在我身上日益增加，因为越是有希

---

① 奥古斯丁在《忏悔录》6.6.9 描写自己“追求财富，渴望婚姻；你实在笑我了”。他将自己因这些虚妄欲望而遭受的不幸与他在米兰街上遇到的乞丐的单纯快乐相比较。

② 此书即《荷尔顿西乌斯》（*Hortensius*），已佚失。奥古斯丁生命中最重要的事件之一就是读到此书，如他在《忏悔录》（3.4.7，8）所证实的。

③ 写作此书前不久，当时奥古斯丁还未皈依，他与利比乌斯曾就婚姻问题有过一场争论。见《忏悔录》6.12.21。

望看见我如此渴望的那种美，我的爱和喜乐就越是完全地转向他。

理：那美食的享受呢？你对它有多在意呢？[①]

奥：我决意不吃的东西，对我没有任何诱惑力。当然，对于我还没有戒绝的食物，当它们出现在我眼前时，我承认我还是感到欢喜的；然而，即使在我看见它们、品尝它们时把它们拿走，我的灵魂也不会有任何不安。而当它们不在眼前时，那就根本不会有对它们的欲求胆敢来妨碍我的思考。你不必再问我什么饮食、沐浴以及其他诸如此类的身体享受，总之，我对它们的所求，仅仅限于它们能对我恢复健康提供帮助。

c. 通过法律和盟约的正义

11. 18. 理：你确实有很大进步。但是剩下的才是妨碍你看见那光的最大障碍。我会尝试一些在我看来容易证明的事：或者我们不再有任何需要克服的东西，或者我们没有取得任何进步，所有我们以为已经除去的败坏仍然存在。请问，假如你深信若没有丰富的物资供应生活所需，你就不可能与诸多亲朋好友共聚一室探求智慧，那你难道还不欲求财富选择财富吗？

奥：我会。

理：再假设这样的事很显然：如果你的权威因荣誉而增加，那你就能够说服很多人来追求智慧；如果你的那些朋友不是拥有荣誉的人，就无法为自己确立欲求的尺度，不能转而全心寻求上帝；而他们若不是借着你的荣誉和高位就不可能成为拥有荣誉的人，那会怎样呢？这些荣誉难道不应欲求，你难道不全力追求以便获得它们吗？

奥：你说得没错。

理：我不准备讨论妻子的问题。或许娶妻并非是一件必需的事，然而，如果她的丰厚遗产足以供你的所有朋友如你所愿地共居一处过闲暇

---

① 参见《忏悔录》10. 31. 44。

生活——假设她本人热心支持这种做法——尤其是如果她出身高贵，通过她你可以轻易得到那些你已经承认必不可少的荣誉，那么我不知道你鄙弃这些东西是否属于你的职责。

奥：我何时胆敢有这样的希望呢？

这是他灵魂的管理者

11.19. 理：你这样说好像我在问你希望什么。我不是问什么东西当你得不到时你不以此为乐，而是问什么东西当你得到时你为之高兴。根治了疾病是一回事，只是把它诱入休眠状态则是另一回事。一些博学之人所说的话很能说明这一点：所有愚人都是疯狂的，正如所有污物都是发臭的，只是你并非时常能闻到，但是一旦你搅动它，就臭不可闻。[①] 情欲是被灵魂的绝望压制了，还是因健康的恢复被剔除了，这两者之间差距巨大。

奥：虽然我无法回答你，但你不能说服我，使我相信在我目前所处的这种心灵状态中，我可以断定我没有任何进步。

理：你之所以这么认为，我想是因为你虽然会选择这些东西，却似乎并非因其自身的缘故，而是因另外要寻求之事的缘故。

奥：这正是我想说的，因为我以前欲求财富，是为了变得富有而欲求；欲求荣誉——我说过对它们的贪欲直到最近才克服——是因为迷恋于某种难以名状的光芒；我也常常欲求妻子，不为别的，只为她能有好名声给我带来感官享乐。当时我确实欲求这些东西，但如今我已摒弃所有这一切。然而，如果必须借助于这些东西才可能到达我所欲求的对象，那么我不会把它们当作可喜爱的对象去追求，而是当作必须忍受的对象去接受。

理：非常好，我想我们不应把为实现另外目的而需求某些事物称之

① Cicero, *Tuscalanae Disputationes* 4.24.

为贪欲。

d. 通过坚毅，我们借此建立生命，不惧怕死亡

12.20. 但是请问，你为何欲求你所爱的那些人或者活着或者与你共聚一堂?①

奥：为了我们能够一起同心合意地寻求我们的灵魂和上帝。这样，第一个发现的人就比较容易引导其他人，无须太费力。

理：如果他们不愿意追求这些呢?

奥：我会说服他们，使他们愿意。

理：如果你说服不了他们——或者因为他们自己有所发现，或者他们认为那些事物不可能发现，或者他们被对其他事物的关注和欲望绊住——那又如何呢?

奥：我会尽我所能说服他们；换作他们，也会尽他们所能说服我。

理：如果正是他们的存在妨碍你去追求，那当如何? 如果他们不可能转变态度，你难道不劳心费神，甚至宁愿他们不在你身边吗?

奥：我承认确实如你所说的。

理：那么你想要他们存活或者在你身边，并非为其本身的缘故，而是为了发现智慧?

奥：我完全同意。

---

① 从《忏悔录》、《书信集》和其他作品可以看出，奥古斯丁精通友谊之术。“因为没有朋友我不可能感到幸福，不论享受着多大的肉身之乐。我爱那些朋友是爱他们本身，同时我感到他们爱我也是爱我本身。”（《忏悔录》6.16.26）亦见写给马尔提阿努斯（Martianus）的优美书信（258），信中他对西塞罗的友谊定义：“友谊就是通过仁（benevolentia）与爱（caritate）使人事与神事同谋合一”（Laelius，20）作了基督教意义上的解释。友谊并不妨碍奥古斯丁寻求上帝和真理。事实上，友谊的主要目的乃是“使我们一起同心合一地寻求我们的灵魂和上帝”。他写《独语录》时就与母亲莫尼卡、阿利比乌斯、拿威基乌斯、利凯提乌斯以及特里盖提乌斯等一起共居于威莱昆都斯的乡村别墅。我们可以在当时写下的那些对话中看到，奥古斯丁与朋友们一直在努力实现高贵友谊的这个神圣目标。

理：那怎样呢？如果你确定你自己的生命妨碍你理解智慧，你还希望它存留吗？

奥：我肯定会逃离它。

理：如果你得知，不论你是离弃这个身体，还是留在它里面，都能同样地获得智慧，那么你还会在意是在此生还是在来生享有所爱对象吗？

奥：如果我知道不会有更坏的事临到我头上，拖我离开我已经进展到的地方，那我不会在意。

理：那么你现在怕死，因为担心被某种更大的恶吞没，从而失去神圣知识。

奥：我不仅担心已有的知识会被夺走——如果我真有所知道——而且担心那通向我所渴望知道之对象的道路会被阻断，尽管我相信我真正拥有的东西会与我同在。

理：因此，你希望这生命存续并非因为生命本身，而是因为智慧。

奥：是这样。

也不怕生活中的痛苦和恶

12.21. 理：还有身体的痛苦，或许它就是以其本身的力量影响你。

奥：同样，若不是因为它阻碍我探求，我对这种痛苦并不那么惧怕。尽管这段时间剧烈的牙痛折磨着我①，除了原来所学的东西，无法思考别的，更无法从事内在的学习活动，那是需要全神贯注的，尽管如此，我仍然觉得，只要那真理之光照向我的心灵，我就可以感受不到身体上的痛苦，至少可以忍受它，等闲视之。但是，尽管我不曾遭受过比这更大的痛苦，我还是时常想象何时会有更大的病痛临到头上，因此有

① 参见《忏悔录》9. 4. 12。

时就认同科奈利乌斯·凯尔苏斯（Cornelius Celsus）[①] 的说法，他说：最大的善是智慧，最大的恶是身体之痛。在我看来，他的推论也并不荒谬。他说，既然我们是由两部分构成，即灵魂和身体，其中灵魂是优越部分，身体是低劣部分；最大的善就是优越部分中最大的好，最大的恶则是低劣部分中最大的坏；灵魂里最大的好就是智慧，身体里最大的坏就是痛苦。因此，人最大的善就是获得智慧，最大的恶就是遭受痛苦。我想，这个结论明白无误，滴水不漏。

理：我们以后再探讨那些问题。或许我们努力寻求的智慧本身会让我们相信事实并非如此。但是如果智慧表明事实确实如此，我们就要毫不犹豫地主张这个关于至善和至恶的论断。

e. 通过智慧，她引导我们凝思

13.22. 现在我们要探讨，你是一位怎样的智慧热爱者——这智慧，你渴望以最纯粹的凝视看她，以最纯洁的拥抱拥有她，没有帕子遮挡，可以说，赤裸裸地面对，这样的智慧，只允许极少数精挑细选出来的爱智者看见和拥有。如果你对某个美女心怀炽爱，但她发现你爱她并非因她本人，而是因为其他原因，她拒绝委身与你岂有不合理的？你若不是只爱智慧本身，她怎么会向你展现她最纯洁的美呢？

奥：那我为何如此不幸，至今受阻，为何如此可怜，仍受折磨，求之不得？既然不因其本身的缘故爱她，就不是真爱，那我已经充分表明，我别无所爱，惟独爱智慧，因她本身而爱她，正因为她的缘故，我才想要拥有或者害怕失去其他东西，比如生命、安宁、朋友。我对那至

① 科奈利乌斯·凯尔苏斯是一位罗马博学家，以医学著作最为闻名，哲学作品主要收集著名哲学家的思想，而非他自己原创，现已佚失。奥古斯丁在 De Haeresibus 的前言提到他的作品："一个名叫凯尔苏斯的人，用六大卷收集了各个哲学学派创立者的哲学观点，直到他自己时代（此后就不是他力所能为了）。他并没有对这些哲学家有任何批评，只是表明他们的主张，可以说，他惜字如金，单纯呈现他们的观点，不作任何是非褒贬。"

美的爱岂有止境呢？我不仅不吝啬别人也爱她，而且寻求更多人来与我一同祈求她、渴望她、拥有她、享有她；他们越是与我们共享对她的爱，就越成为我们相亲相爱的朋友。

也引导我们看见

13. 23. 理：爱智慧的人正该如此；这正是智慧所寻找的爱人，她与他们的结合是完全纯洁，毫无污点的。不过，通往智慧的道路不止一条[①]；事实上，每个人都根据自己的健全状况和坚毅程度把握那独一而至真之善。心灵里有一种不可言喻、无法理解的光，众人共有的光或许可以尽其所能告诉我们那光具有怎样的能力和性质。有些眼睛非常健全又十分敏锐，一睁开就能毫无畏惧地转向太阳本身；对它们来说，光本身在某种意义上就是健康，它们不需要任何教导者，或许只要一些告诫，就足以使它们去信、去望、去爱。还有些眼睛，被自己渴望之对象的强光灼伤，于是往往不再看，反而欣然回到自己的黑暗之中。这样的眼睛即使可以称之为健全的，对它们来说，想要显明它们还没有能力看的对象是危险的。所以它们首先要接受训练，为了它们自身的好，对它们的爱也应加以限制并加强培育。首先向它们显示某些不是靠自身发光，而是借着光能被看见的东西，比如衣服、墙壁以及诸如此类的东西。然后让它们看那些自身不发光但借助于光可以熠熠生辉之物，比如金银以及诸如此类的东西，这些光虽然耀眼，却不至于造成伤害。再后，或许应当让它们小心看地上的火，然后看星辰、看月相、看黎明初现，看天空渐亮。这样，每个人都可以依据自己的能力，或者经历所有步骤，或者跳过几个步骤，或快或慢地对光习以为常，最终能无所畏惧且满怀喜悦地看见太阳。这就是最卓越的教师对炽热追求智慧的学生的教导步骤，这些学生虽然有正常视力，但不够敏锐。好的教育就是要依

① 参见《订正录》I. 4. 3。

靠某种确定的秩序获得智慧，这是它的职责；没有秩序，那就是难以置信的运气之事了。不过我想今天我们已经写得够多了，我们得担心健康问题。

灰心丧气并再次探讨（14，24 — 15，30）

对自己脱离可感事物没有信心

14.24. 奥：另一日我说，现在，如果你能够，请你给我那个秩序。请引领我推动我，不论去向什么地方，使用什么方式，通过什么途径。请命令我吩咐我，不论多么严厉，多么艰难，只要在我能力范围之内，我都顺从，以保证我能到达我所渴望的目标。

理：只有一件事我能指点你，别的我都不知道：务必完全抛弃那些可感事物。当我们还承受这个身体时，对此要特别当心，免得我们的翅膀被它们的捕鸟胶缠住，因为我们需要整全而完美的翅膀，才能从这黑暗飞向那光；那光不会屈尊向那些囚禁在身体牢笼里的人显现自己，除非他们能够挣脱或者破坏这个牢笼，从而飞向自己的领域，才得以见光。因此，一旦你不再以世俗之物为喜，请相信我，到那时，就在那一瞬间，你就看见你之所求。

奥：请问，那究竟会是何时呢？因为我想，我若没有看见那使这些世俗之物相形之下显得污秽不堪的欲求之物，我就很难对它们完全鄙视弃绝。

对自己能否见真光没有信心

14.25. 理：肉眼也可以同样说：当我看见太阳时，我就会不再爱黑暗了。看起来这似乎合乎秩序，然而事实远非如此。这眼睛仍爱黑暗，因为它还不健全；而它若不健全，就不可能看见太阳。这里灵魂也常被蒙骗，它以为自己是健全的，就自夸起来，又因为它看不见，就心生怨言，似乎抱怨是理所当然的。然而那至美知道何时显现自己。她扮演的是医生的角色，也明白那自身健全者好过那医治后恢复健康者。我们以为自己已经取得多大进步，然而我们沉沦多深，进展多远，却不是我们能设想和感知的，只是与更大的疾病患者相比，我们以为自己是健全的。你岂不看见我们昨天好像信心十足地宣称，我们已经脱离一切疾患，我们只爱智慧，不爱其他；我们寻求或意愿其他也只是为了智慧的缘故？当我们谈到对妻子的欲求时，在你看来，拥抱女人是多么卑鄙，多么可憎，多么羞耻，多么可怕！然而，当你那晚醒着躺在床上，当我们再次回顾这些事时，你意识到事实远非你所宣称的那样，那些幻想的爱抚以及它们迷人的甜美刺激着你，使你心旌荡漾，虽然确实没有原先那般难以抑制，却也远非你所设想的那样无动于衷。于是那位最隐秘的医生向你指明了两件事：一是在他的眷顾下你已经摆脱的，二是还需要医治的。

因为常常缺乏勇气

14. 26. 奥：打住打住，求你别说了。你为何要折磨我呢？为何要挖得如此深入，沉到如此低处呢？我都抑制不住哭泣了，此后我不再许诺什么，不再妄称什么，免得你如此究问。你说得没错，我渴望看见的那位必是知道我何时健全，所以，他乐意怎样就怎样，喜欢何时显现自己就何时显现，反正我已将我的全部交托给他，求他怜悯和眷顾。对于他，我永远相信，他不会停止帮助那些倾心于他的人。对于我的健全，除非我看见了那美，我不会宣称什么。

理：那你就不必再做什么。只是现在你得把眼泪止一止，控制一下情绪。你实在哭得太多了，恐怕你患病的脆弱胸部承受不了呀。

奥：我都看不到我的不幸何处是尽头，你却让我止住眼泪不再哭泣？或者，当我本身（灵魂）正被疾病销蚀的时候，你却要我关注身体的健康？但是我恳求你，如果你对我有能力，请努力引领我通过某种捷径靠近那光——如果我真的有所进步，我就能承受它——那么我会羞于再把眼睛转向我所抛弃的黑暗，如果你可以把那些仍然胆敢引诱我使我盲目的事物称之为我所抛弃之物。

当再次探讨时，需要表明：a. 真理与真的

15.27. 理：如果你愿意，我们不妨结束这第一卷，在第二卷我们可以遵循更适合的方式来讨论。依你目前的情形，不应不遵守适度的工作原则。

奥：我绝不允许结束这一卷，除非你向我透露一点我所向往靠近的那光的信息。

理：那位医生会使你如愿以偿。因为我不知道有什么样的光会临到我、激发我带领你前往。所以请仔细聆听吧。

奥：恳请你引领我，带我去你想去的地方吧。

理：你是否确定你想要知道灵魂和上帝？

奥：那是我的全部渴求。

理：别无他求？

奥：无他。

理：那么，你不想知道真理吗？

奥：好像我可以不通过真理知道什么似的。

理：所以首先应当知道真理，通过真理才能知道其他。

奥：我完全不否定。

理：首先我们来看看，这里有两个术语，真理（veritas）和真的（verum），你认为它们是指两件事，还是指同一件事？

奥：我认为是指两件事。就如同，比如，“贞洁”是一回事，“贞洁的”是另一回事，这样的例子很多。所以我认为“真理”是一回事，被称为“真的”是另一回事。

理：那这两者中你认为哪者优先？

奥：我想真理优先。比如，“贞洁”不是源于某个“贞洁的”人，相反，贞洁者乃是因贞洁而成为贞洁者。同样，如果有某物是真的，那它之所以为真，是因着真理。

b. **真理不会消失**

15. 28. 理：那怎样呢？如果某个贞洁者死了，你认为贞洁会消失吗？

奥：绝不会。

理：因此，当某个为真的事物灭亡，真理并不消失。

奥：不过为真的事物为何会灭亡？我不明白。

理：我很惊讶你会提出这样的问题，难道我们没看到成千上万的事物都在眼前消失吗？比如这棵树，你难道认为它诚然是树，却不是真的，或者认为它肯定不会灭亡吗？虽然你不相信感官，可能会说，你不知道它是不是一棵树，然而，如果它是一棵树，我想你不会否认它是一棵真的树，这不是通过感官，而是通过理智作出的判断。如果它不是一棵真的树，那它就不是树；如果它是一棵树，它必然是真的。

奥：我同意你的说法。

理：那么进一步的说法怎样呢？你难道不同意树属于有生有灭这类事物吗？

奥：我不可能否认这一点。

理：由此就可得出结论，某些真的事物是可灭的。

奥：我不反对。

理：那么，你不认为真理不因真的事物之灭亡而消失，就如贞洁不因贞洁者的死亡而消亡一样？

奥：我也同意这一点，并且满怀期待你要推导出什么观点。

理：那就仔细听好了。

奥：听着呢。

c. 上帝存在于自身之中

15.29. 理：你是否认为以下这个观点正确：凡是存在的，必是存在于某处？

奥：这是不言而喻的。

理：你承认真理存在吗？

奥：承认。

理：那我们就必须问它在何处。因为它不可能在某个空间——除非你认为非物体的事物存在于空间，或者真理是一物体。

奥：我当然不会这么认为。

理：那你认为它在哪里呢？因为我们承认存在的东西不可能“无处”存在。

奥：如果我知道它在哪里，或许就不用再求问什么了。

理：那你至少可以知道它不在何处吧？

奥：如果你能提醒一下，我或许能知道。

理：可以肯定，它不在可朽事物中。因为凡是存在于某物之中的，如果它所在的那物不能留存，它就不能留存；然而，我们刚刚认定，即使“真的”事物消失了，真理仍然留存。因此真理不存在于可朽事物之中。然而真理是存在的，它不是“无处”存在，因此存在不朽之物。而凡是真理不在其中的事物，都不是真的，由此可以得出，惟有不朽坏的事物是真的。假树不是树，假木不是木，假钱不是钱，总之，任何假的东西就不是东西，就不存在。而不是真的东西，就是假的。因此，若不是不朽坏的，就不能正当地说是存在的。你仔细想想这个简单的推理，看看是否有在你看来不能认同的地方。如果这个推论成立，那我们几乎完成了整个探求，这在下一卷会更加清楚。

15.30. 奥：谢谢你了，我会在我们静默时再仔细深入地思考这些问题，与我也与你探讨，只要没有那些黑暗攻击我，尤其是以享乐引诱我，那是我最害怕的。

理：要坚定不移地相信上帝，尽你所能把全部的你交托给他。不要企图自己做主，好像你拥有什么主权，而要表明你是他的仆人，他是你最仁慈、最有益的主。这样，他就会不停地抬升你朝向他自己，不会让任何对你无益的事发生，即使你可能并不知晓。

奥：我听见了，我也相信，我要尽我所能顺服。我向上帝恒切恳求，让我有能力深入思考。或者，你对我还有别的要求吗？

理：目前已经足够了。以后，当你看见了他，你会做他吩咐你做的一切事。

第二卷　理性的力量或可证明灵魂是真实的且不会消失

首先探讨：经常犯错的灵魂是真实的（1，1—5，8）

人知道自己存在、活着并理解

%1.1. 奥：我们的工作已经耽搁太久，爱是不耐等待的，眼泪也难以抑制，但求得赐所爱的对象。那就让我们开始第二卷的讨论吧。

理：那就开始吧。

奥：让我们相信上帝将与我们同在。

理：如果我们有这样的能力，我们就相信吧。

奥：上帝就是我们的能力。

理：那就祷告吧，尽可能简短又全面。

奥：上帝啊，永恒同一者，愿我知道自己，愿我知道你。这就是我的祷告。

理：你既希望知道自己，那你知道你存在吗？

奥：知道。

理：你如何知道的？

奥：这个我不知道。

理：你觉得自己是单一的，还是复合的？

奥：我不知道。

理：你知道自己运动吗？

奥：不知道。

理：你知道自己思考吗？

奥：我知道。

理：所以“你思考”这是真的。[①]

奥：是的。

理：你知道自己不朽吗？

奥：不知道。

理：就你所说你不知道的这些事中，你最想知道哪个？

奥：我是否不朽。

理：那就是说你热爱生命。

奥：我承认。

理：如果你知道自己是不朽的，你觉得满足了吗？

奥：知道这一点确实很了不起，但对我来说仍是微不足道的。

理：就是知道这样一件微不足道的事，你岂不是已经欢欣雀跃了？

奥：非常欢喜。

理：那你不会为此哭泣了吧？

奥：不会。

理：如果你发现这不朽的生命是这样的，你在其中不可能知道比你

---

① 奥古斯丁这里的推论让人想起后来笛卡尔在《谈谈方法》（*Discours de la Methode*）中使用的同样的论证方式。有些学者认为，奥古斯丁已经预先宣告了笛卡尔的名言“我思故我在”（Cogito, ergo sum）。为证明这个论断，除了《独语录》这一处之外，他们还引用这位圣博士其他作品的各处段落：《论幸福生活》2.7；《驳学园派》3.9.18，19；《论自由意志》2.3.7；《论三位一体》15.12.21；《上帝之城》11.26 等。关于这个论题，可以阅读 Gilson, *Introduction a L' Etude de S. Augustin*（Paris 1929）49ff.。关于这个问题的另一种看法参见 Abercrombie, *Saint Augustine and French Classical Thought*, ch. 3。Charles Boyer, S. J. 在 *Revista di Filosofia Neo-Scolastica*（Suppl. Vol. 19［1937］79－83）发表题为 Le“Cogito”dans Saint Augustin 的文章，对这个主题做了很有意思的研究。他思考 cogito 在奥古斯丁哲学中的地位和作用，指出奥古斯丁与笛卡尔对 cogito 的态度有本质区别，对教会博士来说，cogito 只是几个不可否认的真理之一，而对法国哲学家来说，cogito 是第一条且最根本的真理。

已经知道的更多，你能控制自己不哭泣吗？

奥：相反，我会泣不成声，仿佛生命完全不存在了。

理：这样说来，你爱生命并不是因为活着（vivere），而是因为知道（scire）。

奥：我同意这样的结论。

理：如果正是知识本身使你不幸，那怎样呢？

奥：我想这样的事绝不会发生。但如果真有这样的事，那就无人能得幸福。因为我现在之所以不幸，不因别的，只因无知。如果知识本身使人不幸，那不幸就是永远的。

理：现在我明白你所求谓何。因为你相信没有任何知识会使人不幸，由此可以推出，理解使人幸福；然而人若不活着，就不会幸福，人若不存在就不会活着，所以你希望存在、活着并理解。但存在是为了活着，活着是为了理解。因为你知道自己存在，知道自己活着，知道自己理解。但是，你想要知道：这些事是否会永远存续；或者没有一样会一直存续；或者有些会永远留存，有些会转瞬即逝；如果一切将存续，它们是否可能减损和增加。

奥：是这样。

理：如果我们能证明自己永远活着，那就可以推出我们永远存在。

奥：没错。

理：剩下的就是对“理解”（intellegentia）的探究了。

先要确定真理

2. 2. 奥：我认为以上顺序非常清晰而简洁。

理：那就听好了，请仔细而坚定地回答我的问题。

奥：悉听尊便。

理：如果这个世界永远留存，那么“这世界将永远留存”这是不是真的？

奥：谁会怀疑这一点呢？

理：如果它不能留存，那么“这世界将不留存”岂不是真的？

奥：我完全赞同。

理：假设它必将消逝，那么当它消逝时，岂不可以说“世界消逝”是真的？因为只要世界毁灭不是真的，它就没有毁灭。所以，世界应该毁灭但世界毁灭不是真的，这样的说法是荒谬的。

奥：我也同意。

理：那怎样呢？你难道会认为有某物是真的但真理不存在？

奥：绝不可能。

理：因此真理必然存在，即使世界不再存在。

奥：我不能否认这一点。

理：如果真理本身毁灭了，那怎样呢？“真理毁灭”岂不就成了真的？

奥：谁能否认呢？

理：然而，如果真理不存在，就不可能存在真的事物。

奥：我刚刚承认这一点。

理：因此真理绝不会毁灭。

奥：这结论再正确不过了。请按你的思路继续吧。

何来真假

3. 3. 理：现在请回答，你认为能感知的是灵魂还是身体？

奥：我认为是灵魂。

理：好。那你认为理解属于灵魂吗？

奥：我认为肯定如此。

理：是只属于灵魂，还是也属于另外事物？

奥：我看只属于灵魂，除非是指上帝，我想那是理解之源。

理：那我们就来思考这个问题。如果有人对你说那墙不是墙，而是树，你会怎么认为？

奥：不是他的感觉错误，就是我的感觉错误，或者他用这个名称来称呼墙。

理：如果在他看来那是墙，而在你看来那是树，那怎样呢？有没有可能两者都是真的呢？

奥：绝不可能，因为同一个事物不可能既是树又是墙。虽然我们各自看到的有可能是不同的事物，但我们中必有一个产生了错误印象。

理：如果它既不是墙也不是树，你们两人都看错了，那会怎样？

奥：这确实是可能的。

理：你前面忽视了这种可能性。

奥：我承认。

理：如果你们两人都认识到自己所看到的不是真相，那你们两人没有被骗吧？

奥：没有。

理：因此，这样的情形是可能的：所看到的现象是假的，但看到这现象的人并没有被骗。

奥：有可能。

理：所以必须承认，被骗的不是看见假相的人，而是认同假相的人。

奥：显然必须承认。

理：何谓虚假本身？为何是虚假的？

奥：因为它实际所是不同于它看起来的所是。

理：如果没有人看它，那就没有虚假。

奥：是的。

理：因此虚假（错误）并不在于事物，而在于感官；不过，人若不认同虚假现象，也就不会受骗。所以，如果当感官被骗时，我们仍有可能不受骗，那就表明，我们是一回事，感官是另一回事。

奥：我没有异议。

理：但是如果灵魂受骗，你敢说你自己没有犯错吗？

奥：那哪敢呢？

理：而没有灵魂就不会有感觉，没有感觉就不会有错误。所以，或者灵魂发动了错误，或者灵魂参与了错误。

奥：我们前面的讨论必然得出这样的结论。

或者虚假必不消失

3.4. 理：现在请回答，你认为这样的情形是否可能发生，即虚假任何时候都不存在？

奥：我怎么可能认为这样呢？因为发现真理是如此困难，甚至可以认为，说虚假可能不存在比说真理可能不存在更可笑。

理：你认为不活着的人能够感知吗？

奥：那是不可能的。

理：那就证明灵魂是永远活着的。

奥：你一下子就把我推进了极乐，太急了，还请一步一步来！

理：然而，如果这些事都被认为是正确的，那我看不出对这个问题还有什么可疑惑的。

奥：我说你太急了。这样，我就会更容易受人引导，从而判断我草率地接受了某种观点，而不是对灵魂不朽问题有确定看法。不过，请阐述这个结论，表明它是如何推导出来的。

理：你说过没有感觉就不可能有虚假（错误），又说虚假（错误）永远存在，那么感觉永远存在。而没有灵魂就没有感觉，因此灵魂永远存在。灵魂若不活着，就不能感知，因此灵魂永远活着。

从柏拉图和普罗提诺的学说推出的灵魂观并不可靠

4.5. 奥：铅制的匕首啊[1]，有何意义！如果我同意这世界不可能没有人而存在，而这世界又是永恒的，你就可以推出人是不朽的。

理：你确实很警醒呢。但是我们已经证明了一件大事，没有灵魂就不会有世界，除非有朝一日世界中的虚假可能不再存在。

奥：我承认这确实是推导出来的结论，但我认为现在要进一步思考，我们前面得出的观点是否足够确定，因为我看我们在灵魂不朽问题上取得了不小的进展。

理：那你是否已经充分考虑，免得作出某些草率结论？

奥：确实充分考虑了，我看不出有什么理由自责草率。

理：因此我们已经证明，没有活的灵魂，世界不可能存在。

奥：证明的这个结论只是意味着，当有些灵魂死去时，有些灵魂可能出生。

理：如果把虚假从世界剔除，那会怎样？岂不意味着一切都是真实的？

奥：我看是这样。

理：那请告诉我，你为何认为这墙是真实的。

奥：因为它显现出来的样子没有骗我。

理：就是说，因为它的所是等于显现出来的样子。

奥：没错。

理：如果某物之所以虚假，是因为它显现的所是不同于它的所是，之所以真实，是因为它的所是等于显现的样子，那么如果把看者撤离，任何事物都既无假也无真。而如果世界上不存在虚假，那么一切皆为真。任何事物若不是向活的灵魂显现，就不可能被看见。因此可以得出

① 西塞罗《论至善和至恶》4，48。

结论，无论虚假能否被消除，灵魂都留存于世界。

奥：我看我们得出的结论变得更加牢固了，但我们并未因此取得任何进展，因为令我特别困惑的难点依然存在，即灵魂有生有死，因而灵魂一直存在于世上并非因其不朽，乃因其前后相继。

从芝诺的学说推出的真假观也不可靠

4.6. 理：在你看来任何物体，即可感知之物，是否能被理智所理解？

奥：在我看来不能。

理：那怎样？你认为上帝利用感官认知事物吗？

奥：关于这个问题我不敢贸然妄断什么，但就我所能作出的推测而言，上帝绝不使用感官。

理：由此我们得出结论，惟有灵魂能感知。

奥：目前你暂且可以得出任何你认为可能的结论。

理：那么，如果这墙不是真墙，你难道不承认这墙就不是墙吗？

奥：我欣然承认。

理：如果某物不是真物体，它就不是物体。

奥：同样欣然承认。

理：这样，如果无物是真的，只有显现出来的样子，那么对于任何物体，除了通过感官，不可能看见；而除了灵魂，不能感知；再者，如果物体不是真物体，它就不是物体，那么最后的结论就是，若不存在灵魂，就不可能存在物体。

奥：你如此咄咄逼人，我无言以对。

由此推出：没有显现出来的事物就不存在

5.7. 理：请特别留意这些。

奥：我听着呢。

理：这里有一块石头，所以，如果它的所是与它显现的样子并非两样，那它就是真的；如果它不是真的，那它就不是石头；如果不是通过感官，它就不能被看见。

奥：没错。

理：因此，在地下隐蔽处的石头是不存在的，在没有感知者的地方石头是不存在的；如果我们不曾看见石头，那石头是不存在的；当我们离开，没有人在那里看见石头，石头也是不存在的。如果你把储藏室完全封上，尽管你在里面放了很多东西，你也是一无所有的。同样，在墙里面的木头不是木头；任何隐藏在完全不透明物体深处的东西都是感官无法感知的，因而不得不说它是不存在的。因为如果它存在，它就是真的；除非它的所是与它被看见的所是一致，就不能说它是真的；但它没有被看见，因而它不是真的。你对此有什么回应吗？

奥：我看这些都是从我已经同意的那些观点推导出来的。但是奇怪的是，我似乎更愿意否认所有这些论点，而不是承认它们是对的。

理：我没有异议。那就看看以下说法你愿意选择哪个：若不通过感官，物体不可能被看见，或者惟有灵魂才能感知，或者这里有石头或其他某物，但它不是真的，或者对真实必须提出另外的定义。

奥：我们来考察最后一个吧，求你了。

或者推出：不存在任何虚假

5.8. 理：那就对“真实”下个定义吧。

奥：所谓真实，就是一物自身的所是与它显现给某个认知者——如果他愿意且能够认知——的样子是一致的。

理：那么没有人能认知的东西就不可能是真实的吗？再者，如果虚假就是一物的所是与它显现的样子不一致，那么如果这块石头在一人看来是石头，另一人看来是木头，岂不就是同一个事物既是假的又是真的?

奥：我更关注你所说的第一个问题，即如果某物不能被知道，为何它就不是真实的。至于某物为何既是真的又是假的，我并不那么在意，因为在我看来，一物相对于不同的事物，可以既是较大的又是较小的。但由此可以看出，没有任何事物在其自身既是较大的，又是较小的，其实这些名称就是表示相对性。

理：如果你说无物因其自身而是真实的，你不怕得出无物因自身而存在这样的结论吗？其实，一块木头缘何存在，也就是它因何真实。不可能出现以下这样的事：木头因自身——即没有人知道——而是木头，但它不是真实的木头。

奥：因此我说那样的话，下那样的定义，我不担心因太简短而受到指责，因为在我看来真实的东西就是存在的东西。

理：这样就没有任何虚假了，因为凡是存在的，都是真实的。

奥：你把我推入了一个大死角，我不知道该怎么回答。这样看来，尽管我很愿意通过这样的问答方式受教，但又害怕你这样提问。

其次探讨：灵魂之为真在于假是对真的模仿（6，9 — 14，26）

a）何为因相似产生的虚假（6，9 — 10，18）

再次祷告

6.9. 理：我们委身上帝，他必会帮助我们，使我们解脱这样的难题，所以我们要相信并尽心求告他。

奥：此时此刻我最愿意做的莫过于祷告了，因为我还从未遇到过这样的困惑。上帝啊，我们的父，你告诫我们要祷告，凡我们向你祈求的，你都应允我们，只要我们在祈求时行得端正，活得更好。请垂听在这黑暗中颤动的我，向我伸出你大能的右手。请向我显示你的光明，使我从迷失中回转；请引领我回归我自身并回归于你。阿门。

理：你要尽可能保持警醒，十分专注。

奥：如果你想到什么，请告诉我，免得我们毁灭。

理：注意听着。

奥：我不做别的，只听从你。

通过视觉产生一物与另一物的相似

6.10. 理：首先我们要反复研究何谓虚假。

奥：我想，所谓虚假，应该是指表现出来的所是与真实的所是不一致，我不知道是否还有另外的意思。

理：那更要警醒了，我们首先来探讨感官本身。可以肯定，眼睛所见之物，若不是有某种真实事物的形象，就不能说它是假的。比如，我们在睡梦里看见一个人，那此人自然不是真实的，而是虚假的；他之虚假，乃因为他具有真人的形象。有人梦见一条狗，他怎么可能说自己梦见了一个人呢？所以，这狗之所以是假狗，乃因为它与真狗相似。

奥：你说得一点没错。

理：如果有人清醒时看见一匹马，但他认为自己看见的是人，那怎样呢？难道不是因为人的某种形像向他显现，他才会犯这样的错误吗？因为如果没有其他东西向他显现，只有马的样子，那他就不可能判断自己看见了一个人。

奥：我完全同意。

理：同样，我们看到画里的树就说这是假树，镜子里反映的脸是假脸，航行者看到灯塔移动是假的，水里弯曲的船桨是假的，所有这些之所以称其为假，不因别的，乃因其与真物有相似性。

奥：我承认。

理：同样，我们分不清孪生子、辨不出鸡蛋，被刻有相同戒指的印章蒙骗，以及其他诸如此类的事，莫不如此。[①]

奥：我完全明白并同意。

理：因此，眼睛所看到的与事物本身的那种相似性（similitudo）乃是错误之母。

奥：我无法否认。

通过视觉会产生哪些相似之物

6.11. 理：如果我没弄错，所有这些错综复杂的相似之物可以分为两类：一类是相等事物之间的相似；一类是不相等事物之间的相似。就前者而言，当我们说此物与彼物相似，一物与另一物相似时，双方是同等的，比如双生子或者图章戒指的印记。而当我们说一个低级之物类似于高级之物时，则是不相等之物的相似。比如，当人照镜子时，谁会说他自己与镜像相似，而不是说那像与他自己相似呢？不过，这一类又可分为两部分，一部分在于灵魂所经历的事物，另一部分在于所见之事物。灵魂所经历的，或者由于感官的错觉，比如灯塔的转动，其实它并没有动；或者由于它自身中来自感官所接受的东西，比如睡梦人所看见的梦境，甚至心智不正常者看见的幻相。再者，就那些出现在我们所见事物之中的相似性来说，有些是由自然刻画形成的，有些是由生命物产生的。自然产生与原物不对等的像或者是通过生育或者是通过反射。所谓通过生育，就如父母生育孩子；通过反射，就是从诸如镜子这类事物反射而成。虽说是人制作了大部分镜子，但并非人本身产生那些反射而成的形象。而由生命物产生的像存在于图画中以及各种诸如此类的产品中，甚至包括鬼魔所造的作品中，如果有这样的作品的话。而物体的影子，可以说与物体相似，好像就是假的物体，所以不可否认它们属于眼

---

① 这些彼此相似的事物都是怀疑派著作中耳熟能详的例子。参见 Cicero, *Diputationes Academicae* 2. 126。

睛的判断领域，把它们归入由自然通过反射产生的那类相似物里是恰当的。事实上，每个物体只要对着光，就会在另一边经反射产生影子。对此你有什么异议吗?

奥：没有异议，我只是迫不及待地想知道这些事物会指向何方。

通过其他感官产生的相似

6.12. 理：但是我们必须耐心等待，直到其他感官向我们报告这个模仿真身的相似中存在着虚假。比如，在听觉中也会出现几乎同样类型的相似：我们听到某人说话，但未见其人，就张冠李戴，因为此人的声音与另一人相似；至于不对等的情形，回音就是一个典型的例子，或者耳朵的嗡嗡声，或者钟表发出的模仿画眉或八哥的某种声音，或者做梦者、心智失常者以为自己听到的声音。音乐家所称的假声，更是难以置信地证实了这一真理，这一点以后会显明。目前只需表明，这些声音与所谓的真声并非没有相似性就够了。你同意吗?

奥：欣然同意，因为我理解起来毫无困难。

理：那么，我们毫不耽搁地继续前行。在你看来，通过闻花香就能轻易辨认出百合花，或者通过尝味道可以分辨不同蜂房的蜂蜜，或者通过触摸羽毛的柔软就可以分别天鹅与其他鹅吗?

奥：似乎不能。

理：当我们梦见自己嗅、尝、触摸这些东西时，是怎样的?我们岂不是被形像与真物的相似性蒙骗，尽管这种相似性更低级更不完全?

奥：一点没错。

理：因此显然，在我们所有感官感知到的相似中，不论是与真身相等的，还是低于真身的，我们都被浮华的相似性蒙骗；即使因为未作认同或者分辨出差异，因而未被蒙骗，我们仍然把那些我们感知到与真物相似的东西称为假的。

奥：我无以怀疑。

模仿之相似和不相似

7. 13. 理：现在请注意，当我们再次回顾这些事，就会对我们想要表明的问题有更清晰的认识。

奥：我听着，你想说什么就说吧，我已经决心一次性地忍受这迂回的过程，也不会对它感到厌倦，因为我觉得到达我们所朝向的目标希望极大。

理：你做得很好。请注意，当我们看见相似的鸡蛋时，你是否认为我们可以说其中有些是假的？

奥：绝不能，如果它们都是鸡蛋，那就都是真的。

理：当我们从镜子看见反射的像，那怎样呢？我们根据什么记号认为它是假的呢？

奥：因为它不能触摸，不能发声，自己不会移动，没有生命，以及其他数不胜数的记号，时间关系就不一一列出了。

理：我知道你不愿意拖延，你的迫切之心应予满足。我不再一一复述，如果我们在睡梦中看见的那些人可以有生命，可以说话，可以被醒着的人触摸，与那些我们在身体和头脑都清醒时看见并交谈的人并无两样，那么我们能说他们是假的吗？

奥：不能。

理：那么，如果他们之所以是真的，其原因在于他们看起来就像真人，与真人之间没有两样；而之所以虚假，其原因在于他们被证明与真人不相似，两者之间有这样那样的区别，那么岂不应该承认相似就是真实之母，不相似就是虚假之母吗？

奥：我无话可说，我为自己刚刚那么草率地认同感到羞愧难当。

“独语”即自问自答

7. 14. 理：你为此羞愧岂不可笑，我们选择这种谈话方式不正是为了避免羞愧吗？既然我们是在自己与自己说话，我就决定给它取名“独语录”。这个名称诚然是我新造的，可能有点生硬，但非常恰当地表明了它所指向的目标。[①] 确实，要探求真理，没有比一问一答更好的方式了，因为很难发现有人不会因争论失败而觉羞愧，因而常常出现这样的情形，原本井然有序的讨论最后因各自刚愎的观念陷入混乱的吼叫，还夹杂着受伤之心，这种伤害往往藏而不露，但也时而表现出来。所以我想，通过自问自答的方式，在上帝的帮助下极其平和而安宁地探求真理，是最好不过的了。因此不论你在哪一点上有草率表现，都不必害怕，折返回去重新解答就行，此外没有别的解决办法。

奥古斯丁的推论摇摆不定

8.15. 奥：你说得没错，但我不太清楚我在哪里说了不明智的话，或许就是当我说，那拥有真理的某种相似性的东西可称之为虚假，因为当时我想不出别的东西可称之为虚假之名；但我又不得不承认，虚假之物之所以被称为虚假，乃因为它区别于真实。这样说来，虚假的原因就是不相似本身。于是我就糊涂了，我难以理解一个事物怎么会从两个相反的原因产生呢。

理：如果这是大千世界中的一个例子，且是唯一的例子，那怎样呢？你可能没想到，当你纵观各种动物之后，发现唯有鳄鱼进食时只动上颌；再者，你岂能不知道，事实上很难找到有什么事物相似到没有任何一点相异之处的。

奥：我其实明白这些，但是当我想到我们称之为虚假的东西，与真实者既有相似方面，又有不相似方面，我就无法分辨究竟是因为哪一方面的原因才应该冠以虚假之名。如果我说是因为不相似，那么没有什么东西不可以称为虚假，因为任何东西与我们承认为真实的事物都有不相

---

① 参见《订正录》I. 4. 1。

似之处。同样，如果我说是因为相似才称为虚假，那么不仅那些鸡蛋会反对，因为它们恰恰因为相似才是真实的，而且如果有人迫使我承认一切事物都是假的，我也无力反驳，因为我无法否认一切事物彼此之间都有某种相似之处。就算我无所畏惧地回答，相似与不相似两者共同导致某物得称为虚假之名，你能给我什么退路吗？我还是不得不宣称一切事物都是假的，因为就如前面所说，任何事物都既可以找到相似的一面，也可以找到不相似的一面。无可奈何之下，我只能说虚假就是看起来的所是与真实所是不一致，但是这样一来，我又得担心那些我原本以为已经避开的诸多怪物。因为突如其来的旋风又把我吹送回来，我得说所谓真实就是那看起来的所是与真实所是相一致。由此推出，没有人认知，就无物真实，这样我就得当心被最隐秘的礁石——即使没有人知道也真实存在的事物——撞翻。如果我可以说真实者就是存在者，那有人就可以推出虚假者就是不存在者，这是谁也不会承认的观点。因此，那些困惑恢复如初，尽管你如此耐心地放慢节奏，但我发现自己还是没有任何进展。

虚假包括欺骗和编造……

9.16. 理：那就更要警醒了，因为我绝不相信我们祈求上帝帮助是徒劳的。我看，我们已经尽我们所能考察了一切事物，能恰当地称为虚假的，无非是这样的事物，即不是某物但假装成某物，或者企图成为某物但并不是某物。前一类虚假是欺骗性的（fallax）或编造性的（mendax）。准确地说，欺骗必然包含某种欺骗的欲望，而没有灵魂是不可能理解这种欲望的。欺骗部分出于理性，部分出于本性；出于理性的，存在于理性生命中，比如人；出于本性的，存在于兽类中，比如狐狸。而我所说的编造性的虚假，则是指编造故事的人所说的话。欺骗者与编造者之间的区别在于，一切欺骗者都意在骗人，但并非一切编造假话的人都意欲骗人。比如，笑剧、喜剧以及许多诗歌里都充满假话，但其目的与其说是欺骗，不如说取乐于人；几乎所有开玩笑的人都在说假话。而严格意义上的欺骗或蒙骗，其唯一目的就是骗人。但那些并非为欺骗而编造故事的人，我们可以果断地称为编造者（mendaces），不然，至少可以称之为编故事者（mentientes）。对此你有什么异议吗？

企图成为某物但并非某物

9.17. 奥：请你继续吧；或许现在你开始教导我何谓真正的虚假了。不过，我还是期待你讲讲那一类虚假，即企图成为某物但并不是某物。

理：你期待什么呢？我们前面提到的许多东西不就是这一类吗？比如你从镜子里看到的自己的像，岂不可以说想要成为你，但并不是你，所以是假的？

奥：看来确实如此。

理：所有的图片、画像以及诸如此类由手艺人制作的东西呢，岂不都是力图成为它们以之为摹本而创作的事物？

奥：我完全认同这一点。

理：我想，你会同意，那些蒙骗做梦者或神志失常者的东西也属于此类。

奥：那些东西就更是了，因为它们就是企图成为清醒者或健全者所看到的东西，然而它们是虚假的，因为它们企图想成为这样的东西，却不可能成为。

理：对于灯塔的移动、水中的船桨或者物体的阴影，还需要多说什么呢？我想很清楚，它们都适用于这条法则。

奥：最显然不过了。

理：对于其他感官我就不说了，任何人只要略作思考就会发现，在我们所感知的事物本身中，我们把那些企图成为某物但不是某物的，都称为虚假。

某种真实使虚假成为虚假

10. 18. 奥：你说得对。但是我有点不明白，你为何认为诗歌、笑话以及其他骗人的东西不属于这一类虚假。

理：因为可以说有意成为假是一回事，无法成为真是另一回事。因此，我们可以把喜剧、悲剧、哑剧以及诸如此类的人创作品与画家和雕刻家创作的作品归于一类。画布上的人不可能成为真人，尽管它的面容接近真人，就如喜剧作家在作品中刻画的事物一样。这类事物成为假的，既不是出于自己的意愿，也不是出于自己的欲望，而是出于某种必然，它们只是尽其所能服从创作者的意图。比如，演员罗斯西乌斯（Roscius）① 出于意愿在舞台上成为假的赫库芭（Hecuba），他本人其实是一个男人；然而，通过他的这个意愿行为，他成为真正的悲剧演员，因为他显然实现了自己的意愿，演成了这个角色。同时他又可以是假的普里亚姆（priamus），因为他只是扮演了普里亚姆这个角色，并非普里亚姆本人。由此产生了某种奇特的现象，却是任何人无法否认的事实。

奥：那是什么事呢？

理：你看，所有这些事都是因为在某些方面是假的，才在另一些方面是真的，要确立自己的真实，唯一对其有益的就是在另外方面是假的。所以，他们若不愿意成为假的，就不可能成为真的，不论是意愿的还是应该的。就如我所提到的那名演员，他若不愿意成为假的赫克托尔（Hector），假的安德罗马奇（Andromache），假的赫库勒斯（Hercules），以及其他无数人物，他又如何成为真正的悲剧演员？一幅画，如果它画的马不是假马，如何成为一幅真的画？镜子里的人若不是假的

---

① 罗斯西乌斯（Quintus Roscius Gallus）罗马最伟大的演员之一，尤以刻画喜剧角色著称。他是西塞罗的朋友，西塞罗曾为他的一桩讼案作辩护：*Pro Q. Roscio Comoedo*。

人，它又怎么成为真的人像？因此，为了成为某种真，成为某种假是有益的。我们为何如此惧怕虚假，而欲求真实，以之为大善呢？

奥：我不知道，我想原因可能只有一个，那些例子里没有什么值得模仿的东西，不然就很奇怪了。事实上，我们不必像演员或者镜像或者米隆（Myron）[①] 的铜像那样，为了在某些习性上成为真实的自己，而去复制、仿效别人的本性，成为假的另一个人；相反，我们应当追求绝对真实的事物，它不是双面的，自相矛盾的，一方面是真的另一方面又是假的。

理：你要寻求的事物伟大又神圣。如果我们找到这样的事物，我们岂不可以承认真理本身就源于这样的事物，并且可以说，从中铸造而成？而一切真的事物得称为真，乃因为这真理本身。

奥：我衷心赞成。

b）或者论辩学问本身就是原则和真理（11. 19 — 21）

何谓论辩的技艺，何谓文法

11.19. 理：那你认为如何呢，论辩学问（学科）是真的，还是假的？

奥：谁会怀疑它的真实性呢？不过，文法也是真实的。

理：两者同等真实吗？

奥：我看不出真实的东西还有哪个比哪个更真实的。

理：当然有，那不包含任何虚假成分的东西就是更真实的。回想一下，你刚刚还因那些不知为何若不是假的就不可能是真的事物感到震惊呢。或者你没有注意到所有那些寓言故事和明显虚假的东西都与文法有关吗？

① 米隆，希腊雕刻家，以运动员的雕像和栩栩如生的动物像闻名。他最著名的作品可能就是《掷铁饼者》。

奥：我并非没注意，只是在我看来，它们不是因文法而是假的，而是通过文法显出它们是怎样的事物。所谓寓言，就是为娱乐或教导而编造出来的谎言。而文法是保存并规范言说的学科，出于职责的要求，它必然收集由记忆或文字记载下来的人类语言的所有作品，包括虚构作品。不是文法使它们成为虚假的，它乃是教导并提供某种正确看待它们的方法。

理：你说得一点没错。但现在我关心的不是你是否准确地定义并区分这些事物，我要问的是，是文法本身如此，还是论辩学问表明它如此。

奥：我不否认，定义的力量和技能——我正在努力通过它来区分这些事——属于论辩学问。

或者文法是一门真学问

11.20. 理：文法本身怎样呢？如果它是真的，岂不是因为它是一种学问因而是真的？而学问是因学习而来；而学习并拥有所学知识的人，不能说无知；另外，没有人“知道”虚假；因而每种学问都是真的。

奥：我看赞同这个小小的推论并不是草率之举。但是我有点担心，有人可能会因此认为那些寓言也是真的，因为我们学习它们并拥有这方面知识。

理：我们的教师难道不希望我们相信并且知道他所教导的？

奥：不只是希望，而且一味坚持认为我们要知道它们。

理：他可曾坚持认为我们应相信代达罗斯（Daedalus）飞行的故事？

奥：那倒不曾。但是我们若没有牢牢记住这个故事，他肯定会把我们的双手打得抓不住任何东西。

理：那么对于这一点：有这样一个故事存在，并且代达罗斯的故事就是以这样的方式传讲，你否认它是真的吗？

奥：我不否认这是真的。

理：那么当你学习这样的故事时，你不否认你学的是真实的东西。因为如果代达罗斯飞行是真的，孩子们接受它并把它作为编造的故事背诵，那么正因为他们所背诵的东西是真实的，所以他们学到了某种虚假的东西。于是，就出现了前面我们大为吃惊的结论，即代达罗斯飞行若不是假的，关于代达罗斯飞行的故事就不可能是真的。

奥：现在我明白了；但我希望知道我们能从中得出什么结论。

理：什么结论？就是：那个推论并没有错，即我们推出一门学问若不教导真实的东西，就不能算是一门学问（学科）。

奥：这意味着什么呢？

理：我希望你告诉我的就是，文法为何是一门学问，因为它之所以为真，在于它是一门学问（学科）。

奥：我不知道如何回答你。

理：你难道不清楚吗？如果它不包含任何定义，没有种类和类别上的区分和划分，就绝不可能成为一门学问。

奥：现在我明白你要说的话了。我想任何一门学问，不论什么性质，不可能没有定义，没有分类，没有推理发挥各自的功能，从而确定某物是某物，使各物各就其位，毫不混乱，使属于它的一切没有一样排除在外，也使不属于它的没有一样包含在内，也即行使所有它之所以得称为一门学问的职责。

理：因此，所有这些职责使它可称为真实的。

奥：我看是这样的。

论辩学问就是原则和真理

11.21. 理：现在请回答，哪门学问包含定义、划分、分类这些原理？

奥：前面已经说过，论辩学问包含这些原理。

奥：因此文法作为一门学问，且是真实的，出于你前面已经反驳对其虚假性指控的那种技艺。我不仅可以对文法得出这样的结论，而且对所有学问都一样。因为你说，而且说得很对，你想不出有哪种学问不是通过定义和划分之法才成其为一门学问的。如果学问因之而是真学问，那么谁能否认，真理本身乃是使所有学问成为学问的原因呢？

奥：我基本都同意，但有一点我还是很疑惑，即我们把论辩学也归于这样的学问。那我是不是可以认为，更恰当地说，正是那真理使这论辩学本身成为真实的。

理：说得好，也很警醒。不过我想你应该不否认，它之所以真实与它之所以是学问，原因是同一个。

奥：其实这就是让我困惑之处，因为我注意到它是一门学问，并因这个原因被称为真实的。

理：那怎样呢？若不是它里面的一切都被界定和划分，你认为它有可能成为学问吗？

奥：我没有别的要说。

理：如果这就是它的职责，那它正是因着自己而是一门真实的学问。那么，如果那万物因之而为真的事物，是因着它自己、本着自己而是真理本身，有谁会对此感到奇怪呢？

奥：没有什么阻止我直奔这个观点。

c）一物在另一物中的方式（12，22）

某物属于他物的两种方式

12.22. 理：因此请注意，剩下的问题就微乎其微了。

奥：我得说，如果你的问题是以我能理解的方式提出的，我必会欣然接受。

理：我们忽略了一个问题没讨论，即，说某物在另一物中有两种方式。第一种方式是，某物可以离开它所在之物，并转到他物，比如一棵树在此地，太阳在东方。第二种方式是，某物隶属于另一物，无法与之分离，比如我们看到的一棵树的形式和形状，太阳的光芒，火的热量，灵魂的学识，以及其他诸如此类的事物。你有什么异议吗？

奥：这些事对我们来说是老生常谈了，我从幼年之时就开始钻研和了解，因此问到这些事我可以不假思索地表示同意。

理：那怎样呢？你难道不同意就不可分离地处于隶属关系的事物来说，如果主体本身不存在，隶属者就不可能存留？

奥：我看这也是必然的。任何仔细考察事物的人都明白，即使主体留存，那隶属于主体的事物也有可能不再留存。比如，即使某个身体本身没有消失，身体的颜色也会随着健康状况或年龄原因而发生改变。并非所有事物都如此，这种情形只存在于那些与主体同在的事物对主体的存在并非必不可少的例子中。比如一面墙，它的存在不是由我们所看到的颜色决定的；即使它的颜色变黑或变白或变成其他颜色，它仍然是一面墙并被称为墙。然而，火如果没有热量就不是火了，雪若不是白的，我们就不能称之为雪。

d）试图由此解释灵魂不朽（13，23—14，26）

没有确定的理由反对灵魂不灭

13.23. 至于你提出的问题，有谁会承认或者认为可能发生这样的事，即属于主体的事物在它所属主体消失之后仍能留存？毫无疑问，那若不存在于主体里就不能存在的事物，当主体本身不存在时，若说它还可能存在，那岂不奇怪，也完全背离事实。

理：这样看来，我们所探求的东西已经找到了。

奥：你在说什么呢？

理：就是你听到的。

奥：现在已经清楚地确定灵魂是不朽的？

理：如果你所承认的事是真实的，那就可以非常清楚地确定这一点，除非你说，灵魂就算会死，也仍然是灵魂。

奥：我肯定不会说这样的话，我会说，正因为它会消失，所以它不是灵魂。那些大哲学家[①]所说的话——他们说，那提供生命的事物，不论它来自何方，自身不可能接受死亡——也不会让我放弃这个观点。比如，虽然光能照亮它所穿透的任何地方，并且根据著名的不相容法则，光不接受任何黑暗，但是光会消失，一旦光消失，黑暗就开始笼罩。因此，那一直抵挡黑暗的事物诚然绝不会接受黑暗，但通过死亡、分解为黑暗让道。所以，我担心死临到身体就如同黑暗笼罩某地，有时候通过灵魂离开身体，有时候通过灵魂在身体里消失，就如光那样，这样，我们不确定每一种身体的死，但某一种死是人所企求的，那就是灵魂被引导着安然无恙地离开身体，走向一个不灭之地（如果有这样一个地方）。如果不可能这样，灵魂在身体里就如被点燃的灯，不可能居住在身体之外的其他地方，每一种死就是灵魂在身体或生命中的某种熄灭，那么人就得尽其所能选择某种生活方式，以便在此世度过安宁的一生，但是我不知道，如果灵魂是可朽的，如何能过上这样的生活。那些被说服——不论是被自己还是被别人——相信死不可怕的人是多么幸福啊！可怜的我却找不到任何理由，也没有什么书籍能让我信服。

再次概述学问和真理

13.24. 理：不要哀叹，人的灵魂是不朽的。

奥：你从哪里证明？

---

① 似乎是指柏拉图及其学派。他们证明灵魂不朽的理由在于，灵魂是生命的本质，是自我运动的原则。参见柏拉图《斐德罗篇》711—712。

理：我想，就从上面你极为谨慎地接受的推论来证明。

奥：确实，我记得当你问我时我给出的回答没有哪一点是草率的。不过，现在恳请你概述一下吧，让我们来看看通过如此迂回曲折的道路我们进展到了哪里，我不希望你再问我什么问题了。如果你能简略地概括我所同意的论点，就不需要我再作回答了吧？如果我们已经得出了某个好的结论，你又何苦迟迟不让我享受喜乐呢？

理：我会遂你所愿，但请悉心聆听。

奥：那就说吧，我听着呢。何必折磨我？

理：如果任何依附于某个主体的事物始终留存，那么主体本身必然始终留存；而任何学问依附于它的主体即灵魂，所以，如果学问始终留存，灵魂就必然始终留存。而学问就是真理，并且就如本卷开头的论证所表明的，真理是始终留存的。因此灵魂始终留存，可朽的灵魂就不能称之为灵魂。因此，唯有证明以上推论有不当之处，才可能合理地否认灵魂不朽。

论证仍然不确定……

14. 25. 奥：我真希望自己能纵情喜乐，但不知怎么被两个问题阻挡了。首先，让我困惑的是，我们采用了如此迂回曲折的方式讨论，遵循某种难以言喻的推论链条，然而，整个论题原来可以如此简洁地表明，就如你现在所表明的那样。因此，令我焦虑的是，我们的谈话绕来绕去绕了那么长时间，就好像是在设置陷阱。其次，我看不出学问如何始终存在于灵魂，尤其是论辩学问，事实上，知道它的人少之又少，而知道它的人，从小时候算起也是有很长时间处于无知状态。我们不能说未受教的灵魂不是灵魂，也不能说他们还不知道的学识已经在他们灵魂里了，否则岂不荒谬至极。所以剩下的结论是，或者真理并不始终在灵魂里，或者学问并不是真理。

若没有说服自己的理由，可指望诉诸于权威

14.26. 理：你会看到我们的推论经历如此曲折的迂回并非枉然。因为我们寻求的是何谓真理，我看，即使我们已经探求了几乎所有的崎岖路径，目前我们还是无法在这个密林中找到它的答案。我们该怎么办呢？难道放弃已经开始的探讨，等候某个外人的什么作品落到我们手上，能完满地回答我们这个问题吗？我想，早在我们时代之前写的许多作品，我们没有读过；如今，不说我们不知道的那些作品，我们可以肯定的是，关于这个论题有人写过诗歌，也有人写过散文；他们的作品我们不可能没听说，他们的天赋我们也知道得很清楚，所以，我们相信能在他们的作品中找到我们想要的东西，我们不会对此绝望。更何况我们面前就有这样一个人[①]，在他身上，我们看到我们曾以为丧失而为之悲叹的雄辩才能完美重现。这样的人，既然在他的作品里教导正当的生活方式，难道会允许我们对这种生活的本性一无所知吗？

奥：我肯定认为不会，而且我还希望从他那里得到更多。但是有一点我感到遗憾，就是我们无法如愿地向他本人或者向他的智慧表示我们的热忱。不然，可以肯定，他必会怜悯我们的干渴，必会让我们比现在更迅速地畅饮甘霖。说真的，他是幸福的，因为他已经完全相信灵魂不朽，他很可能并不知道有这样一些人，他们深知缺乏这方面知识有多可怜，若不帮助他们实在残忍不堪，尤其是当他们求助之时。不过，还有一个人[②]，却是了解我们，知道我们的热心的，只是与我们相距遥远，按我们目前的位置，想要给他寄封书信都几乎不太可能。我相信，如今他已经在远离阿尔卑斯山的闲暇时光里完成了一首诗，从而通过咒语驱

① 即圣安波罗修。奥古斯丁在《忏悔录》（5. 13. 23）充分表明了安波罗修的雄辩才能。
② 即芝诺比乌斯（Zenobius）。参见《论秩序》1. 7. 20。

除了对死亡的恐惧，也破除了灵魂因长期处于荒凉状态而导致的麻木和冷漠。然而，在这些目前并不在我们权能之下的事还没有出现之时，我们若荒废自己的闲暇时光，让自己的整个灵魂停留在这样的不确定论断之中，岂不可耻至极？

再次探讨：灵魂不朽的理由在于真理本身（15，27 — 20，36）

回顾关于学问和真理的探讨

15.27. 我们以前求问现在仍在求问上帝的事物在哪里呢？我们所求的不是财富，不是身体享乐，不是虚荣和名誉，我们乃是求上帝向那些探求我们的灵魂和上帝本身的人开启道路。那么是他抛弃了我们，还是我们抛弃了他呢？

理：可以肯定，抛弃那些渴求如此事物的人，那是与上帝的意愿大相径庭的；同样，抛弃这样的领路人也与我们应有的意向格格不入。因此，如果你愿意，我们来简单地回顾一下那两个推论是如何推导而来的，其一，真理永远留存；其二，论辩学问是真理。你说过，这两者并不牢靠，因而我们在此基础上建立的大厦并不那么安全。或者我们更应探讨，学问如何可能存在于一个未经训练的灵魂，而这样的灵魂我们不能说不是灵魂。似乎正是这个问题使你感到困惑，因而对于你原本已经认同的那些事，有必要再度表示怀疑。

奥：我们先来考察第一个命题，然后我们会明白第二个命题的本质。我想，这样就不会留下未解决的疑点了。

理：那就这样做，但我们要高度专注、十分警醒。我知道当你专注于一个问题时会出现什么情形；你会过于关注结论，指望马上把它推导出来，从而对于所提的问题，往往未经深思熟虑就欣然同意。

奥：你说的或许是对的，我会尽我最大努力避免这种毛病。现在请你开始提问吧，免得我们耽搁在琐事上。

真理必然不会消失

15. 28. 理：据我所记，我们推出真理不可能消失，因为如果不仅整个世界可能消失，甚至真理本身也会消失，那么世界和真理都消失这个命题就不可能是真的。没有真理就无物是真的，因此真理绝不可能消失。

奥：我承认这些，它们若是假的，我倒要大为奇怪了。

理：那我们就来看看另一个推论吧。

奥：请允许我稍作思索，免得重提这个话题，那多不好意思。

理：真理会消失这不可能是真的，对吧？如果它不可能是真的，那真理就没有消失。如果它是真的，那真理消失之后，真理都不存在了，它如何可能是真的？

奥：我没有更多要思考的了，请继续吧。可以肯定，我们会尽我们所能让有学识有智慧的人读到这些讨论，并纠正我们的疏漏，如果有的话。就我而言，我想，不论是现在还是将来任何时候，我都不可能找到什么理由来反驳这些结论。

关于虚假：通过显现和通过模仿

15. 29. 理：那么所谓真理，若不是使一切为真的事物成为真实的，能称为真理吗？

奥：绝不能。

理：所谓真实的，若不是并非虚假的，能正当地称为真实的吗？

奥：确实如此，无可置疑。

理：而虚假岂不就是尽管与某物有充分相似性，但并不是那个看起来与之相似的某物？

奥：我看没有比这更让我乐意称之为虚假的了。不过，通常我们把与真物相似度很低的事物也称为虚假。

理：谁会否认呢？只是这样的事物与真物仍有几分相似性。

奥：何以见得？比如，当我们说美狄亚乘着翼龙飞行时，没有哪一点是对真事的模仿，因为现实中不存在这样的事。根本不存在的事物不可能是对任何事物的模仿。

理：你说得对。但你没注意一点，事实上，那根本不存在的事物不能说是虚假的。如果它是虚假的，它就是存在的；如果它不存在，它就不是虚假的。

奥：那我们不能说关于美狄亚的事——真不知道那是多么怪诞的事——是虚假的？

理：当然不能，因为如果它是虚假的，又怎么能说它是怪诞的呢？

奥：我看有些事很奇怪，比如当我听到这样的话："我制服了一群带翼的大龙。"[①] 我不能说它是虚假的吗？

理：你当然可以这么说，因为这里面存在你称为虚假的东西。

奥：请问是什么呢？

理：当然就是那句诗里所表达的观点。

奥：它包含对什么真理的模仿？

理：因为它所表达的意思就好比说美狄亚真的做了这样的事。也就是说，一个假论断是通过表达来模仿真论断。如果它的本意并不在于让人相信，那它的模仿只是措辞上的模仿，它只是假的，但并不蒙骗人。如果它想让人相信，那就是对人们已经相信的真理的模仿。

奥：现在我明白，我们所说的话与我们的话所谈论的对象之间有巨大区别；因此我同意你的说法。因为你解了我唯一的困惑，即某物若不是与真物有一定相似之处，我们就不能正当地说它是虚假的。比如，如果有人说石头是假银子，岂不被笑掉大牙？但如果有人说石头是银子，我们就说他说谎了，即他说了一个假的论断。然

① Cicro, *De inv.* 1, 29, 27.

而，在我看来，我们把锡或铅称为假银并不可笑，因为它们本身有几分像银子。因此，并非我们的论断是假的，而是我们的论断所表述的对象本身是假的。

穿戴某种服饰的合理性

16.30. 理：你理解得很好。不过，请注意一点，我们是否可以恰当地把银子称为假铅呢?

奥：我不乐意这样称呼。

理：这是为何?

奥：我也不知道，我只能认为，这样说完全违背我的意愿。

理：或许是因为银子是更好的东西，这样说好像是在侮辱它；而把铅称为假银子则是在抬举它。

奥：你准确地阐明了我想说的意思。所以，我相信，对于那些身穿女装作秀的男人，我们可以正当地认为无耻，他们也不拥有某些法律权利，我不知道该称他们为假女人还是假男人。不过，我们可以毫不犹豫地称之为真演员或真无耻。如果他们并未被查到——若没有某种坏名声，我们不能称之为无耻——那么我想，我们称之为真正无用之人，也是合乎实际的。

理：我们会在另外地方讨论这些问题；因为有很多事实表明，表面上看起来似乎是无耻的事，最后因可赞美的目的显示为可尊敬的行为。比如，一个人出于祖国解放的目的，不得不装扮成女人迷惑敌人，这样的人，通过成为假女人，或许才更显出真正的男人本色；再比如，一个智慧人，明知自己的生命对人类福祉举足轻重，在没有其他选择的时候，宁愿冻死，而不愿穿上女装，这能不能算有智慧，是个大问题。不过，关于这样的问题，如我所说，我们会另外探讨。无论如何，你已看到，这些问题需要多么细致地考察，才能确定它们可以进展到多远，免得陷入某种无可推诿的羞耻之中。不过现在我看，我们目前的探讨已经足够清楚，我们可以毫不犹豫地认为，任何事物，若不是与真实有某种相似性，就不是虚假。

真理不是物体，也不是虚空

17.31. 奥：请继续后面的讨论吧，因为这点我已完全接受。

理：那么我想问的是，除了使我们受教的学问——对智慧本身的追求也应包括在内——之外，我们是否能找到某种东西是完全真实的，不会像舞台上的阿基里斯（Achilles）那样，在某一方面是虚假的，在另一方面却是真实的。

奥：在我看来可以找到很多这样的事物。比如石头就与任何学问无关，它作为一个真实之物，也没有模仿某物，以至依据那物它被称为假的。通过这个例子，你看，任何人都能想到数不胜数的例子，我们不必一一提到。

理：确实如此。但是你难道不认为所有这些东西都可称为物体吗？

奥：如果我能确定虚空（inane）不是虚无（nihil），能判断灵魂本身也属于物体，甚至相信上帝也是某种物体，那么或许会这样认为。我看，所有这些事物——如果都存在——的真假都不是对任何事物的模仿。

理：你是要把我们推入冗长的讨论呀，但我会尽可能抄近路。很确定，你称为虚空的东西是一回事，真理是另一回事，两者是不同的。

奥：完全不同。如果我认为真理是某种虚空，或者我热烈追求某种虚空，那还有什么比我自己更虚空的？我所渴望找到的不就是真理吗？还有别的吗？

理：所以你或许会同意这一点，若不是因着真理而成为真的，就没有什么是真的。

奥：这个前面已经阐明。

理：那你是否怀疑：除了虚空本身没有东西是虚空，或者物体肯定不是虚空吧？

奥：我当然不怀疑。

理：那我推断，你相信真理是某种物体。

奥：完全不是。

理：那在物体里吗？

奥：我不知道。但这无关宏旨，我认为你知道那个，如果存在虚空，它应该是指没有物体的空间。

理：显然如此。

奥：那我们还等什么呢？

理：你是否认为真理产生虚空，或者不存在真理的地方也有某物是真的？

奥：我不这么认为。

理：那么虚空不是真的，因为从那本身不是虚空的事物不可能产生出虚空。而那缺乏真理的东西，显然不是真的；那被称为虚空的，之所以这样称呼是因为它是无。因此，那不存在的东西怎么可能是真的？或者，那绝对无的东西怎么可能存在？

奥：好吧，让我们放弃这个虚空话题，它就是个空话。

而是使一切真实之物为真的东西

18. 32. 理：对于余下的问题你要说什么？

奥：你指哪个？

理：你知道我最关注的是什么，就是灵魂和上帝的问题，如果两者都是真实的，因为真理在他们里面，那么没有人怀疑上帝是不朽的。如果可以证明，不会消失的真理也在灵魂里面，那么可以相信灵魂也是不朽的。因此现在我们要来看看最后一点，物体是否并非真正真实的，即真理不在它里面，在它里面的可以说是真理的某种影像。因为如果我们在物体——可以充分确定，它是必朽的——中发现某种真实的东西，就如同学问里的真实一样，那么论辩学问就并非必然就是那种使所有学问皆为真的真理。而物体是真实的，尽管它看起来并非由论辩原理形成。另外，如果物体之为真是因着某种模仿，因而不可能成为完全真实的，那就不会有任何东西妨碍我们教导说，论辩原理就是真理本身。

奥：同时我们也要探讨物体，因为即使这个问题解决了，我看论证也没有终结。

理：你怎么知道上帝是何旨意？还是专注倾听吧。我认为，物体是被某种形式（forma）或形状（specie）容纳的，没有这样的形式或形状，它就不是物体；但如果它拥有真正的形式或形状，那它就是灵魂了。你有什么异议吗？

奥：我同意你一点，但另一点不认可。我同意，若不是拥有某种形象（figura），就不可能是物体。但是如果它拥有真正的形象，它怎么就是灵魂了呢？这一点我不太理解。

理：你全然不记得第一卷开头以及你的几何学了吗？

奥：多亏你提醒我；我当然记得，也很乐意记得。

理：在物体中所看到的形状是否就是那门学问所表达的图形呢？

奥：不是的，它们显然不知道要低多少呢。

理：那你认为两者中哪个是真理？

奥：请不要认为有必要问我这个问题。谁会如此无知，不知道几何学所教的那些图形属于真理，或者真理存在于那些图形中；而物体的形状，因为看起来趋向几何图形，与真理有某种相似性，因而是虚假的？现在我理解了你费尽口舌解释的整个问题。

灵魂之真在于真理

19. 33. 理：那么我们还有必要继续探讨论辩学问的问题吗？或者几何图形属于真理，或者真理在它们里面，不论怎样，没有人怀疑它们存在于我们的灵魂，即我们的理智之中，由此真理也必然存在于我们的灵魂之中。既然任何学问都存在于灵魂之中，就如依附于主体，不可分割，而真理又不可能消失，那么请问，我们为何还怀疑灵魂的永生——因为对死有几分熟悉吗？或者那些直线、四边形、圆形有另外的摹本，必须模仿它才能为真？

奥：我想这是绝不可能的，除非直线不再是没有宽度的长，圆不再是直线绕成的环，环上各点到中心的距离相等。

理：那我们为何还要拖延？或者真理不存在于这些事物所在之处吗？

奥：愿上帝阻止这样疯狂的念头！

理：或者学问不在灵魂里吗？

奥：谁会这样说呢？

理：或者主体消失之后，那存在于主体的东西将始终留存？

奥：如何让我信服这一点？

理：剩下的还有一种可能性：真理可以消失。

奥：这怎么可能？

理：因此灵魂是不朽的。现在请相信你自己的理性，相信真理；它宣称它就住在你里面，它是不朽的，身体的死亡不可能动摇它自己的栖息之所。离开你的阴影，回到你自己吧；你不会有死，除非是你遗忘了一点，即你不会死。

奥：听了这话，我醍醐灌顶，恢复记忆。不过请解释下剩余的问题：如何理解学问和真理存在于无知的灵魂中——我们不能说这样的灵魂是可朽的。

理：如果你想深入探讨这个问题，那得另辟一卷书。同时，我觉得你应该对我们已经尽力考察的那些问题作个概述，因为如果我们对那些问题不留一点疑义，那我认为我们的工作已经取得很大进展，对于考察其他问题也会满怀信心了。

理智与想象之间的区别

20.34. 奥：诚如你所说，我也很乐意遵从你的命令。不过在你决定结束本卷之前，恳请你简洁阐述一下，真正的图形，即存在于理智之中的图形，与思维自己构想的图形——希腊语称之为幻影或幻觉——有什么区别。

理：你所寻求的事恐怕只有最纯洁的人才能看见，你在这方面训练不够，难以看见这类事物。我们通过这样迂回曲折的论证，不为别的，正是为了这样的训练，使你能够看见这样的事物。不过，我或许可以简单说一说如何了解两者之间的巨大差别。假设你遗忘了什么事，而那些人想要让你回忆起来，他们就会指出各种不同但又相似的事物，说：不是这个吗？不是那个吗？你没有看到你想要回忆的那个事物，但你看到他们所说的并不是那个事物。当你处于这种情景时，难道能说你是完全遗忘了吗？其实分辨本身——让你警惕，不会接受错误的信息——就是回忆的组成部分。

奥：似乎确实如此。

理：因此，这样的人虽然没有看见真理，但不会受骗、误入歧途；他们充分知道自己所寻求的是什么。如果有人对你说，你刚出生没几天就笑了，你不敢说他是错的；如果说这话的人是你信任的人，那么你虽然想不起来，但会相信；因为那整个时间对你来说已经完全埋葬在遗忘之中了。你有异议吗？

奥：我完全同意。

理：这种遗忘与前一种有很大区别，前一种遗忘属于居间者。还有一种更接近或更类似于真理的回忆和重现，就比如当我们看见某物，就确定地意识到在某个时候见过它，并声称知道它；但是何时、何地、怎样以及与谁一起注意到它，我们苦思冥想，拼命回忆。如果这样的情形发生时对象是某个人，我们就问他是在哪里与他相识的。当他提醒我们时，整个事件一下子就涌上记忆，就像有光照射进来，我们毫不费力地想起往事。这样的事你不清楚或者没有经历过吗？

奥：还有比这更清楚的吗？我经历这样的事还能更频繁吗？

抛弃斯多亚学派关于理性和思想的教条

20. 35. 理：那些在人文学科方面训练有素的人就是这样的。他们通过学习把无疑遗忘在记忆深处的知识提取出来，在某种意义上就是把它们重新挖掘出来。[①] 然而，他们并不满足，他们不停止脚步，直到完全看见真理的完整面目，它的光芒已经在他们的学科中有一定程度的闪耀。然而，这些学科中有一些虚假的色彩和样式，可以说，自动涌现在思想的镜子之前，时常误导求知者，蒙骗那些以为那就是自己所知或所求之一切的人。对这样的幻像务必十分小心躲避。当它们随着所谓的思想之镜的变化而变化时，就表明它们是虚假的，因为真理的面容是始终如一，永恒不变的。比如，思想为自己描画四边形，时而大的，时而小的，就好比把它们都陈列在眼前，但内在心灵却渴望看见真理，所以如果能够，它更愿意转向那它能据之判断所有其他图形为正方形的图形。

奥：如果有人告诉我们说，心灵根据眼睛惯常看见的事物来作判断，那怎样呢？

理：如果完全按照这种指示，它如何通过触摸真实平面上的一个点来判断一个真实的球有多大？连思想都无法构想的那类事物，眼睛如何看见或如何能看见？当我们在灵魂里通过想象描画最小的圆并从中引出到中心的线时，我们难道会赞同这样的说法？比如，当我们画出两条挨紧的线，两线之间几乎插不进一根针，甚至在我们的想象中也无法在两线之间画一条这样的线，可以彼此不相交而到达中点。然而，理性却宣

① 如在《订正录》4. 4 所指出的，奥古斯丁在《论三位一体》（12. 15）中详尽地批判了柏拉图的回忆说。

称，这样的线可以画出无数条，并且在这些不可思议的狭小空间里，所有线都只在中心相交，从而在任何两条线之间都可以画出一个圆。既然幻像不可能做这样的事，它甚至比眼睛更无能，因为正是通过眼睛，幻像才被强加给心灵，所以显然，幻像完全不同于真理，而且只要看见的还是幻象，就没有看见真理。

如果理性永远存在于灵魂

20. 36. 当我们开始讨论理解力时将会更加仔细更加精微地谈到这些事，而理解力问题，当我们阐述并尽我们所能详尽论到关于灵魂生命的所有问题时，已经表明是我们的讨论不可或缺的一个部分。[①] 我想你对人的死亡不会没有一点恐惧，尽管它不会消灭灵魂，但它会导致对所有事的遗忘，甚至包括真理本身——如果我们对真理有所发现的话。

奥：这恶有多么可怕，再强调也不为过。如果灵魂活着，就如我们看到它活在新生儿身上那样，更不要说如它活在肚腹里的生命身上——我认为胚胎也得称为生命——那所谓的永生成了什么样子，哪一种死不都比它更好吗？

理：振作起来吧！上帝会帮助我们的，就如我们在目前的探讨中所知道的，他应许我们身后会有至福的来生，丰盈的真理，没有任何虚假。

奥：但愿我们如愿以偿！

---

① 《论灵魂不朽》（De immortalitate animae）是奥古斯丁在此后不久写的，当时他到了米兰，预备洗礼。他的本意是把这篇小文作为一个“备忘录”，提醒他写完未完的《独语录》。

《订正录》1.4：回顾《独语录》

1. 同时，我还撰写了另外一篇两卷本作品，热切探求真理，讨论那些我迫切想要知道答案的问题。该作品以我自己与理性的对话形式写作，好像我们是两个人，其实只是我一个人自问自答，因而我给它取名为《独语录》。作品并未完成。第一卷提出并在一定程度上回答了这样一个问题：一个想要把握智慧的人应该是怎样的人，因为智慧是靠心灵领会，而不是靠感官感知；然后通过逻辑证明在卷末得出一个结论，凡是真正存在的事物，必是不朽的。第二卷详尽讨论了灵魂的不朽问题，但仍未充分阐述。

2. 该两卷书中有一些说法我现在并不认同。我不认同我在祷告中所说的："上帝啊，若不是纯洁者，你不愿意他们知道真理。"（独1.1.2）对此可以反驳说，许多并不纯洁的人知道许多真实的事。这里并没有界定那惟有纯洁者能知道的真理是什么，也没有确定"知道"（scire）指什么。还有这个句子："上帝啊，整个世界就是你的王国，那是感官所无法感知的"（1.1.3）。如果把从句里的代词（那）理解为上帝，那就应该加上某些词，比如"必朽身体的感官所无法感知的"。如果它的意思是指世界不是靠感官感知的，那这世界必须理解为将来的世界，就是新天新地。（赛65，17；66，22）即便如此，我也应该加上"必朽身体的感官"。当然，在此之前我一直使用的"感官"这个词，确切地说，它所表述的意思应该称为"身体感官"。我无须不断重复前面说过的话，（订正录 1.1.2）但不论这个词出现在我作品的什么地方，都应记住这一点。

3. 我说到父和子“为一”用了单数：“生育者与受生者原为一（unum est）”，（独 1.1.4）我应该用复数说“为一”（unum sunt），因为真理毫不隐讳地用复数说“我与父原为一”（约 10.30）。我也不满意这样的说法：在此生中，虽然灵魂因认识上帝已然有福，仍需要借着盼望。还有这话“通往智慧的道路不止一”（独 1.13.23），听起来也不太确切，似乎除了说“我就是道路”（约 14.6）的基督，还有另外的道路。这样冒犯敬虔者耳朵的话原本应该避免。基督是普遍意义上的道路，而我们在《诗篇》里唱诵的是它的各种不同道路：“耶和华啊，请你将你的道指示我，将你的路教训我。”（24.4）还有，“务必完全抛弃那些可感之物”（独 1.14.24），这样的话应当慎用，免得有人认为这是主张伪哲学家波菲利（Porphyry）的观点，他说过任何形体（corpus）都必须抛弃。（Porf. Ad Marc. 8.32.34；cf. De civ. Dei 10，29；22，12，26－28）当然，我并没有说“所有可感之物”，只是说“那些可感之物”，指的是可败坏之物。但是最好还是不要说这样的话。可败坏的可感之物在来世的新天新地里必然不复存在。

4. 另外，我在某处又说到，那些在人文学科方面训练有素的人，通过学习把无疑遗忘在记忆深处的知识提取出来，或者在某种意义上可以说把它们重新挖掘出来（2.20.35）。对此我也不认同。因为即使是未受训练的人，如果通过适当的提问，对某些学科的问题也能提供正确的答案，更令人信服的原因在于，永恒理性之光依据他们各自的自然禀赋向他们显现，使他们对不变的永恒真理也能有所洞悉。并不是因为他们原先知道，后来遗忘，如柏拉图及其学派所认为的。（Plat. Phedon 72e；Menon 81e－86b）我在《论三位一体》第十二卷就论题所允许的范围尽可能地反驳了这种观点（De Trin. 12，15，24）。《独语录》开卷写道：“很长时间以来，我心里一直翻滚着许多事情。”

论自由意志

导　论

《论自由意志》是奥古斯丁早期作品的高峰，可以说最完美、最充分地阐释了所谓的奥古斯丁式的新柏拉图主义。但是奥古斯丁写作这部作品，持续了颇长时间。他在公元388年由罗马返回非洲期间开始写作《论自由意志》第一卷，而在被授予司铎之后才写成第二卷和第三卷，因此他很可能是在396年才完成这部作品。这使得整部作品似乎有着某种不连续性。《论自由意志》的第一卷和第二卷是以对话形式、循序渐进地展开的，整个讨论思路非常连贯：第一卷从上帝是否是恶的原因这个问题入手，展开恶的来源与贪欲的关系，再进展到贪欲与贪念、永恒的法律与人的法律、灵魂意愿的恶和意愿这些主题。第二卷与第一卷的主题相当一致：既然人会用意愿作恶，那么上帝何以赐人自由意志呢？奥古斯丁循此讨论了意志的善用和滥用、外感觉和内感觉、理性和数、智慧和秩序、上帝是善的唯一来源，结束于自由意志的三个等级。

然而《论自由意志》的对话形式在第三卷第10节之后就突然停止了，奥古斯丁似乎完全遗忘了对话者，只是到第47节才又插入一段简短的对话。而且，似乎也很难找出第三卷的清晰连续的写作思路。因此，一个推测是：第三卷更可能是不同时期的材料整合而成。在接近卷末时，第三卷专门讨论了——尽管是初步地——基督教的教义，比如基督的工作（29—31）；亚当的罪产生的后果（51—54）；灵魂起源理论（55—59）；等等。所有这些内容与自由意志的主题都没有直接相关性。

奥古斯丁相当一部分早期著作都与摩尼教有关。诺拉的保利努斯（Paulinus of Nola）在 394 年提出了所谓的奥古斯丁“驳摩尼教五经”的观念。那么三卷本的《论自由意志》是否属于“五经”之列呢？学者们对此存疑，因为奥古斯丁是在395/6 年才把这部三卷本的《论自由意志》寄给保利努斯的（书信 31）。然而即使《论自由意志》不被列入“驳摩尼教五经”，它仍然是一部反摩尼教的作品，尽管奥古斯丁并非单纯地进行驳斥，这部作品也不是单纯的论战性作品。奥古斯丁尝试对“恶从哪里来”的问题提供合理的回答，而摩尼教徒如诺斯底主义那样，试图通过一种绝对二元论加以解答。恶从哪里来这个论题，即是恶的本质和来源的问题。奥古斯丁发现恶的源头在于理性造物的自由意志，所以整部作品被冠以《论自由意志》之名。

奥古斯丁与摩尼教徒的辩论时使用了大量柏拉图主义的思想概念，但同时也把自己的软肋暴露给了佩拉纠主义。佩拉纠本人很乐于引用《论自由意志》来佐证其观点与奥古斯丁的一致性。奥古斯丁意识到了这一点并加以辩护，然而他的辩护并非完全令人信服。例如，奥古斯丁说，当他写作时佩拉纠主义还没有出现，又说该作品的目的使他没有机会谈论恩典。奥古斯丁确实在《论自由意志》第一卷开篇就告诉读者，他得到上帝的帮助能够脱离摩尼教的谬误，而自由意志自始至终都被认为是上帝的恩典，佩拉纠也持这样的观点。但在《订正录》中，奥古斯丁引《论自由意志》反佩拉纠的段落全都出于该作品的后面部分，这就更有理由说明第三卷是他后来的著述。

《论自由意志》虽然留下了一些研究的谜团，但它确实开启了一个伟大的思想主题。

第一卷　何谓人的自由意志

恶源于法律所禁止的情欲（1，1 — 6，15）

恶从哪里来？

1.1. 埃伏迪乌斯（以下简称埃）：请您告诉我，上帝是否并非恶（malum）的原因（auctor）。

奥古斯丁（以下简称奥）：那你得先明确你所说的是哪一种恶。我们通常在两种意义上说“恶”，一种指某人作恶；一种指某人遭恶。

埃：这两种恶我都想知道。

奥：好吧。既然你知道或者相信上帝是善的（不这样认为就是渎神），那么他不会“作”（facit）恶。既然我们又承认上帝是公义的（否认这一点就是不敬），那么他怎样赏善，也便怎样罚恶，而惩罚对受罚者来说无疑就是恶。所以，若说无人不公正地受罚——我们既然相信世界是由神意统治的，就必须相信这一点——那么上帝诚然是第二种恶的原因，却无论如何不是第一种恶的原因。

埃：那么，我们发现不是源于上帝的那种恶，是否有别的原因？

奥：当然有！因为没有原因，恶不可能产生。但你若问这原因是哪一个人，我就说不上来了，因为原因并非只是某一个人，毋宁说，每一个作恶的人都是自己恶行的原因。如果你对此有疑惑，请注意我前面所说的话，即恶行要受到上帝的公义惩罚。而恶行若不是经由人的意愿产生，惩罚它们就不能算是公义的。

恶不是我们学来的。

%1.2. 埃：我不知道是否有人未曾学习作恶而犯罪的。但若是只有学过的人才会犯罪，我就得问：我们从谁那里学会犯罪呢？

奥：你认为学习或学问（disciplina）① 是一种善吗？

埃：谁敢说学习或学问是一种恶呢？

奥：或许它既非善也非恶？

埃：在我看来它是善的。

奥：一点没错，因为知识就是通过学习取得或激发的，除了通过学习，没有人能学得什么。或者你另有高见？

埃：我就认为通过学习学得的东西无不是善的。

奥：那我们就有了结论：恶不是学习得来的！因为“学习或学问”（disciplina）这个名词就是由“学习”（discendo）这个动名词来的。

埃：恶若不是学来的，那人为何会作恶呢？

奥：或许正是因为人自己偏离甚至放弃了学习或学识。不论这是否就是原因，或者另有他因，有一点是确定无疑的：既然学识是善的，而学识又由学习而来，那么恶无论如何不可能是学得的。否则，若说恶是学得的，岂不是说学识包含恶，那学识就不是善的。然而它是善的，正如你自己所承认的，所以恶不是学得的，因而你所问的“我们从谁那里学习恶”的问题就是徒劳无益的。或者，如若可以说恶是学得的，那这种学习也是为了避恶，而不是为了作恶。由此可见，作恶非他，不过就是背离学识。

① Disciplina，指与知识领域相关的普遍活动，包括学习、学识、教导、训练等。

理解力不是恶

3. 埃：但是我认为学习或学识其实有两种。一种是教人学习行善，一种是教人学习作恶。只不过当你问我学习或学识是否一种善时，我的爱善之心完全占据了我的注意力，以至于我只想到那种教人行善的学识，于是就回答说学识是一种善。但现在我想起另有一种学习或学识，我断定它无疑是恶的，我也想知道这种恶的原因。

奥：你至少认为理解力（intellegentia）是一种善吧？

埃：我当然认为它是善的，而且在我看来，人身上没有比它更卓越的东西了；我也绝不会说，某种理解力可能是恶的。

奥：是吗？如果有人受教（docetur）但不理解，你能说他领教或学到（doctus）了吗？

埃：当然不能。

奥：既然每一种理解力都是善的，而凡是不理解的人就不能说他学习，那么凡是学习的人，都在行善。因为凡是学习的人，就必理解；而凡是理解的人，就在行善。因此，人若寻找我们借以学习的原因，就是寻找我们借以行善的原因。所以，你不要再寻求什么恶的教师了。他若是恶的，就不是教师；他若是教师，就不是恶的。

奥古斯丁认为何为恶

2.4. 埃：行吧，你言之有理，我不得不承认我们作恶不是学得的。那就请告诉我，我们究竟为何会作恶呢？

奥：你提出的这个问题，正是我年轻时曾深深困扰我的问题；它把我折磨得筋疲力尽，然后将我推进异端之群①，使我跌倒坠落。这次坠落让我如此受伤，我葬身其中的空谈又是如此之多，若不是我寻求真理

① 指摩尼教。参见《忏悔录》3. 7. 12 — 3. 10. 18；8. 10. 22 — 24。

的热忱最终博得神恩助佑，我恐怕是不能挣脱出来，而重新呼吸最初寻求真理的自由空气的。既然我费尽全力才从那个问题的困境中解脱，我也将在与你的探讨中遵循使我解脱难题的顺序。上帝将与我们同在，并使我们理解我们所相信的。因为我们清晰地意识到，我们要走的路正是先知以赛亚所指示的，他说："你们若不相信，就不能理解"（赛7：9）。

而我们相信，一切存在的都出于一位上帝，但上帝不是罪的原因。令人困惑的倒是这样一个问题：如果罪源于上帝所造的灵魂，而那些灵魂源于上帝，那罪怎么就不能追溯到上帝——最多绕一个弯——呢？

我们因着信心追随上帝和秩序

2.5. 埃：您已经清楚地说出困扰我思考的问题，它又推又拉地使我陷入这种苦苦探究之中。

奥：鼓起勇气，相信你所相信的！没有比它更好的信念了，尽管我们还不知道它之所以如此的原因。因为敬虔的最真实开端就是对上帝有最好的观念。而人对上帝最好的观念无外乎相信：他是全能的，永远不变的；他是一切美善的创造者，他自己又比一切更美善；他是所造万物的最公义的管理者；他在创造中不需借助任何自然物，好像他并非自足者似的，他乃是从无中创造了万物；而我们称为上帝独生子的那位，不是由他创造，而是由他所生（genuerit），因而与他同等（sibi par）。我们若想说得更清楚，我们便称圣子为"上帝的能力，上帝的智慧"（林前1：24），借着他，上帝创造了从无中造出的万物。

确定了这些信念之后，让我们靠着上帝的恩助，尽最大努力去探究你所提出的那个问题吧。

为何奸淫是恶？

3.6. 你提出的问题是：我们为何作恶？那么我们首先要讨论"作

恶”是什么。关于这个论题，你来说说你的看法吧。如果你不能三言两语把整个论题说清楚，至少可以举几个恶行的实例，让我知道你的看法。

埃：比如奸淫、谋杀、渎圣，其他就不一一列举，时间不允许，记性也不好；谁不认为这些是恶行呢？

奥：那么请先告诉我，你为何认为奸淫是恶行，是因为法律禁止这样的事吗？

埃：并非因为法律禁止，它才是恶的；恰恰相反，因为它是恶的，法律才会禁止。

奥：如果有人想要窘辱我们，便大肆渲染奸淫之乐，并质问我们为何认定奸淫就是恶，该受惩罚，那要怎样？既然人们不只是想要相信，还想要理解，那你认为他们可以诉诸于法律的权威吗？当然，就我而言，跟你一样，我相信，并且非常笃定地相信，甚至要疾呼：万民万国都应相信，奸淫是恶的。但现在我们是要想方设法理解我们凭信仰所接受的，并牢不可破地确立它，所以你要尽你所能去思考，然后告诉我，你认为奸淫是恶的理由是什么。

埃：我知道这是恶事，因为我不愿意这样的事发生在自己妻子身上（不愿意自己妻子遭受这样的事）。任何人若将己所不欲施之于人的，便是作恶。

奥：如果有人情欲膨胀，竟然将自己的妻子拱手给人，愿意她受人奸淫，同时也意欲对那人的妻子享有同样的权利，那又怎样呢？你认为他没有作任何恶吗？

埃：当然不是，相反，他罪大恶极！

奥：但是根据你的规则他并没有犯罪，因为他并没有把己所不欲施之于人。所以，你得另寻证据表明你何以坚信奸淫是恶。

并非因为法律定罪……

3.7. 埃：我之所以认为它是恶，是因为我看到犯有这种罪行的人往往被定罪受罚。

奥：是吗？但人们不也常常因正当行为而被定罪受罚吗？你去查考一下历史，不用看别的书，只需查查那以神圣权威著称的《圣经》历史吧，你马上就会发现，如若我们认为定罪是对恶行的可靠证明，那我们对众使徒和殉道者得有多坏的印象啊，因为他们全都因对信仰供认不讳而被判有罪遭受刑罚。所以，如果凡是被定罪的，都是恶，那么相信基督并承认这种信仰在那时就是恶了。但如果并非凡是定罪的都是恶，那就请另寻证据，表明你为何说奸淫是一种恶。

埃：我无以言对了。

而是因为出于情欲（libido）

3.8. 奥：或许情欲才是奸淫中的恶吧。如果你一味地在可见的外部行为中寻找恶，你就会陷入困局。为了让你理解奸淫中的情欲是恶的，不妨设想，某人虽然没有机会与别人的妻子同床，但是显然他很想这样做，并且一旦有可能他就会这样去做，那么他的恶并不比现行被抓少一些。

埃：那再清楚不过了！现在我看不必再长篇大论地讨论，我可以确定，谋杀、渎圣乃至一切其他罪行，莫不如此。因为很显然，在一切恶行中，正是情欲在做主（作祟）。

出于情欲的欲求……

4.9. 奥：你知道情欲也称为（某种）欲求（cupiditas）吗？

埃：我知道。

奥：好。那你认为欲求与恐惧（metus）是一样的吗？或者有些区别？

埃：我认为两者之间区别很大。

奥：我想你之所以这样认为，是因为欲求追求所欲对象，而畏惧则逃离所惧对象。

埃：确实如您所说。

奥：那么，如果有人杀人不是因为欲求什么东西，而是因为惧怕受到什么伤害，那怎么说呢？莫非他就不是杀人犯了？

埃：当然是的，但这种行为并非没有欲求的控制，因为出于恐惧而杀人的，正是欲求毫无恐惧地活着。

奥：你认为毫无恐惧地活着是一种小善吗？

埃：是大善，但是这种生活绝不是杀人者通过其罪行能得到的。

奥：我不是问他能得到什么，而是问他欲求什么。凡是欲求一种毫无恐惧的生活的，就是在欲求善事。因此欲求本身不应受到责备，否则我们就该指责所有爱善之人了。这样，我们不得不承认，在有的杀人行为中恶的欲求（mala cupiditas）并非占支配地位，因而说一切罪就其是恶而言都受恶欲控制的说法是不对的，不然，（我们不得不说，）可能有一些杀人行为并不是罪。

埃：如果杀人（homicidium）就是杀死一个人，那么杀人有时候可能完全无罪。比如士兵杀死敌人，法官或执刑者处死罪犯，兵器偶然不慎失手，无意中杀了人，在我看来，这些杀人案件都不是犯罪。

奥：我同意。不过，这些人通常也不会被称为杀人犯。现在请回答这样一个问题，如果有奴隶因恐惧主人虐待而杀了他，你是否认为此人属于那些虽杀了人但不应称为杀人犯的人吗？

埃：我看此人与那些人完全不一样。因为那些人或者依据法律行事，或者并不违背法律；而这个人的行为却没有任何法律许可。

产生恶和罪

奥：你又诉者于权威了。务请记住，我们现在所做的工作是去理解我们所相信的。我们诚然相信法律，那就当尽力——只要有任何一点可能——去理解，那惩罚该行为的法律是否罚得无有不当。

埃：法律绝不会罚得不当，因为它所处罚的人杀死主人是明知故犯，而我前面所提到的那些例子没有一个是这样的。

奥：是吗？你还记得不久前你刚说过，一切恶事都是情欲在做主，任何事之为恶事的缘由就在于情欲？

埃：我当然记得。

奥：哦？同时你不是又承认那欲求毫无恐惧地生活的人，并没有恶的欲求？

埃：我也记得这一点。

奥：那么，这个奴隶杀死主人是出于这样一种欲求，而并非出于那种可指责的欲求（culpabilis cupiditas）。这样看来，我们还是没有找到表明该行为是恶的原因。因为我们已经达成共识，一切恶行之所以是恶的，原因在于它出于情欲，也就是那种可指责的欲求。

埃：那这样看来，那人被定罪是冤枉了。然而，我若还有别的话可说，还真不敢说这样的话。

奥：真是这样吗？你还未思考这个奴隶欲求摆脱对主人的恐惧，是否为了满足他的情欲，就确信这样大的罪恶不该受到惩罚？因为欲求毫无恐惧地生活，不仅善人如此，所有恶人也都如此，区别只在于，善人追求这种生活时，想要剔除对那些“不能拥有而无丧失之虑”的东西的爱恋之心；而恶人为了牢牢抓住这些东西，则想方设法排除障碍，享有它们，以至过上充满罪恶的败坏生活，这种生活，毋宁说是作死。

埃：这下我茅塞顿开了！非常高兴能如此清楚地明白那个可指责的欲求，就是所谓的情欲究竟是什么了。很显然，它就是对那些“人不愿失去而能失去之事物”的爱恋。

杀死强盗不包含情欲

5.11. 那么，如果您愿意，现在我们来考察一下，在渎神行为中是否也是情欲在做主——我们看到，大部分渎神行为都是出于迷信。

奥：请注意，提问不能太仓促。我看我们还是应该先讨论这样的问题：为了保全生命、自由或贞洁，而杀死一个进攻的敌人或者袭击的刺客，是否不包含任何情欲。

埃：为了保全那些“人不愿失去但能失去”（possunt amittere inviti）的东西而付诸于暴力，我怎么能说这样的行为不包含情欲呢？或者，如果这些东西原本就是不能失去的，那又何必为此走到杀人的地步呢？

奥：这样说来，法律就是不公的，因为它赋予客旅杀死强盗的权利，以免自己被其所杀；也允许任何男人或女人除掉性侵犯者，以免自己受其奸污。甚至法律还命令士兵杀死敌人，他若拒绝，则要受到将领的处罚。莫非我们能说这些法律是不公正的，或者毋宁说不能算法律吗？因为在我看来，法律若不公正，就不是法律。

但仍属不义

5.12. 埃：我看法律自身可以充分反驳这类指控：它允许它治下的人民作小恶，以避免犯大恶。确实，杀死一个谋害他人性命的人，比杀死一个保全自己性命的人要文明得多。一个人被迫遭受奸淫，比施暴者被受害者杀死更为野蛮。而士兵杀敌更是在执行法律，因此他很容易不带一丝情欲地履行自己的职责。再者，法律本身是为保护人民而制定的，不能指责它包含什么情欲。只要那法律制定者是按照上帝的命令，即永恒公义的规定来立法，他就能够不带情欲地这么做。即使制定法律的人带着某种情欲，也并不意味着遵行法律时也带着情欲。因为好的法律也可以由一个自身不善的人制定。比如，某人夺得暴君权力后，收受他人贿赂，为其谋利，制定这样一条法律：禁止一切强奸妇女的行为，即使出于成婚的目的。虽然这个立法者是不义和败坏的，但这条法律却并不因此是恶的。所以，法律为了保护公民，下令以暴对暴，是可以不存情欲地遵行的。对于一切根据法律和既定秩序服从于任何权威的官员，都可以这样说。

不过，我不明白，即使法律是无可指责的，为何上述那些人也能无可指责。法律没有强迫他们杀人，只是把权利留给他们自己。所以，他们有自由，可以决定不为那些不愿失去但能失去、因而不应迷恋的事物而杀人。关于生命①，或许有人会感到疑惑：如果身体被杀了，灵魂是否也随之被剥夺了生命？其实，它若是能被剥夺，就不必珍惜；它若是不能被剥夺，就无所畏惧。同样，关于贞洁，既然它是一种美德，谁会怀疑它不是存在于灵魂自身之中呢？所以，它是不可能被强暴者夺走的。这样说来，凡是能随着被杀者而消失的东西，都不是完全在我们权能之下的，因此我不能理解，为何这些东西可称为“我们的”。总之，我诚然不指责允许这些人被杀的法律，但我实在找不出理由为那些杀人者辩护。

法律与神意

5.13. 奥：那我就更找不出理由，你为何要为那些没有哪条法律认为有罪的人辩护了。

埃：好吧，或许那些公开的、人能读到的法律没有一条如此。不过我想，如果万物莫不是在神意（divina providentia）的管理之下，那这些人是否受某种更有力且完全隐秘的法律所约束。这些人既为那些本应鄙弃的东西杀人自秽，在神意之法眼中怎能免罪呢？因此在我看来，那

① 生命和贞洁是可以违背人的意愿失去的东西，一个被杀而失，一个被奸而失。

为管理人所写的法律，固然允许以上种种行为，出于神意的法律却要惩罚。人的法律在其自身范围内制定惩罚规则，充分保障普通百姓之间的和平安宁，并尽人的治理所能做到的本分。至于另外的过失，自有另外的相应惩罚，我想，唯有智慧能使我们摆脱这样的惩罚。

奥：我很赞同并支持你的这种区分，尽管它只是一个开端，还不完善，但它包含信心，且指向某种高远的事物。因为在你看来，那种为治理邦国而制定的法律，允许很多行为而不加以惩罚，但神意要惩罚它们。确实如此。正因为法律并非包管一切，所以不应指责它所做的。

治理人民的可变法律

6.14. 如果你愿意，我们要仔细考察：那个在今生管治人民的法律对恶行惩罚到什么程度；然后再思考还剩下什么恶行，由神意施以更加无可逃脱的隐秘惩罚。

埃：我非常愿意，只要我们能到达这个重大问题的终点；我实在担心它没有尽头。

奥：你要振作精神，带着虔诚，在理性之路上前行。因为再晦涩困难的事，只要求得上帝的恩助，没有一件不变得清楚明白、轻松便捷的。因此，信靠上帝，向他求助，我们来探求我们所确定的目标。首先请回答我，那以文字颁布的法律是否有益于生活在今世的人呢？

埃：显然是的，因为人民和邦国都是由这些人构成的。

奥：好。那么这些人民和邦国都是属于那一类不会变化、不能灭亡、因而是永恒的事物吗？还是变化无常且受制于时间的一类呢？

埃：谁会怀疑他们是变化无常且受制于时间的一类呢？

奥：这样，假设有一个民族通情达理又严谨自律，且全心全意地维护公共利益，其中的每一个人都先公后私，那么制定一部法律，允许这个民族设立自己的行政官员来管理自己的事务，即公共利益，有什么不正当吗？

埃：完全正当。

奥：再假设这个民族后来逐渐败坏，先私后公，贿赂选举，被贪誉者腐化，把自我管理的政权交到可耻荒淫的恶人手上；如果此时出现一个出类拔萃的良人，把授予荣誉的权力（potestatem dandi honores）从人民拿走，把它交给少数贤人，甚至集中于一位贤君，这样做有没有不正当呢？

埃：也是正当的。

奥：这样，两种法律[①]看起来就是彼此对立的了，一种把授予荣誉的权力归于人民，另一种则把它从人民拿走；而制定了第二种法律，就意味着在一个国家不可能有两种法律并存。那么我们是否得说，其中有一种法律是不公正的，原本就不应该制定？

埃：绝不能这样说。

奥：如果可以，我们就把那种虽是公正的但随着时间的变化可以适当更改的法律，称为“暂时法”（temporalem）吧。

埃：就这样称呼吧。

源于不变法律

6.15. 奥：好。再看那被称为“最高理性”（summa ratio）的法律[②]，那个必须时时遵守的法律，使恶人遭不幸、善人得幸福的法律，也使我们所说的“暂时法”得以公正制定并合理变更的法律，凡是有理智的人岂会不认为它是不变而永恒的吗？或者“恶人遭不幸、善人得幸福”，这个可能有时候不公吗？一个正直自律的民族有权利设立自己的官员自治，而放肆恶劣的民族就被剥夺这种权利，这个可能有时候

---

① 一种法律赋予社会权利，让它产生自己的行政官员，一种法律把这种权力限制在极少数人手中。

② 西塞罗《论法律》1. 6. 18：“最高理性就是根植在自然本性中的法律，它规定应做的，禁止不应做的。”

不公吗？

埃：我看这就是永恒而不变的法律。

奥：我想同时你也看到，那个暂时法中的任何公正而合理的原则，无一不是人们从永恒法中汲取的。因为同样是那个民族，有时候授予它荣誉是正当的，有时候剥夺它的荣誉是正当的；这种时间上的变化起伏之所以是公正的，原因就在于永恒法；根据永恒法，把荣誉权授予自律的民族，不授予轻浮的民族，这是始终公正的。或者你另有高见？

埃：我同意你的观点。

奥：那就让我尽我的语言能力，简要说明这个印刻在我们心中的永恒之法的意义。我认为它就是这样的法律：依据它，万物全然有序（omnia sint ordinatissima）就是公正的。如果你有不同观点，尽管说出来。

埃：你说得很对，我没有异议。

奥：这样看来，这永恒法是一，所有为治理人民而制定的暂时法都从它转变而来，既然如此，那这永恒法本身能以某种方式变化吗？

埃：我认为它绝不可能变化，因为任何强力、任何偶因、任何变迁都不能导致“万物全然有序”成为不公正的。

心灵作主并发令（7，16—11，24）

活着是一回事，知道自己活着是另一回事

7.16. 奥：现在我们要看看，一个人是如何在自身之中全然有序的（homo inseipso sit ordinatissimus）。因为一个民族是在某个法律之下的一群人构成的，这个法律，如我们所说，是暂时法。请告诉我，你是否完全确定自己是活着的。

埃：还有什么比这更确定呢？

奥：好。那你能分辨活着是一回事，知道自己活着是另一回事吗？

埃：我知道，若不是活着，就不能知道自己活着；但我不知道，是否凡是活着的，都知道自己活着。

奥：真希望你不只相信，还知道：动物没有理性，这样，我们的讨论就可以越过这个问题。但是你既然说你不知道，那就得展开一番冗长的论说了。因为根据我认为必不可少的推论的逻辑链条来说，这个问题不能忽略，否则我们恐怕无法到达我们想要到达的目标。我们常常看到野兽被人驯服，也就是说，不仅动物的身体，而且它的灵魂也顺服于人，所以在感觉和习性上都屈从于人的意志。那么请告诉我，你是否认为有可能出现相反的情形，即某个野兽，不论性情多暴虐，躯体多庞大，感觉多敏锐——甚至很多野兽能通过暴力攻击或暗地偷袭杀死人的身体——有可能使人屈从于它的意志？

埃：我认为这是绝不可能的事。

奥：很好。再来看看以下一点，很显然，很多动物在体力和其他身体功能上都可以轻易超过人，那么请你告诉我，人是凭什么成为卓越的，使任何动物不能驾驭他，而他却能驾驭很多动物呢？或许就是通常所说的理性或理解力吧？

埃：既然使我们胜过动物的东西在灵魂里（而不在身体里），我也找不出其他因素了。如果它们是无生命者，那我可以说我们胜过它们是因为我们有灵魂。但事实上它们是有生命者，所以必有某种东西，我们灵魂中有，使我们胜过它们，而它们灵魂中没有，使它们被我们驯服；凡是人都可以看出，这东西不是无（nihil），而且也不是微不足道的；还有什么比称之为理性更恰当呢？

奥：你看，人们认为很难的，靠着上帝的恩助，变得如此容易了。我对你坦白地说，这个我看已经解决的问题，我原本以为会让我们耽搁很久，或许会像我们刚开始讨论时所谈的所有问题那样。因此请你现在记好，以便后面推理连贯。我相信你不会不知道，我们所说的“知道”

（scire），不是别的，就是通过理性拥有所理解之物。

埃：是这样的。

奥：所以，知道自己活着的，必不缺乏理性。

埃：可以推出。

奥：动物活着，但如我们已经说明的，它们没有理性。

埃：显然。

奥：看，现在你就知道——刚才你还说不知道——并非凡是活着的，都知道自己活着，尽管凡是知道自己活着的，必然是活着的。

知道活着更好

7.17. 埃：我对此毫不怀疑。你已充分表明，活着是一回事，知道自己活着是另一回事。那就请继续朝着目标前行吧。

奥：这两件事在你看来哪件更好呢？

埃：若不是知道自己活着这件事，你认为还能是什么？

奥：你认为对生命的知识比生命本身更好，是吗？或者你认为知识是一种更高更真的生命？因为人若不理解，就不可能知道。而所谓理解，不就是根据心灵之光过更开明、更完全的生活吗？因此我若没弄错，你并非向我推崇有别于生命的东西，乃是推崇更好的生命，它不同于一般的生命。

埃：你对我的观点作了极为完美的理解和阐释，不过，这里有个前提，即知识绝不可能是恶的。

奥：我认为绝不可能，除非我们借用知识（scientia）这个词来指经验（experientia）。因为经验（experiri）并不总是善的，比如经验惩罚（experiri suppilicia）。但是在严格而纯粹意义上的知识，是通过理性和理解力获得的，怎么可能是恶的呢？

埃：我也主张有这种区别。请继续往下说吧。

心灵更优越，应由它掌权

8.18. 奥：我想说的是，这个使人优越于动物的东西，不论是什么，是心灵（mens），是精神（spiritus），或者两者都是（我们发现《圣经》里两个词都有），如果由它来支配并命令构成人的其余部分，那人就处于全然有序之中。[①] 我们看到，我们不仅与动物，而且与花草树木都有许多共同之处，比如，我们看到，汲取身体营养、生长、繁殖、壮大，也是属于低级生命的树木所拥有的属性；我们也知道，动物能通过看、听、嗅、尝、触去感知形体，而且我们承认，它们的感官往往比我们的更敏锐。另外，四肢的力量、活力和壮实，身体活动的快速和敏捷，所有这些方面，我们胜过某些动物，与另一些持平，还有一些，则不及它们。然而可以肯定，这类事物是我们与动物共同的，而且，追求身体快乐、避免身体不适，也是所有动物生命的行为。还有一些东西看来并不属于低级动物，但也不是人类的最高属性，比如戏谑和发笑，任何对人性能准确判断的人都会说，这诚然是属人的东西，却是人性中最低级的。还有对赞美和荣誉的爱好，对权力的贪图，虽然是动物所没有的，却不能认为我们因贪求这类事物而优于动物。因为这种欲望若不受理性支配，就会产生不幸。而谁也不会认为自己优于他者是因为不幸。因此，惟有当理性支配灵魂的这些活动时，一个人才可以说是井然有序的。如果好的受制于坏的，那就不是正当秩序（ordo rectus），或者根本就不能称之为秩序。你以为如何？

埃：显然如此。

奥：因此，当理性或心或灵支配灵魂里的非理性活动时，就可以说，人正是由那应该作主的部分按照我们已经知道是永恒的那个法律来掌权的。

---

① 参见奥古斯丁在7. 16提出的问题：一个人如何在自身中全然有序。

埃：我明白，也同意。

心灵并非都能掌权

9.19. 奥：因此，这样一个各部分井然有序的人，你难道不认为是智慧者吗？

埃：这样的人若不是，那我就不知道还有哪个人是智慧者了。

奥：我想你也知道，一般人是愚笨的。

埃：这一点也很确定。

奥：若说愚笨是智慧的反面，那么我们既然已经知道谁是智慧者，你就应该明白谁是愚笨者了。

埃：谁不明白，愚笨者就是心灵不拥有最高权威的人呢？

奥：人若处于这样的境况，那该说什么呢？是说他没有心灵，还是说，虽然有心灵，却不拥有支配权？

埃：毋宁说是你所说的后者。

奥：我很希望听你说一说，人的心灵若不施行主权，你凭什么证据知道，人还是有心灵的。

埃：我还是希望你来说说，因为你摞在我身上的这个担子实在不轻松啊。

奥：那你至少可以轻松地回忆一下我们稍前所说的：野兽如何被人驯服变得温驯，为人提供服务；如果人没有在哪一方面胜过它们，那反过来人也会遭受这样的命运，就如理性所表明的。而我们发现人胜过兽类的东西并不在身体上，显然在灵魂里，我们找不到其他更好的名称，就称之为理性。后来——我们记得——也称之为心灵和精神。即使理性与心灵不是同一个东西，也可以确定，只有心灵能够运用理性。由此可见，凡有理性的人，不可能缺少心灵。

埃：这些我确实都记得，也认同。

奥：好。那你是否认为驯服野兽者必定就是智慧者吗？我所说的智慧者，是真理命令如此称谓的人，也就是那些由心灵做主、支配所有情欲、从而安心自得的人。

埃：人们通常所说的驯兽师，或者牧人、牛仔、马术师，我们看到这些人都能驯服兽类，使之顺从，即使没有驯服，也能用技能控制它们，但是若说这些人都是智慧者，那是可笑的。

奥：看，你用有力的证据证明了，人可以有心灵但心灵不做主。这些人都有心灵，因为他们若没有心灵，就不可能做这些事；然而他们的心灵并没有主权，因为他们是愚笨者，而我们清楚地知道，唯有智慧者的心灵才有主权。

埃：好奇怪，这点是我们前面已经得出的结论，而我竟找不到答案来回答。

它在智慧上掌权，合乎公义和美德

10.20. 不过我们还是接着往下讨论吧。至此，我们已经得到的结论是，人的智慧在于人的心灵掌权，但人的心灵也可能不掌权。

奥：你是否认为某种情欲会比心灵本身更强大——尽管我们知道永恒法赋予了它对情欲的支配权？我绝不这么认为。因为较弱者统治较强者，这就不是全然有序了。我认定心灵必然比欲望更强大，就因为心灵支配欲望才是正当而公义的。

埃：我也这么认为。

奥：那么，一切美德优于一切邪恶，美德越优越高，就越强越坚，对此我们又怎能质疑呢？

埃：谁会质疑？

奥：因此，没有哪个邪恶的灵魂能胜过以美德为装饰的灵魂。

埃：完全正确。

奥：我想你现在不会否认，任何灵魂都比所有身体更好更强。

埃：人只要明白（这是很容易的）有生命的实体胜过无生命的实

体，赋予生命的胜过接受生命的，就不会否认这一点。

奥：更不要说具有美德的心灵了，哪有身体能胜过的。

埃：显而易见。

奥：这样，一个正义的灵魂，一个保守自己权利和支配权的心灵，能否把另一个有同样公正和美德的主权心灵逐出其堡垒，并使它屈从于情欲?

埃：绝不可能，不仅因为两者在优越性上相等，而且因为前者试图对后者这样做，前者就先行丧失了公义，变成了邪恶心灵，也因此而成为较弱者。

10.21. 奥：你理解得很透彻。剩下的问题是，如果能够，请你回答，你认为是否有什么比合理的、智慧的心灵更优越的。

埃：我认为惟有上帝，别无其他了。

奥：这也是我的看法。但这是一件很难的事，虽然我们对此十分坚定地相信，现在却还不是透彻理解它的时机。那就让我们对刚才讨论的问题作一番踏实、谨慎而周全的考察吧。

如果情欲掌权

11.21. 目前我们能够确知的是，那个理应比因德而强的心灵更卓越的本性，不论他是什么，都绝不可能是不义的。因此，尽管他有能力，却不强迫心灵屈服于情欲。

埃：这一点每个人都会接受，不会有任何犹豫。

奥：于是我们可以得出这样的结论：对于拥有美德的主权灵魂来说，凡是与它同等或优于它的事物，因公义的缘故，不会使它屈从于情欲；凡是低于它的事物，则因其软弱不能做到，就如我们所确定的观点表明的；所以使心灵成为欲望帮凶的，惟有它自己的意志和自由选择了。

埃：我看这是必然的了。

意志该受惩罚

11.22. 奥：那么在你看来，它因这么大的罪受到惩罚是公正的。

埃：我不能否认。

奥：那怎样呢？心灵被情欲支配，这一事实本身难道还算轻微的惩罚吗？这样的心灵，丧失了富足的美德，陷入贫乏和可怜境地，四处漂泊，时而以假为真，甚至为假辩护，时而又推翻先前所拥护的，却仍坠入另一错误；时而犹豫不决，不敢同意，并常常惧怕明晰的论证；时而对完全获得真理感到绝望，执拗于自身内愚昧的黑暗；时而试图靠近理解之光，旋又筋疲力尽地缩回。同时，欲望的统治猖獗如暴君，以变化（varia）与杂多（contrarium）的风暴搅扰人的整个灵魂和生命。这边有恐惧，那边有贪念；这边有忧虑，那边有虚幻的快乐；这边是丧失所爱之物的痛苦，那边是攫取未有之物的焦灼；这边是蒙冤的愁苦，那边是复仇的欲火。无论转向哪边，都有贪婪挟制他，奢侈消耗他，野心出卖他，骄傲吹嘘他，嫉妒折磨他，懒怠埋葬他，刚愎煽动他，屈从折磨他，以及其他数不胜数的因情欲统治而滋生繁衍出来的恶。凡是不紧跟智慧的人，都必然遭受这些恶，我们岂能说这些不是惩罚呢？

或者我们从来不是智慧者？

11.23. 埃：如果有人已置身于智慧之巅，却选择从那里堕落，屈从于情欲，那我认为这惩罚实在是够大，而且也完全公正。但是究竟是否有人曾经或者现在愿意做这样的事，还是无法确定。虽然我们相信上帝把人造得完美无比，又将他安置在幸福生活中，以至于唯有凭着他自己的意志才堕落到可朽的生命困境之中①，然而，我对此只是坚定地相信，还不是通过理解推导得出。所以，你若想推迟对这个问题的详尽探

① 这是指亚当和夏娃在伊甸乐园的生活，以及他们的堕落。

讨，那是我所不愿意的。

选择出于意志（12，24 — 16，35）

12.24. 其实最令我困惑的是，我们这些肯定从未有过智慧的愚人，为何要遭受这类严酷的惩罚，还说我们受罚是因为我们遗弃了美德的堡垒，而选择了作情欲的奴隶。你若不通过讨论来澄清这个问题——但愿你能——我绝不同意你推延下去。

奥：你这样说，好像你明确知道我们从不曾有过智慧似的，而事实上你只注意到了我们出生进入此生的时间。既然智慧存在于灵魂，那么灵魂在与身体结合之前是否过着另一种生活，或者它在某个时候曾经过着智慧的生活，乃是一个大问题，一个大奥秘，需在适当的时候加以考察。[①] 但它并不妨碍我们尽可能澄清手边的问题。

我们拥有意志，意志在其自身是善的

12.25. 现在我问你，我们是否有某种意志。

埃：我不知道。

奥：那你想不想知道？

埃：我甚至连这个也不知道。

奥：那你就不要再问我任何问题了。

埃：为什么？

奥：因为你若不想知道你所问的，我就不应回答你的问题。再者，你若不愿追求智慧，我也不应与你讨论这类智慧之事。最后，你若不愿我幸福安好，你就不会是我朋友。现在你对你自己应该清楚，你是否有

---

① 奥古斯丁重提 3. 20 — 21 谈到的灵魂先在问题，不过，他对该问题一直没有得出明确的观点。

对幸福生活的意愿（意志）吧。

埃：我承认，我们有意志，这是无法否认的。那就继续吧，看看你将由此得出什么结论。

奥：我会的。但首先请告诉我，你是否认为有一个善良意志（bonum voluntas）。

埃：何谓善良意志？

奥：就是使我们追求正当而正直的生活，直至到达最高智慧的那种意志。现在看看，你是否追求正当而正直的生活，或者你并不那么愿意成为智慧者，或者你竟敢断然否认我们在意愿这些事物时有一个善良意志？

埃：这些事我一个也不否认，这样看来，我得承认，我不仅有意志，而且有善良意志。

奥：请问，你觉得这意志分量有多重？你不会认为财富、荣誉、身体快乐，或者所有这些加起来，可以在某一方面与它相提并论吧？

埃：愿上帝阻止如此粗鄙而疯狂的想法。

奥：这样，我们灵魂里有一物，我称之为善良意志；我们上面提到的种种东西，尽管我们看到，很多人不辞艰辛、不畏危险地追逐，与这善良意志相比，却卑微不堪，我们不应为此而略感欢喜吗？

埃：应该欢喜，而且应大大欢喜。

奥：嗯。那你认为那些没有享受到这种欢喜的人，他们被剥夺如此大的善，只是遭受一点小的损失吗？

埃：非也，遭受的是最大的损失。

意志是一种真正的善

12.26. 奥：我想现在你能看出，我们是享有还是缺乏这样一种伟大而真实的善，取决于我们的意志。有什么东西能像意志本身那样完全在意志的权能之下呢？当人有善良意志时，他就必定有远胜过一切属世国度、一切属体快乐的东西。而没有善良意志，就必定缺乏那样的东西，它远胜于一切不在我们权能之下的好，惟有意志本身才能给予。所以，如果有人因失去美誉尊名、缺乏大富大贵，以及诸如此类的属体之好，而断言自己可怜不堪，那么你岂不会说，即使他富有这一切，但是他若依恋于这些可以轻易丧失、却不能随意拥有的东西，而没有善良意志——就是胜过这一切、无与伦比的，虽然是如此的大善，却只需要我们意愿（velle），就能获得的东西——他才是真正可怜不堪的？

埃：一点没错。

奥：因此，愚笨者即使从来不曾有过智慧（这一点可以质疑，也是极其隐晦的[①]），遭受这样的不幸也是公正而合理的。

埃：我同意。

美德都在意志的权能之下（in potestate voluntatis）

13. 27. 奥：现在请思考，你是否认为审慎（prudentia）[②] 就是关于何者可求何者当避的知识？

埃：似乎是的。

奥：那么坚毅（fortitudo）呢？不就是灵魂的一种禀性，它使我们不畏一切困苦，不惧丧失任何不在我们权能之下的事物吗？

埃：我想是这样。

奥：还有节制（temperantia），就是约束并控制自己的欲望，以免追求可耻之物的品质。你有另外想法吗？

埃：我的想法与你所说的一样。

奥：至于正义（iustitia），若不是使人各得其所的美德，我们还能说是什么呢？

---

① 奥古斯丁并没有完全否定愚笨人可能“有智慧”，意思是说，他们在出生之前，其灵魂原本有智慧。这明显暗示柏拉图《美诺篇》里的“回忆说”。

② 审慎、坚毅、节制和正义是传统的四大美德，奥古斯丁依次论述。

埃：我想正义没有别的含义。

奥：我们前面谈了好多关于善良意志的优点，那么凡有善良意志的人，必怀着深爱拥有它，认为无物比它更好，因之陶然自得，并享受之，欣赏之，思考之，认定这善是何等之大善，只要他不愿意，就没有人能将它夺走或偷走；这样的人，必定抵挡一切与这个善为敌的事物，对此我们怎么能怀疑呢？

埃：他必定抵挡。

奥：这样的人知道要追求这个善，要避免一切与它为敌之事，那我们会认为他不拥有审慎吗？

埃：我看不拥有审慎的人不可能知道这些。

奥：没错。但我们为何不认为他还有坚毅呢？很显然，凡是不在我们权能之下的事，他都不会喜爱，更不会珍爱。那是邪恶意志所爱的，而他必然视之为与他最珍爱的善相敌对而抵挡它们。他既然不爱它们，就不会因失去它们而痛苦，并且视之为草芥，这就是我们所说并且一致同意的坚毅的工夫。

埃：我们完全应该说他有坚毅。事实上，如果一个人对于失去那些获得不由我们、保持也不由我们的事物心平气和、无动于衷，那我不知道除了这样的人我还能称谁为坚强刚毅；而我们知道坚毅的人必然会这样做。

奥：现在来看看，我们是否可以将节制与这样的人分开。所谓节制就是遏制情欲的美德，而善良意志的最大敌人，不就是情欲吗？由此你可以清楚看出，凡是珍爱自己的善良意志的人，无不用尽一切方法抵挡情欲，并与之作战，所以说这样的人有节制之德是合理的。

埃：请继续吧，我同意的。

奥：最后是正义，我真看不出这样的人怎么会缺乏正义。因为凡拥有并且热爱善良意志，并且如所说的，抵挡与善良意志为敌之事的人，不可能意愿别人有祸。由此可以推出，他不会对任何人不义；而要做到这一点，他必然是使人各得其所的人。我想，你应该记得，当我说“使人各得其所”就是正义的属性时，你也是同意的。

埃：我确实记得，我也承认在这个重视并珍爱自己的善良意志的人身上，可以找到你刚刚描述的、我也认可的四大美德。

幸福而可嘉的生活

13. 28. 奥：那么有什么妨碍我们承认这样的生活是可赞美的？

埃：绝对没有；相反，所有一切都在鼓励甚至迫使我们承认。

奥：好。你是否会在什么情况下否认不幸的生活是应当避免的？

埃：不，我认为应当避免，而且我认为这是我们的当务之急。

奥：那你显然不认为可赞美的生活是应当避免的。

埃：当然，我认为应奋力追求。

奥：那么可嘉的生活肯定不是不幸的生活。

埃：这是自然的。

奥：现在我想，你可以轻松地同意以下结论：非不幸的生活就是幸福的生活。

埃：再明显不过了。

奥：如果你愿意，我们就可以说，一个珍爱自己的善良意志，并因此而轻视其他一切所谓好的东西——即使意志坚持不放，这些东西仍可能丧失——的人，就是幸福的人。

埃：这是基于以上我们讨论认可的观点必然推导出来的结论，我怎么会不愿意呢？

奥：你解得很好。不过请问，珍爱自己的善良意志并像我们所说的那样看重它，这本身难道不就是一种善良意志吗？

埃：你说得对。

奥：如果我们说这样的人是幸福的，这是正确的论断，那么说意志相反的人是不幸的，岂非也是正确的？

埃：完全正确。

奥：那么，即使我们以前不曾有过智慧，我们为何不能毫不犹豫地确定以下这点：我们是配得幸福而可嘉的生活，还是该过可鄙而可怜的生活，全是凭着我们的意志？

埃：我承认，这是根据确凿而无可否认的论证推导出来的结论。

幸福而可嘉的生活（续）

13. 29. 奥：再看一点。我相信你还记得我们关于善良意志所说的话；我想，它就是使我们欲求正当而正直生活的意志。

埃：我记得是这样。

奥：因此，如果我们以同样的善良意志接受并珍爱这个意志，重视它胜过一切我们不能随己愿持留的事物，那么正如理性所教导的，四德就居住在我们灵魂之中，而拥有这四德就是过正当而正直的生活。由此可知，凡是意愿过正当而正直生活的，只要他意愿（velit）自己去意愿（velle）这样的生活，而不是那些转瞬即逝的好，他就能轻而易举地得到一件如此了不起的东西，以至可以说，在他，获得所意愿的东西无须其他，只要意愿就行。

埃：我实在对你说，当我发现如此伟大又如此易得的善突然呈现在我面前时，我情不自禁地要欢喜地呼叫起来。

奥：这样的喜乐乃因获得这样的善而产生；而当这喜乐平静地、安宁地又持续不断地使灵魂向上时，便可谓是幸福生活了。除非你认为幸福生活并非以真实而确定的善为喜乐，而是另外的生活。

埃：我认为就是这样的生活。

对幸福生活的欲求

14. 30. 奥：很好。不过，你是否认为有人并非想方设法意愿、追求幸福生活呢？

埃：谁会怀疑所有人都意愿呢？

奥：那么为何并非所有人都能获得呢？我们说过，也彼此同意，人们凭着意志配得幸福生活，也是凭着意志该得不幸生活，也就是说，他们所得的，正是他们应得的。但是这里似乎出现了一种矛盾，我们若不仔细分辨，就会动摇我们上面清晰而牢固的推论。既然没有人意愿不幸的生活，那为何有人凭自己的意志接受不幸的生活呢？既然有那么多人不幸，而所有人都意愿幸福，那怎么能说人是凭着自己的意志获得幸福生活的呢？

出现这种情况，是否因为意愿善恶（velle bene aut male）是一回事，因善恶意愿（per bonam vel malam voluntatem）配得某物是另一回事？因为那些幸福的人——也必定是善良的人——并非只是因为意愿过幸福生活才是幸福的，这样的生活恶人也意愿；而是因为意愿过正直的生活（vivere recte），这样的生活却是恶人并不意愿的。因此毫不奇怪，不幸的人得不着他们所意愿的，即幸福生活。因为那与幸福生活相关联的事，即过正当的生活，他们却没有同样地意愿；而没有正当的生活，就没有人配得幸福生活，也就没有人得着幸福生活。永恒法——该是我们再来思考它的时候了——已牢不可破地规定，功过出于意志，而幸福与不幸则是奖惩。因此，当我们说人之不幸出于他们的意志时，我们的意思并非说他们意愿不幸，而是说他们处于这样一种意志中，这意志使他们必然不幸，尽管他们不愿不幸。所以，所有人都意愿幸福，但并非所有人都得着幸福，这样的情形与前面的论证并不矛盾。因为并非所有人都意愿过正当的生活，而唯有这种意志才配得幸福生活。除非你有什么不同看法。

埃：我完全没有。

智慧人与愚笨人所遵守的法律不同

15.31. 但我们要看看，这与我们所讨论的两类法律的问题如何关联。

奥：可以的。但首先请告诉我，一个人若是热爱正当生活，并且完全倾心于它，不仅认为它正当合理，而且觉得它甘甜怡人，那他是否会喜爱并十分珍视那种使他看到——幸福生活是对善良意志的奖赏，不幸生活是对邪恶意志的报应——的法律？

埃：他当然爱之深切，因为他正是遵循着那种法律过着这样的生活。

奥：那怎样呢？当他爱那种法律时，他是在爱某种可变的、暂时的东西，还是在爱稳定的、永恒的东西？

埃：自然是永恒不变的东西。

奥：那些沉溺于邪恶意志但仍然欲求幸福的人，怎样呢？他们能否爱那种法律，就是使这样的人合理地得不幸生活之报应的法律？

埃：我认为绝不可能。

奥：他们难道不爱别的什么东西吗？

埃：相反，他们爱很多东西，就是那些邪恶意志坚持要得到或持有的东西。

奥：我想你是说财富、荣誉、享乐、形体之美，以及所有其他并非想得就能得、不想失就不会失的东西。

埃：就是那些东西。

奥：你既然看到这些东西在时间中变幻不定，难道会认为它们是永恒的吗？

埃：谁会这么认为？莫非他疯狂至极。

奥：那么很显然，有些人爱永恒之事，有些人爱暂时之事；我们还同意有两种法律，一种是永恒法，一处是暂时法。如果你有公正意识，你认为这两类人哪一类属于永恒法，哪一类属于暂时法呢？

埃：我想，你这个问题的答案是显而易见的。我认为，那些幸福的人因热爱永恒之事，故生活在永恒法之下，而那些不幸的人则受制于暂时法。

奥：你判断得没错，只是你要牢牢记住理性已经非常清楚表明的一条真理：那些服从暂时法的人是不可能逍遥于永恒法之外的。我们说过，凡是合乎正义的，以及合乎正义地变更的事物，无不源于那永恒之法。你充分地了解，很显然，那些凭着自己的善良意志谨守永恒法的人，并不需要暂时法。

埃：赞同你所说的。

法律先于暂时之物……

15. 32. 奥：因此永恒法命令我们摆脱对暂时之物的爱，将爱净化，然后转向爱永恒之事。

埃：它是这样命令的。

奥：那么你认为暂时法会命令什么呢？当人们凭着欲求依附于那些可以暂时称为“我们的”东西时，暂时法就规定他们有权利拥有这些东西，从而维护世俗的和平、人际的交往——在这类事物能维持的范围内——难道不是这样吗？这些东西首先有：这个身体，以及所谓的身体之好，比如完美的健康、敏锐的感官、力量、美丽，以及其他诸如此类的，有些是好的生活技能所需，因而价值较高，有的价值较低，无足轻重。其次，是自由，虽然真正的自由只属于那些遵守永恒法的幸福之人，但我现在所说的自由，是指那些没有他人作其主人的人就自认为自由的那种自由，以及那些想要脱离主人支配的人所渴望的自由。再次，父母、兄弟、配偶、子女、邻居、亲戚、朋友，以及其他因某种必需而与我们有联系的人。再后，是我们通常视为父母的国家，还有尊荣、美誉以及所谓的名望。最后，是财产，它包括我们可以合法支配的一切东西，以及我们似乎有权出售或捐赠的东西。

至于法律为何将所有这些东西分配给人，使其各得其所，解释起来既困难又冗长，并且显然，对我们所讨论的主题也并非必要。我们只要明白一点就足够，即这种法律在审判时所能发挥的作用不外乎，从它所惩罚之人的手中剥夺这些东西，或者拿走其中的一部分。因此它通过恐惧来约束人，反复折磨那些可怜之人的心灵——这法律原本就是为了统治他们而设的——使之服从它的意志。只要他们害怕失去这些东西，他们在使用这些东西时就会保持某种尺度（modum），以适合由这些人所能组成的任何形式的国家。然而，贪恋这些东西的罪是不受惩罚的，惩罚的是将它们从别人那里非法夺取的罪。

那么我们来看看，你原本以为没有尽头的问题，现在是否到了终点，因为我们原计划要考察的是，那治理地上百姓和国家的法律，它的惩罚权限究竟到哪里。

埃：我看到了终点。

那些不在我们权能之下的事

15.33. 奥：那么你是否也看出，如果他们不爱这些可以违其意愿失去的东西，那就不会有惩罚，不论不当的惩罚，还是法律审判的惩罚？

埃：我也看出这一点。

奥：因此，同样的东西，有的人滥用，有的人却能善用。滥用的人，因贪恋这些东西而为其所困，也就是说，他受役于那些应当为他所役的东西，还把这些东西确立为善，而他原本应当妥善管理它们，正当使用它们，从而使自己成为善者。而善用的人，则使它们表现为善，但其本身并非善；因为并不是它们使他成为好人或更好的人，而是他使它们成为好的或更好的东西。因此，他不会因爱恋而依附它们，不会把它们当作自己的心头之肉（membra sui animi）——他若爱恋，那就必如此——免得当这些东西开始从他身上截去时，使他因疼痛和溃烂而毁损不堪；他乃是全然超越于它们，需要的时候，随时准备拥有它们并支配它们，但更随时准备失去它们、完全没有它们。既然事实如此，你难道会因贪财者而去指责金银，因贪吃者而指责食物，因酗酒者而指责美酒，因奸淫者而指责美女，以及诸如此类的事吗？尤其是，你也看到，火可以善用于治疗，而面包也可滥用于毒杀。

埃：完全正确，该指责的不是东西本身，而是滥用它们的人。

恶就是偏离（aversio）不变的善……

16. 34. 奥：没错。我想，我们现在已经开始看到永恒法有什么样的力量，也发现暂时法在惩罚上能走多远；还清楚而充分地区分了两类事物：一类是永恒的事物；一类是暂时的事物，以及两类人：一类追求并热爱永恒事物；一类追求并迷恋暂时事物。然而，每个人选择何者为应当追求并拥有的事物，取决于他的意志；若不是出于意志，任何事物都不可能使心灵脱离掌权的堡垒和正当的秩序；同样显而易见的一点是，当人滥用东西时，该指责的不是任何东西，而是滥用东西的人自身。现在如果你愿意，我们要回到讨论开始时所提出的那个问题，让我们看看它是否已经得到解决。因为我们提出要考察的问题是何谓作恶，我们所说的一切都是围绕这个问题展开的。所以现在应该关注并思考，作恶是否就是忽视永恒的事物，也就是心灵借自身享有、借自身领会、只要热爱便不能失去的事物，去追逐暂时的、通过人的低级部分即身体感知的、不可能有任何确定性的事物，似乎它们是伟大而奇妙的东西。因为在我看来，所有恶行，即所有罪，都包括在这一范畴之中。不过，我期待知道你的看法是什么。

转向（conversio）可变的善

16. 35. 埃：确实如你所说，我也同意一切罪都包括在这一范畴中，都是因为人离开神圣而真正持久的事物，转向可变而不定的事物。虽然这些事物都被安排在各自正当的秩序中，各自都展现出某种美，但是灵魂如果变得悖逆而无序，就去追逐这些事物，以至为之所役，而根据神圣秩序和法律，它优于这些事物，完全可以随己意支配它们。同时在我看来，何谓作恶这个问题之后我们所提出考察的问题，即我们为何作恶[1]，也得到了解决和回答。如果我没弄错，上述论证已经表明，我们作恶是出于我们意志的自由选择（libero arbitrio voluntatis）。不过，我现在要问的是，既然我们证明了正是这个意志的自由选择给予我们犯罪的能力，那么它是否我们的创造主应该赋予我们的。[2] 因为如果没有这个自由意志，看来我们就不会犯罪，这样一来，恐怕上帝仍会被认为是我们作恶的原因。

奥：对此你完全不必担心，只不过我们需要另找时间更深入地考察这个问题。因为我们目前的讨论需要告一段落（要有尺度和终点）。但愿你相信，经过这样的讨论，可以说，我们已经敲过那需要探索的伟大而隐秘之问题的大门了。当我们在上帝的引领下开始渐入堂奥时，你就必会发现，现在的讨论与接下来的讨论之间有多大的差别，后者要比前者优越多少，不仅在探讨方式的精辟上，而且在主题的深奥和真理的昭彰上，都不可比拟。但愿我们有足够的敬虔，使神意允许我们守住并完成我们所设计的道路。

埃：我如你所愿地相信，并心甘情愿地与你一同去发现，也与你一齐祷告。

---

① 参见1.3，这是第一卷的主要问题。

② 参见2.1，这是第二卷的主要问题。

第二卷　自由意志源于上帝

人与意志皆源于上帝（1，1—2，6）

上帝赐予自由意志

1.1. 埃：现在，如果可能，请解释一下，上帝为何赐给人意志的自由选择。因为人若不曾得到它，就肯定不能犯罪。

奥：那么你是否确定地知道，你认为不应赐予人的这个自由意志，是上帝赐予人的?

埃：就我从第一卷的讨论所了解的，我们有意志的自由选择，若不是它，我们便不能犯罪。

奥：我也记得我们已经把这一点阐述清楚了。但我刚才问你的是，我们所拥有的、我们显然因之而犯罪的这个（自由意志），你是否知道就是上帝赐给我们的。

埃：我想没有别人。因为我们的存在由他而来；我们或犯罪，或行善，也从他得应得的赏罚。

奥：那我想知道，你是否清楚地知道这一点，或者只是慑于权威，尽管并不知道，却欣然相信。

埃：我承认起先确实是因为权威而相信这一点的。但是，所有善莫不出于上帝，所有公正莫不是善的，惩罚犯罪者、奖赏行善者是公正的，还有比这些更正确的事吗？由此可以得出，罪人遭不幸，善人得幸福，正是上帝使然。

人出于上帝……

1.2. 奥：对此我毫无异议。但是我要问的是另一个问题，即你如何知道我们是从上帝来的。你没有解释这一点，只是说明我们该受罚或应得奖由上帝而来。

埃：我看这一点之所以显而易见，原因不外乎就是，我们已经证明上帝惩罚罪恶。而一切正义之事皆来自上帝。正义不同于恩惠，恩惠可以施恩于外人（管辖之外的人），正义却不是惩罚外人（alienos）。由此可见，我们属于上帝，因为他不仅在施恩上对我们极其仁慈，而且在惩罚上对我们也极其公正。再者，从我上面说过的、您也认同的话，即一切善莫不出于上帝，也可以理解人是出于上帝的。因为人就他是人而言，是一种善；因为只要他愿意，就能正直地生活。

人的意志出于上帝

1.3. 奥：显然，果真如此，那你所提的问题就已经解决。因为如果人是一种善，并且他若不愿意，就不能行善，那他应当拥有自由意志，没有这样的意志，他不能行善。若不是借着自由意志，他甚至不能犯罪，但我们不应相信上帝赐予人自由意志是为了这个目的。既然没有自由意志，人就不能正当生活，那么为何应当赐予自由意志的理由就很充分了。我们也可以这样理解，之所以赐人自由意志，是因为如果有人利用它来犯罪，就要因之受到上帝惩罚。如果赐给自由意志不只是为了正当生活，还为了犯罪作恶，那就会出现不公正。因为人既然使用意志要达到的目的正是赐给他意志的本来用意，那因此而受罚，怎能算公正呢？现在，当上帝惩罚罪人时，你看他岂不是在说，你为何不按我赐给你自由意志的本来用途，即行善，去使用你的自由意志呢？再者，如果人没有意志的自由选择，那么何来那举荐公义本身去惩罚罪行、推崇善行的善呢？一个行为若不是出于意志而做的，就既不能说是罪恶的，也不能说是正当的。因此，如果人没有自由意志，惩罚和奖赏都是不公义的。然而，在惩罚和奖赏中都必然有公义，因为公义是来自上帝的一种善。因此，上帝赐人以自由意志是理所当然的。

那我们为何滥用它？

2.4. 埃：现在我承认是上帝赐给自由意志。但是我得问你，既然自由意志之赐给是为了行善，那在你看来，是否就不应该有把它转向犯罪的可能性呢？正如像公义本身赐给人是为正当生活，因而不可能有人借着公义本身邪恶生活，同样，如果意志赐给是为了行善，那就没有人能通过意志去犯罪。

奥：但愿上帝赐我能力，让我能回答你，或者毋宁说，他会让你自己作出回答，因为真理是最好的老师，它在你心里教导你。[①] 但我希望你尽快告诉我，关于我问你的那一点，即上帝赐予给我们自由意志，你认为你确定地知道，那么我们是否应该说，上帝不应该赐予这个我们承认是他赐予的东西。如果我们并不确定是否上帝赐予我们自由意志，那我们可以合理地问，这个自由意志是否给得正当，这样，当我们发现它给得正当时，我们也就发现是上帝赐予的，因为灵魂的一切善好都是他赐予的；然而，如果我们发现自由意志之赐予并不正当，那我们就得认为并非上帝赐予，因为指责上帝乃是亵渎。但如果我们确定是上帝赐给自由意志的，那么我们就必须承认，不论以什么方式赐予，都不会不赐予，也不会以应该赐予的方式之外的方式赐予。因为是上帝赐予的，上帝的作为绝对正当，无可指责。

---

① 参见《论教师》14. 45，奥古斯丁在那里提出了这样一个观点：知识就是内在之光（内在启示）。他认为认识真理就是知道基督乃教师，他就是真理本身。

寻求信心（fides）

2.5. 埃：虽然我有坚定的信心持守这些，但毕竟不是凭知识持守，所以我们不妨假定所有这些都是不确定，然后来一一考察。我看第一点不确定是，赐予自由意志是否为了行善，这是不确定的，因为我们也可以用自由意志来犯罪；由此第二点，即自由意志是否应当赐予，也成为不确定的了。因为如果赐予自由意志是为行善这一点不确定，那它是否应被赐予也是不确定的；由此第三点，是否上帝赐予自由意志，也是不确定的。因为是否应该赐予不确定的话，是否由上帝赐予也就不确定，不然，相信他赐予了不应该赐予的东西，岂不是亵渎。

奥：至少你确定一点，上帝存在。

埃：即便这一点，我也是通过坚定的相信，而不是通过思考领会的。

奥：经上论到愚人说："愚顽人心里说，没有上帝"[①]（诗14：1；53：1）。如果有一个愚人这样对你说，他不愿意像你一样只是相信你所相信的，而想知道你所信的是否真实。你会对他置之不理吗？还是认为应当以某种方式说服他相信他所坚定持守的？尤其是如果此人并非顽梗地辩驳，而是真挚地希望了解。

埃：你最后提到的一点，充分提醒我该如何回答他。纵然此人荒谬至极，可以肯定他也会同意我说：不应该与狡猾而固执的人讨论任何问题，尤其是如此重大的问题。同意了这一点之后，他就会首先与我沟通，让我相信他探求这个问题是出于善意，心里没有隐藏任何关于此事的狡诈和顽固念头。然后我就可以证明——这是显而易见的事，我想任何人都可以轻易做到——既然他自己在内心深处确知的事，他也希望其他不知道的人相信，那么他也应该根据那些伟大的圣贤所写的书——他

① 参见《诗篇》第十四篇第1节；第五十三篇第1节。

们留下文字见证，表明他们与上帝之子一同生活——相信上帝是存在的；因为他们记载了自己的所见所闻，若不存在上帝，那些事是绝不可能发生的。此人既然希望我能相信他，他若是反而指责我相信这些圣贤，那他岂非愚蠢至极。既然他不能正当指责，他就绝不可能找出为何他不愿意照样去做的理由。

奥：也就是说，上帝是否存在的问题，你认为我们只要断定这些圣贤是应当谨慎相信的，就足够了。若如此，那请问，关于那些我们提出探讨的你所不确定也显然不知道的事，为何你不认为可以同样相信这些权威人士呢？这样我们就不必再费力考察了。

埃：但是我们所相信的，我们要寻求知道和理解呀。

寻求理解（intellectum）

2.6. 奥：你记得没错，这是我们上一卷讨论开头就确立的原则，我们不能否认。若非相信是一回事，理解是另一回事；除非对于我们想要理解的伟大而神圣的事，我们应先予相信，先知所说的话："你们若不相信，就不能理解"（赛 7：9），就是枉然。我们的主自己也通过所言所行告诫那些他呼召得救赎的人要先相信。但后来当他谈到将要给予信徒的恩赐时，他不是说"相信，这就是永生"，而是说"认识你独一的真上帝，并且认识你所差来的耶稣基督，这就是永生"。（约 17：3）然后他对那些已经相信的人说："寻找，就寻见。"（太 7：7）因为只相信却不知，不能说已经寻见；而任何人若不先相信后来要知道的，就不配寻见上帝。因此我们要遵从上帝的诫命，勤勉寻找。因为凡是我们按他的吩咐寻找的，他必按我们今生所能找到的程度显现给我们，叫我们寻见。我们应当相信（credendum），今生必有一些贤良之人，而来生更是所有善良而敬虔之人，会更清楚也更完全地辨明并保守那些事；我们也当盼望（sperandum），我们自己也能如此，并用一切方式渴求并热爱（diligenda）这些事，而鄙弃地上的属人之事。

证明上帝存在（3，7 — 15，40）

活着和理解

3.7. 如果你愿意，我们就按这样的顺序来“寻找”（quaeramus）：首先，如何显明上帝存在；其次，一切善，就其是善而言，是否都从他而来；最后，自由意志是否算作其中一善。解决了这几个问题之后，我想，自由意志赐予人是否正当的问题也将十分清楚。让我们从最明显的事实开始，首先我来问你，你是否存在。或者你担心自己在回答这个问题时会出错？然而，你若不存在，就根本不可能有错。

埃：请继续往下说吧。

奥：因此很显然，你存在；然而，若不是你活着，你存在这一点就不可能向你显明，所以同样显然的是，你活着。你理解这两点是绝对真实的吧？

埃：是的，我理解。

奥：那么第三点也是显然的，即你理解。

埃：是显然的。

奥：你认为这三者中哪一点是最优越的？

埃：理解。

奥：你为何这么认为呢？

埃：因为存在（esse）、活着（vivere）、理解（intellegere）是三件不同的事。一块石头存在，一个动物活着，但我不认为石头活着，或动物理解；而凡理解的，他必定既存在又活着。因此可以不犹豫地判断说，那拥有这三者的，比缺少其中之一的更优越。因为凡活着的，也必存在，但并不因此也理解；我认为动物的生命就是如此。而凡存在的，并不因此既是活着的又能理解，比如尸体，我可以承认它存在，但没有人会说它活着。而不活着的，就更不会理解了。

奥：因此我们认为，在这三者中，尸体缺乏两者，动物缺乏一者，而人一样不缺。

埃：没错。

奥：我们还认为这三者中最优越的，乃是那人拥有而尸体与动物皆不拥有的东西，即理解。拥有理解，就可以推出他既存在又活着。

埃：我们确是这样认为的。

感官向内感官呈报

3.8. 奥：现在请告诉我，你是否知道你自己拥有那些极为熟悉的身体感官，即视、听、嗅、尝、触。

埃：我知道。

奥：你认为属于视觉的是什么？也就是，你认为我们通过视觉看到什么？

埃：一切有形事物。

奥：我们通过视觉能看到软硬吗？

埃：不能。

奥：那么专门属于眼睛的对象，即我们通过眼睛感知到的是什么？

埃：颜色。

奥：耳朵的对象呢？

埃：声音。

奥：嗅觉对象呢？

埃：气味。

奥：味觉对象呢？

埃：味道。

奥：触觉对象呢？

埃：软或硬、粗糙或光滑，以及诸如此类的。

奥：但是对于物体的形状，比如大小、方圆之类的，我们岂不是既通过摸又通过看来感知，因而不能专门地归于视觉，也不能专门地归于触觉，而应归于两者吗？

埃：明白。

奥：因此你明白有些对象是专门属于单个感官，是它们各自报道的，有些对象则属于多个感官，是共同的？

埃：这个我也明白。

奥：那么我们能靠某个感官判断哪些是专门属于感官单独所有，哪些是所有感官或者几个感官共同所有的？

埃：不可能，要靠某种内在能力才能判断。

奥：那是否就是兽类所缺乏的理性本身？因为依我看来，我们是靠理性领会这些事，也知道它们如此这般。

埃：我倒认为我们靠理性领会到有某种内感官，我们熟知的五官把一切信息尽数向它呈报。因为兽类看见对象是一回事，对看见的对象或回避或欲求，则是另一回事。前一种感官是眼睛，后一种感官则内在于灵魂本身；通过这个内感官，动物不仅对所见的，也对所听的，以及其他身体感官所感知的作出选择，喜欢的，就欲求、接纳，讨厌的，就避免、拒绝。但这个内感官不能称之为视觉，也不能称之为听觉、嗅觉、触觉、味觉，而是统摄所有这些的另外一种官能，我不知道称之为什么。我们通过理性领会它，如我所说的，但对这官能本身，我不能用理性称呼它，因为兽类也显然有这种官能。

内感官向理性呈报

3.9. 奥：我认得它，不论它是什么；我也会毫不犹豫地称之为内感官。但是那些通过身体感官呈报给我们的信息，若不能超越这个内感官，就仍然不能抵达知识领域。因为凡是我们知道的，都是通过理性领会的。比如我们知道，颜色不可能由听觉感知，声音不可能由视觉感知，其他种种就不必说了。当我们知道这一点时，我们不是靠眼睛、耳朵知道，也不是靠那个兽类也不缺的内感官知道。我们不会相信兽类能知道，感知光不是靠耳朵，感知声音不是靠眼睛，因为这样的事，我们惟有通过理性探索和思维活动才能分辨清楚。

埃：对此我还不能说完全明白了。如果兽类也能通过那个内感官——你同意它们不缺内感官——作出这样的判断，颜色不是靠听觉感知，声音不是靠视觉感知，那会怎样呢？

奥：莫非你还认为它们能将以下四样东西彼此分别吗？一、被感知的颜色；二、眼睛中的视觉；三、灵魂中的内感官，以及四、对以上种种作出界定并数算的理性。

埃：绝不可能。

奥：那怎样呢？若不是颜色通过眼睛的视觉报告给理性，视觉又通过统摄它的内感官报告给理性，内感官则通过自身呈报给理性，只要没有任何居间者——若非如此，理性如何能分辨这四者并用定义来确定每一者呢？

埃：我看不出还有其他可能性。

奥：好。你是否看到这样一点，颜色通过眼睛这一视觉感官被看见，然而视觉这一感官不能自己看见自己？因为你不能用看见颜色的那个感官来看见“你在看”本身。

埃：确实不能。

奥：请试着进一步分辨。我相信你不会否认，颜色是一回事，看见颜色是另一回事，有能看见颜色的感官——即使颜色不在眼前，仍有这个感官，当颜色在眼前时就能看见——又是一回事。

埃：我能区分这三者，也承认它们彼此不同。

奥：这三者中，除了第一者即颜色，你的眼睛还能看见什么呢？

埃：没有了。

奥：那么请说说你如何看见另外两者，因为你若对它们没有视觉，就不可能分辨。

埃：我说不清楚，我只知道它们存在，别的就不知道了。

奥：那么你不知道这是否就是理性本身，或者是那个统摄身体感官我们称为内感官的生命，或者是别的什么吗？

埃：我不知道。

奥：但你知道，惟有理性才能作出界定；而理性也惟有对那些提供给它审查的事物才能作出界定。

埃：当然。

奥：因此，不论这另一官能——使我们能感知我们所知道的一切——究竟是什么，它总是理性的仆从（ministerium），把它所接触的一切提供给理性，并向理性报告，使凡是感知到的事物都能够按各自的本质得以分辨，从而不仅通过感觉，而且通过知识来领会它们。

埃：确实如此。

奥：那么理性自身将它的仆从与它们提供的东西加以分别，也将自己与这两者加以分别，并且认识这种分别，由此确认，它自身要比它们都优越。确实，理性若不通过它自己，即理性来领悟自己，还靠其他什么东西呢？你若不是通过理性知道，你还有什么方式知道你有理性呢？

埃：完全正确。

奥：因而，当我们感觉颜色时，我们并不同样用感官本身感觉我们在感知；当我们听见声音时，也不用耳朵听我们在听；当我们嗅玫瑰时，我们闻到香气，但它不是我们的嗅觉本身。我们品尝东西，味觉本身不会在我们嘴里产生美味。我们触摸东西时，并不能触摸到触觉本身。总之，很显然，五种感官都不可能被其中的任何一种感知到，尽管它们能感知一切有形物体。

埃：显然如此。

内感官感知自己在感知

4.10. 奥：我认为还有一点也很显然，那就是，内感官不仅感知它从五大身体感官接受的东西，而且也感知这五大感官本身。动物若不是感知自己在感知，就不会自动去欲求什么或躲避什么；当然这并非为了求知，那是理性的活动，只是为了行动，而这肯定不是靠五官中任何一个感官感知的。

如果这一点仍然不太清楚，那你想一想在某个感官——比如视觉——上非常清楚的事，就会有所明白。因为若不是它感知到，当它闭着眼睛或者不转动眼球的时候，它看不见任何东西，它就绝不可能睁开眼睛、转动眼球去看它想要看的东西。既然当它没有看的时候能感知到自己没有看，那么当它看的时候必然也能感知自己在看。因为当它看见欲求对象时，他就目不转睛，而当它没有看见时，则转动眼睛；这表明两种时候它都感知自己在感知。

但是这种能感知自己在感知有形物体的生命，是否能感知它自己，并不十分清楚，除非人人反省自问，然后发现一切有生命物都躲避死亡；而死亡是与生命相反的，那就可以说，生命必然能感知自己，因为它避开自己的反面。无论如何，既然这一点并不那么清楚，我们不妨暂时略过，只依靠确定而明显的证据去实现我们所追求的目标。事实上，以下几点是很明确的：身体感官能感知物体；但同一感官不能感知同一感官；内感官既可以感知身体感官感知的物体，也可以感知身体感官本身；理性能知道所有这些，也知道它自身，并将它们纳入知识领域。你不认为是这样吗？

埃：确实是这样的。

奥：好。那么请你回答，我们一路披荆斩棘以图找到答案的这个问题，它现在情形如何了呢？

感知自己存在优于单纯的存在

5.11. 埃：就我记忆而言，我们刚才提出三个按序讨论的问题，其中第一个讨论的问题就是如何能表明上帝存在——虽然这是应当十分坚定不可动摇地相信的事。

奥：你记得没错。但我希望你也记得，当我问你是否知道自己存在时，很显然，你不仅知道这一点，也知道另外两点。

埃：我也记得。

奥：那么现在看看，你认为身体感官所感知的事物属于三类事物中的哪一类；也就是说，我们的感官比如眼睛或者其他身体器官所接触的事物，你认为应属哪一类，是属于单纯存在的一类，还是属于也活着的一类，或者属于也理解的一类？

埃：属于单纯存在的一类。

奥：好。那感官本身，你认为属于哪一类呢？

埃：属于活着的一类。

奥：那你判断这两类哪一类更为优越？是感官本身，还是感官所感知的事物？

埃：无疑是感官。

奥：为什么呢？

埃：因为活着的比单纯存在的要更优越。

作判断的内感官更优越

5.12. 奥：那么我们前面讨论的那个内感官，它低于理性，是我们与兽类共同拥有的，你不会怀疑它比我们感知物体的感官——你刚说过它们比物体本身优越——优越吧？

埃：我毫不怀疑。

奥：你为何对此不怀疑，我愿意听你说说。你不能说这内感官应属于三类事物中那类能理解的事物，而应属于那既存在又活着但缺乏理智的一类。因为兽类也有内感官，但兽类没有理智。既然如此，我问你，你为何将内感官置于那些感知有形物体的感官之上，既然两者同属于活着的一类事物。你把感知物体的感官置于物体之上，因为物体属于单纯存在的一类，而感官属于不仅存在而且活着的一类。但内感官也属于这一类，所以请告诉我，你为何认为它更优越。如果你说，这是因为一个感知另一个，那我不相信你会找出一条普遍法则，使我们能说，一切感知者优于一切被感知者，不然，我们就得由此说，一切理解者优越于一切被理解者。而这是错误的，因为人理解智慧，却并非优越于智慧本身。因此说说，为何在你看来，内感官应当优越于我们感知物体的那些感官。

埃：因为我认识到内感官是身体感官的管理者和裁决者。如果感官在履行自己的职责上有所闪失，内感官就会要求弥补，好比要求仆从还债，就如我们刚刚谈论的。比如眼睛这个感官，它不能看见自己在看或不在看；正因为它不能看见自己，所以就无法判断自己缺什么或不缺什么。但内感官能看见，能作判断，所以它提醒兽类的灵魂把闭合的眼睛睁开，并补足它觉得缺乏的东西。毫无疑问，判断者优越于被判断者。

奥：那么你是否看出身体感官也在某种程度上判断各类物质对象？比如，当感官与对象产生或柔和或粗粝的接触时，快乐和痛苦都是属于感官的。正如内感官判断眼睛这个感官有所缺乏或无所缺乏；同样，眼睛这个感官也判断颜色是充足的还是欠缺的。同理，正如内感官判断我们的听觉，看它是否足够集中；同样，听觉本身也判断声音，看它是柔和悦耳还是粗粝刺耳。其他感官莫不如此，不必一一说明。因为我想，你现在应该知道我想说什么，那就是，正如内感官判断那些身体感官，赞许它们的正确完整，也要求它们尽职尽责；同样，身体感官也判断物质对象，接受其柔和的接触，拒斥其粗暴的接触。

埃：我看得很清楚，也同意你说得完全正确。

而理性又优于内感官

6. 13. 奥：现在请思考，是否理性也判断这个内感官。我不是问你是否怀疑理性优于内感官，因为你认为这是毫无疑问的；其实，我想根本不必问理性是否判断内感官，因为那些低于理性的事物，即物质对象、身体感官以及内感官，若不是理性本身宣告，我们如何知道一个优于另一个，它自己又高于所有这些？而理性若不判断所有这些，它又如何能作出这样的宣告？

埃：很显然。

奥：所以，一个单纯存在、既非活着也不理解的本性，比如物体，与并非单纯存在、而是活着但不理解的本性，比如兽类的灵魂相比，那后者优于前者；而那既存在又活着也理解的本性，比如人的理性心灵，又优越于前两者。如此，你认为在我们身上，即在构成我们完整的本性从而使我们得称为人的那些成分中，是否可以找到某种东西比这三类事物中可位列第三类的理性更优越的？因为很显然，我们有身体、有生命，这生命激活身体，使它生长，我们看到兽类也拥有这两者；而第三者就好比我们灵魂的头或眼，或者其他更恰当的指称理性和理解力的称呼，这是动物所没有的。因此请你看一看，能否在人的本性中找到某种东西，它比理性更高贵。

埃：我看绝对没有更高贵的东西了。

那不变的比理性更高贵

6.14. 奥：如果我们能找到某种东西，你不仅可以毫不犹豫地断定他存在，而且也认定他比我们的理性本身更优越，那会怎样呢？你还会犹豫——不论他是什么——而不敢称之为上帝吗？

埃：如果我能找到这样的事物，他比我本性里最好的东西还要高贵，我不会直接说这是上帝。因为我愿意称之为上帝的，并非只是高于我的理性，乃是高于一切的。

奥：显然如此。因为正是他自己赐给你这理性，从而你能够敬虔而真实地认识他。不过，我问你，如果你发现，除了那永恒而不变的事物，没有别的高于我们的理性，你难道会迟疑称之为上帝吗？因为你知道物体是可变的，那激活身体的生命本身，显然也有各种形态的变化；理性本身，有时候努力奔向真理，有时候又不努力；有时候能达到真理，有时候又达不到，可见也是变化的。如果理性不通过任何身体的工具，不借助触觉、味觉、嗅觉，也不使用耳朵、眼睛，不凭借任何比它低的感官，而是靠它自己认识某个永恒而不变的事物，那么它应当承认那是比它自己高贵的，承认那必是上帝了。

埃：如果确定没有任何事物比他更高，我自然会承认这位就是上帝。

奥：很好。那么我只需要证明，有这样的一位存在，你或者承认他就是上帝，或者如果有更高的事物，那你就承认那更高者是上帝。所以，不论是有更高者存在，还是没有，只要我按着我所许诺的，在他的帮助下，证明他高于理性，就可以表明，上帝是存在的。

埃：那就按你所许诺的证明吧。

各自的感官和理性

7. 15. 奥：我会的。不过，我先要问一问，我的感官是否与你的感官相同，或者我的感官只是我的，你的感官只是你的，因为若不是这样，那我就不能用我的眼睛看见你所看不见的东西了。

埃：完全同意。虽然我们的感官属于同一类，但每个人拥有自己的感觉，自己的视觉，自己的听觉，以及其他感觉。不仅视觉如此，一个人可以看见另一人看不见的东西，听见也如此，一个人可以听见另一人听不见的东西，其他感觉也如此，一个人可以感觉另一人感觉不到的东西。由此显然，你的感觉只是你的，我的只是我的。

奥：关于那个内感官，你也同样这样认为吗？或者另有所答？

埃：绝无其他回答。因为我的内感官当然感知我的感觉，你的当然感知你的。比如，有人看见某物，然后问我是否也看见了它，因为是我自己感知我是看见或看不见，而不是问的人。

奥：好。理性本身呢，岂不是我们每个人拥有各自的理性？因为往往会发生这样的情形：你不理解的事，我理解；你不能知道我是否理解，但我自己知道。

埃：显然，我们每个人都有各自的理性心灵。

所见所闻的……

7.16. 奥：虽然我们各人用自己的感官看见日月星辰，但你是否能说我们拥有各自的日月星辰，以及诸如此类的东西？

埃：我绝不会这样说。

奥：那么，我们许多人可以同时看见某一个事物，尽管我们每个人拥有自己的视觉感官，我们用自己的视觉去看见那个事物。所以，虽然我的感官是一个，你的感官是另一个，然而我们所看见的事物，很可能是这样的情形：并不是我看见的是一个，你看见的是另一个，它乃是同一个事物呈现在我们面前，为我们两人同时看见。

埃：很显然。

奥：我们也能同时听到一个声音，虽然我的听觉是一个，你的听觉是另一个，但是我们同时听到的声音，并非我听到的是一个，你听到的是另一个，或者声音的一部分被我听到，另一部分被你听到；不论发出的是什么声音，它是一个完整的可听对象，同时到达我们的听觉器官。

埃：这也是显而易见的。

嗅觉和味觉所感知的

7.17. 奥：现在你也可以思考其他感官，在这一点上，它们与双眼和双耳既不完全相同，也不完全不同。比如，你我都能呼吸同一片空气，也能嗅到这片空气的气味；同样，我们两人可以品尝同一种蜂蜜，或者某种食物或饮品，并通过它的香味感知它的状态，尽管感觉对象是同一个，但我们的感官是各自的，你有你的感官，我有我的感官。也就是说，当我们一起感知时，我们感知到的是同一种气味或味道，然而，你不是用我的感官去感知，我也不用你的感官感知，也没有一个可以共有的感官让我们共同感知。相反，我的感官完全是我的，你的感官完全是你的，尽管各个感官感知的是同一个气味或味道。就此而言，可以看到，嗅觉、味觉与视觉、听觉有相同之处。但就我们目前所讨论的话题而言，两者也有不同之处：尽管我们呼吸的是同一片空气，尝到的是同一个食物，但我吸入的空气并不是你吸入的同一部分，我吃进的食物也不是你吃的同一部分，而是我吸我的部分，你吸你的部分，我吃我的部分，你吃你的部分。因此，我呼吸时，是从全部空气中吸入我所需要的量，你呼吸时，同样也是从全部空气中吸你所需要的量。同理，虽然我与你吃的是同一个完整的食物，但它不能被我整个吃掉，也不能被你整个吃掉——就如同我听到完整的一句话，你也可以同时完整地听到；或者如同我看到一个形像，你也可以同时完整地看到那样；相反，食物或饮品只能一部分进我的口，另一部分进你的口。这些事你有所理解了，是吧？

埃：没错，我承认这是非常清楚而确定的。

或者所触摸的

7.18. 奥：那么触觉呢？你难道不觉得在目前讨论的问题上应该将它与视觉和听觉相比吗？我们俩不仅可以凭触觉感知一个物体，而且你能触及我所触及的部分，也就是说，我们俩通过触觉不仅能感知同一个物体，也能感知这个物体的同一部分。这与吃食不同，当我们俩同吃某个摆好的食物时，不可能我吃掉它的全部，你也吃掉它的全部；但触觉可以这样，我触到一个物体的全部，你也能触到它的全部，因而，我们两人触摸它时，并非我触一个部分，你触另一部分，而是各人都可触及它的全部。

埃：我承认，在这一方面触觉与前面的那两种感觉很相似。但我看在另一方面有不同之处：就视觉和听觉而言，我们两人能同时，即在一个时间，看见、听见一个对象的整体；而触觉，我们诚然可以在同一时间都触到某个对象的整体，但触到的是不同部分，而只在不同时间才能触到同一部分，因为你正在触着的部分，你若不移开你的触觉器官，我是不能触摸的。

或者滋养我们的

7.19. 奥：你回答得很机警。不过，你也应该看出：我们所感知的这一切事物中，有些是我们共同感知的，有些是我们分别感知的；而对于我们的感觉本身，我们各人各感，也就是说，我感知不到你的感觉，你也感知不到我的感觉。那么，在我们通过身体感官所感知的事物，即有形体的事物中，哪个是我们不能两人共同感知，只能各感各的？唯有那种我们能改变、吸收成为我们自己一部分的东西，比如食物和饮品，我所取用的那一部分，你就不能取用。如果保姆把咀嚼过的食物喂给小孩，那么她品尝时所摄取并转化为她身体组织的那一部分，就绝不可能再取回来作为喂给孩子的食物了。当味蕾尝到某种美味时，它总是不可避免地把其中的一部分据为己有，尽管只是极小的部分，这也是合乎身体的本性，不得不如此，若非如此，把咀嚼过的食物从口中取出或吐出后，就不会有任何味道留在口腔了。这个道理也适用于我们通过鼻孔吸入的空气。因为虽然你可以吸入我呼出的部分空气，但那已经滋养我的部分，你不可能吸入，这部分空气是不能再被呼出的。医生告诉说，我们也用鼻孔吸收营养；这份营养，我只能通过吸入感知，而不能呼出让它恢复原状，使你也可以通过你的鼻孔吸入而感知它。

还有其他的可感事物，虽然我们感知它们，却不能在感知过程中改变它们，使之成为我们身体吸收的部分，我们俩可以在同一时间感知，也可以在不同时间分别感知，我感知的整体或部分，你也可以同样感知，比如光、声音以及我们接触但没有损坏的东西，都属于这一类。

埃：我明白。

奥：因此显然，我们能用身体感官感知但不能改变的事物，与我们的感官本性无关，毋宁说是我们共同的对象，因为我们不能改变并消化它们，使之成为我们个人的东西，如同是私人所有。

埃：我完全同意。

奥：因此，凡是我们每个人自己的，唯有自己能感知的，独属于自己本性的，就应当称为个人的（proprium），近乎私人所有；凡是能被所有感知者感知到而没有受到任何破坏和改变的，就应当是共同的（commune），近乎公众所有。

埃：是这样的。

数理是共同的

8.20. 奥：现在请思考并告诉我，是否能找到某种东西，所有理性者都可以按各自的理性和心灵共同看到；而当这被看到的东西呈现在所有理性者面前时，不是如同食物或饮品那样，变成看见者各自的私用，而是始终保持安好无损，不论他们看见它或者看不见它。或者你认为不存在这样的东西吗？

埃：相反，我看这样的东西有很多，只提其中一个就够了：数的规律和真理（ratio et veritas numeri，即数理）向一切有理性者呈现，所以，每个计算的人可以通过自己的理性和智力寻求领会；有的人能轻松领会，有的人颇为困难，有的就完全不能领会；然而，这数理以同等的方式向所有能接受它的人呈现。当有人感知到它时，它并非如同食物那样，被消耗，变成感知者自己的东西；当有人对它计算错误时，它本身并没有错误，始终真实而完整，只是人所见数理越少，所犯错误就越多。

那非感官所感知的

8.21. 奥：非常正确。我看你对这类事并不生疏，一下子就找到了答案。不过，如果有人说，数目印在我们灵魂中，并非出于它们的某种本性，而是出于我们通过身体感官所接触的事物，就如同是可见事物的某种“形象”，那么你怎么回答呢？或者你也这么认为吗？

埃：不，我绝不会这么认为，即使数目是通过身体感官感知的，也并不因此我就能用身体感官感知数目加减的法则（rationem）。事实上，谁若在计算加减时算错了，我就靠心灵之光反驳他。凡是我用身体感官感知的事物，比如这天这地，以及天地之间的其他物体，我都不知道它们将会持续多久；然而，七加三等于十，不仅现在如此，而且永远如此，而七加三不等于十这样的事，过去任何时候从不曾有过，将来任何时候也永远不会有。所以我说，数目的这种不朽真理是我与一切有理性之人所共同的。

一被视为最真实的

8.22. 奥：你的回答言之确凿，我无以反驳。不过，你如果认识到任何数之所以得称为这个数，乃在于它是一的若干倍，那你就会轻易明白数目本身也不是通过身体感官抽象出来的。比如，如果一个数是一的两倍，就称为二；一的三倍，就称为三，一的十倍，就为十；总之，任何一个数，它是一的几倍，就由此得名，被称为几。凡是真正认识一的人，都会发现一是不可能为身体感官所感知的。因为凡是这样的感官所感知的事物，都表明不是一，而是多。因为它是物体，因而有无数的部分。我并非要去寻求什么细微至极、难以分辨的部分，但是不论多小的物体，它总是有左边、右边，或上部、下部，或前端、后端，或两端、中间——不论多小的物体，我们必须承认，都有这些部分，因此我们也得承认，没有哪个物体是真正的纯粹的一。然而，若没有关于这个一的知识，我们不可能在物体中辨认出这多的数目来。当我在某个物体中寻找一时，毫无疑问我找不到，于是我知道我在那里寻找的是什么，我在那里找不到的是什么；我不可能在那里找到，或者更确切地说，它根本不在那里。因此，当我知道物体不是一时，我也就知道一是什么了；我若不知道一是什么，我如何能数算物体中的多。然而，不论我从哪里知道一，总之我不是通过身体感官知道的。因为通过身体感官我只能知道物体，而这物体，我们已经表明，不是真正而纯粹的一。再者，如果我们不能通过身体感官知道一，那我们也就不能通过身体感官知道任何数目，至少不能这样感知我们通过理解力把握的那类数。因为这些数莫不是因为包含几倍的一而得名，而一不是靠身体感官感知的。就任何物体而言，它的一半，不论多小，仍可以一分为二（两半构成一整体）。因此这两部分乃是形体里的二，不是纯粹的二本身。而被称为二的数，是因为包含两倍纯粹的一才称为二，所以它不能有自己的一半，它的一半就是那单纯的一，这一不能有一半，或三分之一，或任何分之一，因为它是单纯而真正的一。

通过增加找到其他数目

8. 23. 然后我们按照数的顺序，在一之后看到二；二这个数与一相关，是一的二倍。但二之后紧跟的不是二的二倍，而是插入了三，然后才是四，它是二的二倍。这个比例（ratio）按照确定不变的法则①贯穿在所有数目之中。所以，在作为众数之首的一之后，第一个数（不算一本身）是包含一的二倍的数，也就是二。而第二个数即二之后，不包括二，第二个数是包含二的二倍的数。因为二之后的第一数是三，第二数是四，四是二的二倍。第三个数即三之后（不包括三本身）的第三个数是三的二倍。因为三之后的第一个数是四，第二个数是五，第三个是六，六是三的二倍。同样，四之后（不包括四本身）的第四个数是四的二倍。因为四之后的第一个数是五，第二个数是六，第三个数是

---

① 这个法则就是，任何一个数 n，它之后的第 n 个数都是它的两倍 2n。奥古斯丁这里的讨论涉及基数与序数的不同属性。

七，第四个数是八，八是四的二倍。在其他所有数中，你都会发现我们在最初两个数，即一与二中所发现的这种关联，即任何一个数，它是初始数即一的几倍，它之后的第几个数就是它自己的二倍。

我们看到，贯穿所有数目的这一规律是固定不变的，那么我们如何看出这样的规律呢？没有人通过身体感官感知所有数目，因为数目是无穷多的。所以，我们若不是借着身体感官所不知的内在之光，怎么可能知道在所有数目之中有这样的规律，或者透过幻象或印象如此自信地看出贯穿无穷数目之中的如此确定的数理呢？

借着心灵和智慧分辨

8. 24. 凡得上帝所赐探求之禀赋，不为刚愎所蒙蔽的人，诸如此类的有力证据必使他不得不承认数理与身体感官无关，也使他坚持认为它们是不变而完整地存在，是一切有理性者可以共同见证的。因此，尽管我们可以想到许多其他这样的事物，共同地甚至可以说公然地呈现在有理性者面前，每个辨识者可以按各自的心灵和理性看见它们，而它们自身始终保持完整不变，但是你意欲回答我的问题时最先想到的这个数理，我还是很乐意接受的。因为《圣经》将数目与智慧相提并论，并非没有道理；它说："我辗转反侧，一心要知道、要思考、要寻求智慧和数目。"①

关于智慧所看见的

9. 25. 不过，我要问你，你觉得对智慧应该如何看待？你认为每个人有各自的智慧呢，还是认为有一个智慧共同呈现给众人，各人越多地分有它，就越有智慧？

埃：我还不太清楚你说的是何种智慧。因为我发现人们对何为有智慧的言和行有各种不同的看法，比如投身于战争的人，认为自己在做有

---

① 参见《传道书》第七章第25节。

智慧的事；鄙视战争、致力于耕作的人，以农事为荣，称之为智慧。而那些善于交易、精通赚钱的人，自视为有智慧的人；那些轻视或抛弃所有这些，以及各种属世之物的人，则用自己的全部精力探求真理，以便认识自己和上帝，断定这才是智慧的要务；那些不愿投身于清静生活以寻求并沉思真理，宁愿忙碌于繁杂公务、为大众服务的人，参与公正地协调和管理人事，认为自己就是有智慧的人；以及那些二者兼顾的人，一方面过沉思真理的生活，另一方面又忙于繁杂公务，认为这些事务是人类社会应有的，他们也似乎自以为拥有智慧的冠冕。且不提那数不胜数的派别了，哪一个不是认为自己的派别胜过别的派别，只愿承认自己的派别是有智慧的。因此，既然我们现在所谈到的话题，不能用我们所相信的来回答，而要用我们通过清晰的理解力理解的来回答，那么，关于智慧本身是什么，除非我所相信的，我也能通过思考和理性分辨知道，否则，我绝不可能回答你的问题。

智慧指向幸福生活

9.26. 奥：你难道不认为智慧就是认识并把握至善的真理吗？你刚才提到的所有那些人，尽管各有所图，但都求善避恶；他们之所以各有所图，乃因为他们对善的看法不一。因此，一个人追求他不应追求的东西，纵然是错误的，但若非他认为那是善的，便不会去追求。而一无所求的人，不可能有任何错误；追求应该追求的人，也不会犯错。因此，就每个人都追求幸福生活而言，他们都没错；然而，有人在何种程度上没有守住通向幸福生活的道路，尽管他承认并宣称他甘愿以获得幸福为唯一目标，就在何种程度上犯错。因为错误（error）就是：我们想要追求一个目标，但却遵循了不能引向这个目标的道路。一个人越是偏离（errat）生命之路，智慧就越少，因为他离那认识并把握至善的真理就越远。而一旦进展到并把握住至善，他就成了幸福的，毫无疑问，那正是我们都想要的。因此，正如我们显然都意愿幸福，同样，我们也显然意愿智慧，因为没有人能没有智慧而幸福。而没有至善，也无人能幸福，这至善，唯有在真理——我们称之为智慧——里才能认识和把握。因此，正如我们成为幸福之前，我们心灵里已印刻关于幸福的观念，由此我们知道并且充满自信地、毫无疑问地说，我们意愿幸福；同样，在我们有智慧之前，智慧这个观念已经印刻在我们心里，由此，若有人问我们是否意愿智慧，我们每个人都会毫无顾虑地回答说我意愿。

指向唯一的至善

9.27. 那么，关于何谓智慧我们之间有了一致的看法。或许对此你无法用语言来表达，但是如果你心灵里对它完全没有认识，你就不可能知道你是否意愿智慧，也不可能知道是否应该意愿，我想你不会否认这一点吧。所以，现在我希望你告诉我，你是否认为智慧也像数理一样，向一切有理性者共同显现，或者由于有多少人就有多少人的心灵——因此我不能用你的心灵来认知事物，你也不能通过我的心灵认知——所以你认为有多少种可能的智慧人，就有多少种智慧？

埃：如果至善对所有人都是一，那么分辨并把握智慧的真理必然对所有人也是共同的人。

奥：但你怀疑至善，不论它是什么，对所有人是一吗？

埃：很怀疑，因为我看到不同的人以不同的东西为乐，把它们当作至善。

奥：真希望无人怀疑至善，就如同无人怀疑：若非获得至善——不论它是什么——无人能变得幸福一样。然而，鉴于这个问题很大，讨论起来颇费时间，我们暂且认为，不同的人当作至善追求的事物有多少，至善就有多少。那么，难道因为人们凭智慧分辨并选择的善众多且不一，我们就可以推断说，智慧本身也不是对所有人为一的东西吗？如果你真这样想，那你也可以怀疑日光是一了，因为我们由日光看见的东西也是众多而不一的。在这众多东西中，各人按自己的意愿选择他用视觉感官眼睛所享受的东西：有的人爱看山脉之高峻，有的人爱看原野之平坦，有的人爱看峡谷之曲幽，有的人爱看森林之葱郁，有的人爱看平静的大海微波荡漾，还有人喜爱所有这些或其中某些美景，并以欣赏它们为乐。因此，正如人们从日光下看见并选择作为享受的东西众多而不一，但日光本身乃是一，各人依据这光看见并持有他所看见的东西并享受之；同样，虽然各人按己愿选择善，也从中通过分辨和把握为自己确立正当而真实的至善而享有，这样的善众多而不一，但那智慧之光本身——这光使人能看见并把握所有这些善——仍然可能是向所有智慧者共同显现的一。

埃：我承认这是可能的，虽然至善从多而不一，但并不妨碍有一智慧是所有人所共同的。但是我希望知道是否确实如此。因为我们承认可能如此的事，并不等于我们承认它确实如此。

奥：至此我们主张智慧是存在的，至于它是对所有人共同的一，还是各人各有智慧，就如各人各有灵魂或心灵那样，我们尚未确定。

埃：是这样。

一切有理性者所共同的

10.28. 奥：那怎样呢？我们有这样的主张：智慧或者智慧人存在；每个人都意愿幸福，那我们是从哪里看出这些主张的？我毫不怀疑你能看出这样的事，也不怀疑它们是真的。那么，你所看见的这一真理是否完全是你自己的思想，你若不告诉我，我就根本不知道呢？或者你认为就算你没有告诉我，我也能看出这样的真理？

埃：即使我不愿意，我也不怀疑你能看出。

奥：那么，我们俩以各自心灵看见的这个真理，难道不是我们共同的吗？

埃：很显然。

奥：同样，我想你不否认人应当追求智慧，也承认有这样的真理。

埃：显然无疑。

奥：这个真理，虽然每个人按自己的心灵认识它，而不是用我的，用你的，不是用任何人的心灵，然而当它被人认识时，它是向所有认识者共同呈现的，我们能否认它是一，是所有认识它的人所共同看见的吗？

埃：绝不能。

奥：同样，诸如：要生活正当，低劣的要服从高贵的，同类才能相比，要各得其所，等等，你难道不承认这些都是至真道理，不仅对你对我，而且对所有明白这些真理的人都一视同仁地呈现吗？

埃：我承认。

奥：不朽的优于必朽的，永恒的优于暂时的，不可侵犯的优于可侵犯的，这些你都不能否认吧？

埃：谁能否认呢？

奥：既然这样的真理总是不变地存在，凡是能思考的人都可以思考它，那谁能说这是他私人所有的呢？

埃：既然这真理是一，是所有人共同的，那就没有人能说这是属于他个人的。

奥：同样，谁会否认，灵魂应当离开必朽的，转向不朽的，也就是说，不要爱必朽的，而要爱不朽的？或者既然承认了真理存在，谁还不理解那不变者，看见它向所有能凝视它的心灵共同呈现呢？

埃：非常显然。

奥：好。谁会怀疑一种不因任何逆境而偏离确定而高尚立场的生活，优于一种易于被暂时的困难所摧毁所颠覆的生活呢？

埃：谁会怀疑？

也是善良而正直的人共同的

10.29. 奥：我不想多问这类问题了。你和我一样看到并且承认，非常确定地存在这样一些如同法则一般的事物，以及某些德性之光，它们既是真实的，又是不变的，并且向那些能够以各自的心灵和理性认识它们的人呈现，或者向各人单独呈现，或者向众人共同呈现，这就足够了。不过，我确实要问，这些法则在你看来是否属于智慧。因为我相信你显然会认为获得智慧的人是智慧人。

埃：确实如此。

奥：那么一个正直生活的人，他若不是看见：低级的顺服于高级的，同等者相互联合，人人各得其分，他能过这样的生活吗？

埃：不能。

奥：那么能看见这些事的人，你会否认他有智慧吗？

埃：我不否认。

奥：那么一个明智生活的人，岂不是选择了不朽者，并且认为不朽者优越于可朽者吗？

埃：十分显然。

奥：他既选择了无人怀疑应当选择的事，使灵魂归向它，那么能否认他的选择是智慧的吗？

埃：我绝不会否认。

奥：当他使灵魂转向他智慧地选择的事物，他就是有智慧地转向。

埃：完全正确。

奥：他若不为任何恐吓和惩罚所惧，偏离他智慧地选择并且智慧地转向的事物，那他毫无疑问是行得有智慧。

埃：毫无疑问如此。

奥：因此十分显然，所有这些，就是我们称为法则和德性之光的，都属于智慧。因为人越是使用它们来生活，根据它们来行事，他就越是活得聪明、行得智慧。而若说按智慧所行的事是独立于智慧的，那是不可能正确的。

埃：确实如此。

奥：所以，正如数的法则是真实而不变的，你说过，数理不变地、共同地向所有能看见它们的人呈现；同样，智慧的法则也是真实而不变的，我们刚才一一问到这些法则，你回答它们是真实而明确的，也承认它们都是共同地呈现给所有能够看见它们的人，供他们沉思。

数目就是智慧本身

11.30. 埃：我不能怀疑。但我想知道，这两者即智慧和数目是否包含在同一类事物中，因为你提到《圣经》里把它们放在一起相提并论；或者两者各不相同，一者出于另一者或一者包含在另一者中，比如数目出于智慧或在智慧之中。因为我不敢说智慧出于数目或者存在于数目之中。我不知道这是怎么回事，不过我认识的许多计数方面有高超、绝妙才能的数学专家或计算专家或其他可以称道的名号，确实鲜有智慧者，甚至可以说根本没有，所以我的感觉是，智慧要比数目尊贵得多。

奥：你所说的这一点我也一直奇怪。因为当我独自思考数之不变真理，探求它们的根基和堂奥或者领域——或任何我们能找到的意指数之寓所和宝座的合适名称——时，我就远离了形体；我或许能发现一些能意会的东西，但发现不了能用言语表达的事物，于是，我仿佛精疲力竭地回到我们的形体，以便能言说，而我也只能以通常的方式言说呈现在眼前的事物。当我尽我所能精心而专注地思考智慧时，情形也是如此。所以我好生奇怪，既然这两者都包含在最隐秘、最确定的真理中，还有我所提到的《圣经》证据，证明两者是联系在一起的，那么——我觉得十分奇怪，如我所说的——为何大多数人认为数很平常，而智慧很珍贵呢？然而可以确定无疑的是，它们乃是同样的一个东西，因此《圣经》论到智慧说："她大有能力（fortiter），从世界的一端进到另一端；她温柔慈惠（suaviter），将万物安排得井然有序。"（智 8：1）她"从世界一端进到另一端"的能力，可称之为数；而她"将万物安排得井然有序"的能力，则指严格意义上的智慧，而这两种能力都属于同一个智慧。

存在于事物井然有序的本性中

11.31. 只是因为智慧把数赐给所有事物，甚至位于末端的最低事物；一切有形之物虽然属于低端事物，却都拥有各自的数目；然而她没有把获得智慧的能力（sapere）赐给有形事物，甚至也不是赐给所有灵魂，而只给了理性的灵魂——好比把她的宝座立在他们之中，从那里安排万物，赐给它们数目，包括最低事物。由于对有形物体，我们比较容易判断，就如同判断安排在我们之下的事物，看出印在这些低于我们的事物上的数目，于是我们就认为数目也在我们之下，没什么价值。但是当我们开始再次转身向上，就发现数目也超越于我们的心灵之上，始终不变地持留在真理本身之中。只是因为唯有极少数人能有智慧，而数算则是愚人也有的能力，所以人们敬仰智慧，轻视数目。然而，学识渊博又勤勉好学的人，越是远离世俗红尘，就越能在真理本身中凝视数目和智慧，从而认为两者同等尊贵。与这样的真理相比，不仅金银以及人们贪求的其他东西价值顿失，就连人自己也变得黯然失色。

数目和智慧就是真理本身

11.32. 因此你不必奇怪为何数目被人轻视，而智慧受人珍视，因为人们更容易计算数目，而较难拥有智慧。你也看到人们重视金子胜过灯光，尽管与灯光相比，金子不过是可笑之物。之所以更低级的东西反而受到更多的尊崇，乃因为连乞丐也能给自己点灯，而金子，确实极少有人能拥有。我的意思绝不是说，与数目相比，智慧是低级事物，它们乃是同一的；我只是说，智慧需要有能分辨它的眼睛才能看见。就好比在同一团火中，可以感知到光与热是同体的（consubstantialis）[①]，不能

① 奥古斯丁这里用了三一神学里的 consubstantialis，“同体的”或“本体同一的”，这个术语一般用来描述三位一体中的三个位格如何又是同一个本体。

彼此分离；然而，热只传递到靠近它的事物，而光扩散到更远更广的地方；同样，存在于智慧中的理解能力，温暖就近之物，比如理性灵魂；而那些较远的事物，比如形体，触及不到智慧的热，但仍沐浴在数目之光中。这样解释你或许仍然觉得不够清楚，确实，任何可见之物的类比并不能完全适用于不可见之物。不过，请注意一点，这一点不仅对我们所讨论的问题来说已经足够，而且对我们这些心灵卑微的人来说也是自明的，那就是：虽然我们无法搞清楚，究竟是数目基于或出于智慧，还是智慧本身基于或出于数目，或者可以表明两个名称各指一类事物，但我们可以确定一点，两者都是真实的（verum），而且是不可改变地真实的。

这真理对所有看见者都同等地真实而完整

12.32. 因此你绝不能否认有不变真理存在，它包含所有不变的真实之物；你不能说它是你的，我也不能说是我的，任何人都不能说是他的，它对所有看见不变真理的人同等地存在并展现自身，就如同光，既神奇而隐秘，又公然而公开。凡是公然地向一切理性者和理智者呈现的事物，谁能说它属于哪个人的本性？我想，你还记得我们刚刚讨论过身体感官，我们用眼睛或耳朵感知的东西，比如颜色和声音，是我们俩同时看见、同时听见的，并不属于我们眼睛或耳朵的本性，而是我们共同感知到的。同样，我和你用各自的心灵共同认知的东西，你不能说它属于我们哪个人的心灵本性。你不会因为两人的眼睛同时看见，就说所看见的是这人的眼睛或那人的眼睛，你会说，它乃是两人的视线投向的第三者。

埃：很显然，也很正确。

它优于我们的心灵

12.34. 奥：关于这个真理，我们讨论了这么长时间，也在其中认识到如此多的道理，那么你认为这真理是比我们的心灵优越呢，还是与我们的心灵同等，或者甚至低于我们的心灵？如果它是低于我们的心灵，那我们就不会依据它来判断，而是判断它，就如我们判断有形之物那样，因为有形之物在我们的心灵之下。我们不仅常说有形之物如此或不如此，而且说它应该如此或不应如此；同样，对于我们的心灵我们不仅知道它如此，而且常说它应该如此。当我们判断有形之物时，我们说，它没有应有的那样白，它不够方，如此等等；当我们判断灵魂时，就依照我们的道德准则说：它没有应当的那样合宜，或者不够温和、不够热切。我们依据真理的那些内在法则判断这些事物，这些法则是我们共同认知的；而没有谁能判断这些法则。当有人说永恒者优于暂时者，或者七加三等于十时，没有人说它应该如此，人只是知道它就是如此。他并不是监察者，可以纠正它，他只是发现者，为自己的发现而乐。如果这个真理与我们的心灵同等，那么它自身也是可变的。因为我们的心灵有时候看见它多些，有时候少些，由此它们自己也承认自己是可变的。而那真理在自身中保持不变，不因我们看见多些而有所增，也不因我们看见少些而有所减，它完整无缺，使皈依者得光明之喜乐，背离者受失明之惩罚。我们虽然绝不能对真理作判断，但我们根据这真理来判断我们的心灵。因为我们说，它没有理解到应当理解的程度，或者说它理解到了应当理解的程度。而心灵能在何种程度靠近并紧随那不变的真理，它就应当理解到什么程度。因此，真理既不低于我们的心灵，也不是与它们同等，那它就必然高于并优于它们。

何谓幸福生活

13.35. 如果你记得，我曾许诺要向你证明有某种事物比我们的心灵和理性更卓越。你看，那便是真理本身！你若能拥抱它、享有它，“又以上帝为乐，他就将你心里所求的赐给你。”（诗 37：4）你所求的，不就是成为有福之人吗？而享有那稳定、不变、完美的真理岂不是最大的幸福？当人们拥抱梦寐以求的妻子甚至娼妓的曼妙躯体时，就自诩有福；那么，当我们拥抱真理时，怎能怀疑自己是幸福的？当人们在热得口干舌燥时来到充沛清洁的水泉边，饿得饥肠辘辘时发现精美丰盛的食物或筵席，就自称有福；那么当我们得到真理的浸润和喂养时，怎能否认自己是幸福的？若有人躺卧在玫瑰和其他花丛间，或闻到沁人心脾的芬芳香水，我们就常听到他们呼喊自己幸福的叫声；然而，还有比真理的气息更芳香更沁人心脾的吗？那么当我们呼吸真理时，我们怎能不断然说自己是幸福的？许多人将自己的幸福建立在歌声、管弦之上，听不到音乐，就自认为可怜兮兮；拥有这些，就快乐忘形。那么，当真理那美妙动人的寂静之声，毫无聒耳之音，流入我们的心灵，我们怎会去寻求另一种幸福生活，而不享有这种如此可靠又近在眼前的幸福呢？人们喜爱金银之光、宝石之光，以及其他色彩之光，享受属于我们眼目的各种可见之光的绚丽和璀璨，不论是地上的萤火，是日月星辰之光，只要没有任何疾苦和匮乏使其从那种快乐中回醒，他们就自视为幸福之人，并且因此而希望能永远活下去。那么我们岂能惧怕把幸福生活建立在真理之光上呢？

至善在真理自身中

13. 36. 再者，既然至善在真理之中得以认识并掌握，而这真理本身就是智慧，那么我们就应在真理中看清至善，拥有并享受至善。显然，享有至善的人是幸福的。因为这真理显示了一切真正的善——明智的人就按各自的能力选择其中一个或多个，享受之。这就好比说，人们在日光之下选择其所爱看之物，并以看它为乐；在这样的人中，如果有人得赐十分活泼、健全而强大的眼睛，那他最爱凝视的莫过于太阳本身了，因为正是太阳照亮了他那较弱的双眼所爱看的一切东西。同样，强大、犀利而活泼的心灵之眼若是以确定的理性看见了诸多真实而不变的事物，就会转向真理本身——正是它，使一切真实之物显现出来——依附于它，仿佛全然忘却了其他一切，而在真理中享有一切。因为凡是在其他真实之物中令人愉悦的，皆因真理本身才令人愉悦。

真理使我们得自由

13.37. 委身于真理本身，这就是我们的自由；这真理就是我们的上帝，他使我们脱离死亡，即罪状，而得自由。因为当这真理本身[①]作为人向人们说话时，曾对信他的人说："你们若常常遵守我的道，就真是我的门徒。你们必晓得真理，真理必让你们得自由。"（约8：31）确实，灵魂若不是安全可靠地享有某物，就不是自由地享有（fruitur）它。

14.37. 然而，那些可违其意而失去的善好，没有谁能安全可靠地享有。而真理和智慧，没有人会违其意而失去。因为任何人都不可能在空间意义上与真理和智慧分离，所谓与真理和智慧的分离，不过是悖逆的意志，它使人转而去爱低级的事物；然而，没有人意愿（vult）他所不愿意（nolens）的事。因此，我们所享有的东西（真理），乃是众人同等地、共同地拥有的；它没有任何匮乏，没在任何不足。它接受它的所有爱人，他们彼此之间绝没有嫉妒；它既共同属于所有人，又对每个人忠贞不二。没有人会对别人说"退一退，让我也靠上去"或者"放开手，让我也抱一抱"。所有人都同时依附它，也同时触摸它。它的食粮绝不分成一块块；你从它所饮的，没有我所不能喝的。因为我们都共享它，你不能把它的任何东西变成你的私有；你从它取用的，对我依然完整。你从它吸入的，我并不需要等你呼出才能汲取。因为它的任何部分都没有以任何方式变成任何人的私人所有，而是它以整体同时向

---

① "真理本身"即基督。

所有人共同呈现。

并向所有人呈现

14.38. 因此，我们所触、所尝、所嗅的事物与这真理不太相似，而我们所听所看的事物与它更为相似。比如，耳朵所听的每个词语，既完整地为所有人听到，也同时完整地为每个人分别听到；眼睛所见的任何景象，一个人看到多少，另一个人也同时看到多少。但是相似的这两类事物之间着实存在巨大差距。比如，任何声音都不能同时完整地发出，因为它是在时间中延展而产生的，总是一部分先发音，另一部分后发音。而每一个可见的形象，就好像是在空间中伸展，任何角度都不是整体呈现。而且可以肯定，所有这些都可能违背我们的意愿被夺去，并且总会有这样那样的困难阻碍我们享有它们。比如，假如有人能一直不停地唱甜美的歌，他的热情歌迷也争着来听他唱歌，那么人数一多，他们就会彼此拥挤，抢占位置，以便每个人都能挨歌手更近。然而，他们不可能将听到的任何声音独自留存，所有声音都只能感触到，然后消失无踪。又如，即使我想要仰望太阳，也能持续地凝视，日落之后它也会离开我，乌云也会遮蔽它，还有其他许多障碍会让我迫不得已地失去观看它的快乐。最后，纵然我能始终看见美丽的光，听见悦耳的歌，与我又有什么重大的益处呢？因为连兽类也能看见和听见。而真理和智慧的那种美，只要有坚定享有它的意愿，就不会因听者众多、过于拥挤而拒绝来者，不会在时间中消逝，也不会因空间而转移，黑夜不能中断它，乌云不能遮蔽它，它也不依赖身体感官的感知。对所有离开整个世界归向它、热爱它的人，它都近在咫尺，并永恒存在；它不在任何地方，又无处不在；它在外告诫我们，在内教导我们；凡是仰望它的人，它使他们一一变好，但它自己不因任何人而变坏；无人能判断它，而离开它无人能正确判断。由此显然，它毫无疑问优于我们的心灵，正是因它这个一，每个心灵才成为有智慧的，才能作出判断，不是判断它，而是判断其他事物。

上帝存在，他就是至高真理本身

15.39. 你曾同意，如果我能证明有高于我们心灵的事物，你就承认它是上帝，只要没有比它更高的事物。当时我接受你的条件，并说，我证明这一点（有高于我们心灵的事物）就足够了。因为如果有更优越的事物，这更优越者就是上帝，如果没有，真理本身就是上帝。所以，不论有无更优越者，上帝总是存在的，你不能否认这一点。以上就是我们提出需要讨论和探究的问题。如果因为我们接受为信仰的基督圣规里说到智慧有一位父，你对此感到困惑，那么请想一想，我们也接受另一条作为信仰，即永恒父所生的这个智慧是与父同等的。我们现在不讨论这个问题①，但必须坚定地相信它。综上所述，上帝存在，并且是真实而至高的存在。这一点，在我看来，不仅毫无疑问是我们坚定相信的，而且是我们通过某种尽管十分微弱但已确定的知识形式所理解的。但是这足以回答我们所提出的问题，也使我们能够解释其他与此相关的问题，除非你对此有什么反对意见。

埃：我接受你以上所说，心里充满不可思议、难以言语的喜悦；我还要高呼：你所说的确凿无疑！不过我是在心里用内在声音高呼，希望这心声被真理本身听到，也希望内心完全归服于它；我承认这真理不仅是善，而且是至善，而且是幸福之源。

智慧内在于心灵本身

15.40. 奥：完全正确，我也十分喜悦。不过，我问你，我们现在是否已经是智慧的和幸福的？或者我们只是在朝着那个方向努力，还没有得到智慧和幸福？

---

① 奥古斯丁在《论三位一体》（约400—416年）一书里详尽论证了神圣位格的平等性。

埃：我想我们毋宁说是在朝着那个方向努力。

奥：那么你为何能理解这些真实而确凿的事物，还高呼你以之为乐，承认它们属于智慧？或者你莫非认为一个愚笨人（insipiens）能认识智慧吗？

埃：一个人只要还是愚笨的，就不能认识智慧。

奥：那么你现在已经有智慧了，或者你还不认识智慧。

埃：我诚然还不是有智慧者，但我对智慧已有一定认识，就此而言，我也不能说我是愚笨者，因为我不能否认我所知道的那些事物是确定的，并且属于智慧。

奥：那么请你回答我，你难道不承认不是公义的便是不义，不是明智（审慎）的就是不智，不是节制的就是无节制吗？对这些有什么可怀疑的吗？

埃：我承认，当一个人不是公义时，他就是不义的；对于明智和节制，我也会这样回答。

奥：那么当一个人不是有智慧（sapiens non）时，为何他就不是愚笨的（insipiens，或无智慧的）呢？

埃：这个我也承认，当人不是有智慧时，他就是愚笨的。

奥：那么你现在是哪种人呢？

埃：不论你称我是哪种人，我绝不敢说自己是智慧人，并且从我刚才所承认的来看，我应毫不犹豫地自称为愚笨人。

奥：那么某个愚笨人知道智慧。因为如我们所说的，若不是关于智慧的某个观念已经在人的心灵里，他就不可能确定自己意愿智慧，确定自己应该如此意愿。想一想那些属于智慧本身的事物——当问到它们时，你为何能一一回答，并且以认识它们为乐——原因也同样如此。

埃：你说得一点没错。

所有善都从上帝而来（16，41 — 17，46）

智慧向寻求者显现

16.41. 奥：因此，当我们努力成为智慧人时，我们所能做的不外乎，尽我们所能快速整合我们的整个灵魂，奔向我们通过心灵所触及的那个事物，把它安放在那里，使它稳扎在那里。这样，它就不再以那沉迷于可逝之物的私善为乐，而是脱离一切时空之物的纠缠，把握那始终同一的永恒之一。正如身体的全部生命在于灵魂，同样，灵魂的有福生命在于上帝。当我们如此力求，直到实现目标，我们就在路途之中。这些真实而确定的善，虽然至今只是在这幽暗不明的旅途中闪烁，我们却得允以它们为乐。现在请你看看，这是否就是经上关于智慧如何对待前来寻求她的爱智者所记载的呢？经上说："她在他们的旅途中和蔼地显现，深谋远虑地（omni providentia）迎接他们众人。"[①] 无论你转向何方，它都借着它自己运作留下的痕迹对你说话；你若沉沦于外在之物，它就借着那些外物之内在形式使你回转，好叫你看出，任何使你快乐的物体，任何通过你的感官吸引你的东西，无一不是由数支配的东西，只要你寻求它的来源，你就反躬自身，就明白，若不是你内在地拥有某种美的法则，由此来判断你所感知的外在的美，就不可能对你通过身体感官所感知的事物作出赞许或厌弃的选择。

数目存在于形体中

16.42. 请看天地海洋，以及期间的一切，无论是天上闪耀的，还是地上爬行、空中飞行、水里游行的，它们都有形状，因为都有数

① 参见《所罗门智训》第六章第 16 节。

目；若是把数目除去，那就什么都不是了。那么它们因何而是呢，唯有因数目而是，因为它们在何种程度上属于数目，就在何种程度上拥有存在。工匠制作各种物体的样式，在这种制作技艺中拥有数理，使自己的作品与之相符。他们运用双手和工具进行制作，尽其所能按照数目的内在之光造出外在作品，才算完成工作；并通过感官中介取悦于仰望数目的内在判断者。若要问谁推动着工匠的肢体运作，那必是数目，因为肢体也是按照数理来活动的。如果你拿走他手中的工作，去掉他心中的创作构思，而让他的肢体为娱乐而摆动，那就称为跳舞。若要问是谁使你在舞蹈中感到快乐，数目会回答你说：是我。且看物体的形式之美，数目存留于每一处空间；再看物体的动态之美，数目流动于每一刻时间。进而再看产生那些事物的技艺，在它里面寻找时间和空间；它不曾在哪个时间存在，也不曾在哪个空间存在，然而数目在它里面生活。它的领域不是空间性的，它的年岁也不以日子计算；当那些想要成为工匠的人，当他们努力学习技艺时，他们的身体在空间和时间中活动，但他们的灵魂只在时间中活动，随着时间的流逝，灵魂变得更加娴熟。然后，越过这工匠的灵魂，你就看到了永恒的数目，此时，智慧会从它的宝座，从真理的隐秘处向你发光。如果因为你目力还太虚弱，无法直视智慧，那就将你的心眼转回到那条路上，她在那里温和地显现自身。① 但一定要记住，你只是暂时转移视线，一旦你变得更强壮、更健全，就该再寻目标。

而智慧本身……

16.43. 智慧啊，你是纯洁心灵最甜美的光！那些离弃你的引导而

---

① 参见本卷 16. 41，17. 42 所引的《所罗门智训》第六章第 17 节经文。奥古斯丁在《忏悔录》7. 10 用类似的语言描述了他对上帝的经历：“当我最初识你后，你就提升我，使我看到我应见而未能看见的东西。你用强烈的光芒照灼我昏沉的眼睛，我既爱且惧，犀营战栗。”（周士良译，商务印书馆 2013 年版）

流连于你的痕迹的人，那些爱你的示意之物而不爱你本身，且忘记你所指示的真意的人，真是不幸啊！事实上，你不停地在向我们示意你是谁，你有多么伟大；每一造物的荣美就是你的示意。艺术家也在某种程度上通过作品本身的美向作品观赏者示意，要他不可完全沉醉于那种美，而要让他的眼睛扫过所造物体的样式，满怀情感地回想创造作品的艺术家本人。那些爱你的造物胜过爱你本身的人，就如同那些听某个智者侃侃而谈的人，他们沉迷于他甜美悦耳的声音，精致华丽的遣词造句，却忽视了词句所包含的思想要意，那些词句不过是思想所发出的符号而已。那些背离你的光明，甘心紧贴自己黑暗的人，真是不幸！他们把背转向你，沉迷于属肉的作为，就好比沉溺于自己的阴影。然而，即便阴影里使他们快乐的东西，也是因为你的光普照他们，他们才能拥有。但是只要人爱阴影，这阴影就使人的心眼越发虚弱，越发不能仰望你。所以，他越是恣意地追求更迎合软弱者的东西，他就越来越深地陷入黑暗之中。由此，他开始无法看见至高者，也开始把一切因他漫不经心而蒙骗他，因他缺乏而诱惑他，因他沉迷而折磨他的事物，统统看作是恶。然而，所有这些，都是因为他自己的背弃，是他该受的；而凡是公正的，就不可能是恶。

在于事物的最有序形式

16.44. 所以，你看一切可变之物，若不是包含数目的某种形式，无论你用身体感官，还是以心灵思维，都不可能抓住它们；除去数目的形式，它们就归于无有。既然如此，你就不必怀疑，有一种永恒不变的形式存在，使那些可变之物不至于沦入无有，而以有序的运动和各种不同的形态走过自己的历程，如同诗歌的章节。这个永恒不变的形式，既不局限于空间，也不弥漫于空间；既不在时间上延展，也不在时间中变化；但一切可变之物借着它得以形成，各从其类，完成并践行时间和空间的数目。

万物都受神意统治

17.45. 一切可变之物也必然是可赋形的（formabilis）。正如我们把可以改变的事物称为可变的，同样，我把能接受形式的事物称为可赋形的。然而，无物能赋予自己形式，因为无物能把它所没有的东西给予自己，而一物之所以得赋形式，就是为了拥有形式。所以，不论何物，如果它有了形式，就没有必要接受它已有的东西；如果它还没有形式，那它就不可能从自己接受它所没有的东西。因此，如我们所说，无物能赋予自己形式。关于物体和灵魂的可变性我们还需再说什么呢？前面已经说得够多了。所以可以得出结论，身体和灵魂都是由某个永存而不变的形式赋予形式的。经上有话对这个形式说："你要将它们更换，它们就改变了。惟有你永不改变，你的年数没有穷尽。"[①] 先知用"你的年数没有穷尽"来描述永恒。关于这形式，经上还有话说："她永存于自身，而使万物更新。"[②] 由此我们也知道，万物都是受神意统治的。若说一切存在之物，完全除去形式便不再存在，那么这不变的形式本身——可变之物因之而存在，并通过各自形式之数目而得以成全和实现——就是万物的神意，因为没有这形式，就没有万物之存在。因此，任何对整个造物界深思明辨并奔向智慧的人，都能感到智慧在路上向他们和蔼可亲地显现，并深谋远虑地迎接他们。[③] 他越是满怀炽热地踏上那样的旅途，就越发现他所渴望获得的智慧使这旅途本身变得何等美妙。

所有善都源于上帝

17.46. 除了以下三类事物，即存在而不活着、存在又活着但不理

---

① 参见《诗篇》第一百零二篇第26—27节。
② 参见《所罗门智训》第七章第27节。
③ 参见《所罗门智训》第六章第16节。

解，以及存在、活着又能理解的，如果你能在这三类事物之外发现另一类受造之物，那你可放胆说，世上还有些善不是从上帝来的。这三类事物也可以用两个名称，即物体和生命来表示，因为那单纯活着而不理解的事物，比如动物，以及那还能理解的事物，比如人，都可以正确地称为生命。而这两者，即物体和生命，都属于造物（因为造物主本身也被称为生命，且是至高生命），因此物体和生命这两类造物是可赋形的，如前所述，且完全去掉形式就会归于虚无，这就充分表明，它们因这形式而得以存在，这形式是某种永恒之物。所以任何一种善，不论多大，不论多小，若不是出于上帝，就不可能存在。而在一切造物，有比能理解的生命更大的善，或者有比无生命的物体更小的善吗？这些事物无论多么败坏，无论如何趋向非存在，总有某种形式留存，好叫它们总以某种方式存在。不论在那趋向败坏的事物身上留存什么样的形式，总是源于那没有任何败坏且不准这些事物在退化或进化的活动中违背它们自己的数目法则的形式。因此，若是在事物本性中看到任何值得赞美的东西，不论是值得大赞还是小赞，都应归于造物主那无以复加又无以言表的荣光。对此你有什么异议吗？

意志是一种善（18，47 — 20，54）

意志是一种善

18.47. 埃：我承认这足以让我信服，并且照此生中以及在我们这样的人中所能有的证据来看，也很显然：上帝存在；一切善无不从上帝而来。因为一切存在的，不论是能理解的生命，是只活着不能理解的生命，还是没有生命单纯存在的事物，都从上帝而来。现在我们来看看第三个问题：是否可以证明自由意志应属于善的事物。如果这一点得到证明，那么毫无疑问可以承认它是上帝赐予我们的，这赐予是合理的。

奥：我们提出来讨论的问题，你都记得很牢，也警觉地注意到第二个问题已经解释清楚了。不过，你应该看到第三个问题也已经有了答案。因为你说过，在你看来，既然任何人犯罪都是借着意志的自由选择犯的，那就不应该把它赐给人；而我反驳你这个观点说，若不是借着意志的这个自由选择，无人能行事正当，并且认为上帝赐我们自由意志毋宁是为了这个目的；你又回答说，上帝赐予我们自由意志应当像他赐予正义一样，使人只能用它来行正当之事。你的回答迫使我们的讨论走入了迂回曲折的路径，而我在这过程中向你证明了：一切善，无论大小，莫不源于上帝。然而这一事实要得到清晰的证明，我们必须首先排除那不敬而愚蠢的观点，即愚顽人"心里说，没有上帝"①，然后我们的理性尽自己的能力，加上上帝亲自在这危险的旅途中帮助我们，才可能对如此重大的问题获得某种明确的结论。不过，这两个结论，即上帝存在，以及一切善都源于他，虽然我们之前也是坚定相信的，现在经过如此一番探讨，就使第三个问题的结论，既自由意志应算为一种善，也极其清晰地显示出来。

但我们往往滥用它

18.48. 以上讨论已经表明，我们彼此也承认，物体的本性低于灵魂的本性，因此，灵魂是比物体更大的善。如果我们在物体之善中发现有些善可能被人不合理地使用，但我们并不因此就说上帝不应该将它们赐给我们，因为我们承认它们本来是善的，那么在灵魂里有某些善，我们同样可能非正当使用，这有何奇怪的呢？既然它们是善的，若不是出于那众善之源，就不可能赐予。你看，身体若没有双手，那是失去了多大的善！然而，一个人若用双手行残暴或无耻之事，那就是滥用双手。如果你看到一个人没有双脚，你会承认完整的身体缺失了多大的一种善；然而，有人用双脚伤害别人或羞辱自己，你也不否认他是在滥用双

---

① 参见《诗篇》第十四篇第1节；第五十三篇第1节。

脚。我们用眼睛看见光明，分辨物体的形状；它是我们身体上最美的部分，因而居于最高贵的顶端；我们还用眼睛关注自身的安全，以及生活中许多其他方面的利益。然而，很多人利用眼睛做很多可耻之事，迫使它们服务于情欲。你看，脸上若没有眼睛，那是缺失了多大的善；而当我们拥有双眼的时候，若不是众善的慷慨赐予者上帝，谁能把它赐给我们呢？因此，正如尽管有人滥用这些身体之善，你仍然肯定它们，并赞美赐给这些善的上帝；同样，你得承认没有就不能正当生活的自由意志必然是善的，是上帝赐予的，与其说那赐予者不该赐予，不如说那滥用者该受指责。

它是更大的善

18.49. 埃：那么我希望你首先向我证明自由意志是一种善，然后我承认它是上帝赐予我们的，因为我承认一切善都是从上帝而来。

奥：我们前面费了那么大精力的讨论，难道没有证明这一点吗？你当时承认一切事物的样式和形状都源于至高形式，也即真理，并且认定它们是善的。真理本身在福音书中说，就是我们的头发也都被数过（太 10：30）。我们也讨论过数目之崇高，它的权能从世界一端伸展到另一端，你难道都忘了？这样说来，既然对于我们的头发，虽然微小而极其低级，但也把它算作善，除了创造众善的上帝，不会寻找另外的源头，因为大善小善都从他而来，一切善都源于他；那么对于自由意志——即使生活败坏的人也承认没有它就不能正当生活——却持怀疑态度，这是何等的荒唐悖谬呢？现在请你回答，在你看来我们身上哪一个是更大的善，是没有它能正当生活的东西呢，还是没有它就不能正当生活的东西？

埃：我真糊涂，不好意思，请你多多原谅！谁会怀疑那无它就不能正当生活的东西是更大的善呢？

奥：那你会否认独眼人能正当生活吗？

埃：断不会有这种疯狂。

奥：你既承认身上的眼睛是善，但失去它并不妨碍正当生活；而自由意志，没有它无人能正当生活，你反倒认为它不是善吗？

善有不同类别

18.50. 你看正义，无人能滥用。它可算人自身的大善之一，所有构成正直可敬生活的灵魂美德都是大善。因为审慎、坚毅、节制是任何人都不能滥用的。正确理性在所有这些美德中掌权，正如它在你所提到的正义中掌权一样，没有这样的理性，美德就不可能存在。而无人能滥用正确理性。

19.50. 那么这些美德都是大善。但你必须记住，若不是从众善之源即上帝而来，不仅大善，就连最小的善也不能存在。这是我们以上讨论所确立的，也是你多次欣然同意的。所以，使人正当生活的美德是大善，不影响人正当生活的各种形体之美是小善，没有就不能正当生活的灵魂权能则是中善。无人能滥用美德，而其他两类，即中善和小善，人既能善用，也能滥用。美德之所以无人能滥用，乃因为美德的功能就是善用那些我们可能滥用的事物，而对于“善用”，谁能滥用呢？因此上帝的美善之丰盛、之宏大，不仅使大善存在，也使中善和小善存在。他的美善在大善上比中善上更可称颂，在中善上比小善上更可称颂，而在一切善上，不论大中小，都比他没有赐予这些善更值得称颂。

通过意志善用意志本身

19.51. 埃：我同意。但有一点令我困惑，我们讨论的是自由意志，而我们看到是自由意志本身善用或滥用其他善，那么我们如何把自由意志算为那些我们使用的善之一呢？

奥：这就如同我们通过理性知道一切所知之物，但我们仍然将理性本身算作我们通过理性认识的事物之列。你忘了吗？当我们探讨何物通过理性得知时，你承认甚至理性本身也是通过理性得知的。因此不必奇怪，我们通过自由意志使用其他善，也能通过自由意志使用自由意志本身；使用其他善的自由意志也使用它自身，正如认识其他事物的理性也认识它自身一样。同样，记忆不只是包含我们所记住的事物，而且也把我们没有遗忘的事物留在记忆里，把记忆本身留在我们心里，它不仅记住其他事物，也记住它自身，或者毋宁说我们通过记忆记住其他事物以及记忆本身。

意志依附不变之善就拥有幸福生活

19.52. 因此，作为中等之善的意志，当它紧依不变之善，并且视之为公共之善，而非个人私善，就如我们虽然谈论很多却谈得并不充分的真理那样，那么人就拥有幸福生活。而幸福生活本身，即灵魂紧依不变之善的心境，乃是人特有的、首要的善。这善之中也包括那些无人能滥用的美德。这些美德虽然在人是大善、首善，却不是所有人共有的，乃是每个人各自独有的，这是我们充分阐明的。而真理和智慧是所有人所共有的，通过依附真理和智慧，大家都可成为智慧人和幸福人。然而，一个人不能通过另一人的福祉而成为幸福的，因为当他为谋求幸福而模仿别人时，他是看到了使那人幸福的缘由，也就是依附于那不变而公共的真理。任何人不可能通过别人的审慎而成为审慎者，或者借着别人的坚毅成为坚毅人，或者依靠别人的节制成为节制人，或者因着别人的正义成为正义人；他只能调整自己的灵魂，使之适合美德的那些不变的法则和光，它们乃永不朽坏地存在于公共的真理和智慧之中；拥有美德的人，作为榜样树立在人们面前，他正是这样调整自己的灵魂，使之专注于这些美德法则。

意志背离不变之善就犯罪

19.53. 因而，尽管意志自身只是某种中等之善，当它依附于公共而不变的善时，却能获得属人的首善和大善。而当意志背离不变的公共之善，而转向私善或外善或下善时，就犯罪了。当意志想要自己做主时，它就转向了私善；当它热衷于打探别人的私事或与自己无关的事，就转向了外善；当它迷恋身体之乐，就转向了下善。这样，一个人就变得骄傲、好奇、放纵，被另一种生活所控制，与那种更高的生活（幸福生活）相比，这种生活就是死亡。然而，这种生活仍然在神意的管理和支配之下，而神意的管理乃是使万物各从其位，使众人各得其所。这样说来，为罪人所欲求的那些善事，绝不是恶的，自由意志本身也不是恶，我们认为它可算为中等之善；所谓恶，乃是背离不变的善，转向可变的善；而这种背离与转向，并不是强迫的，而是自愿的，因而随之而来的不幸之罚是应当而公正的。

善出于上帝，缺陷（defectus）出于我们

20. 54. 你或许会问，意志既然背离不变之善转向可变之善，那这种活动缘何而来？尽管自由意志本身被算为善，因为无它人就不能正当生活，但它的这种活动显然是恶（malus）。如果这种活动，即意志背离主上帝，无疑是一种罪（peccatum），那我们还能说上帝是这罪的原因吗？因此这种活动必然不是出于上帝。那么它源于何处呢？对于你的这个问题，如果我回答说我不知道，你或许会很失落，但我说的是实话，因为人是不可能知道虚无的东西的。

你要坚定地保守你的敬虔，好叫你所遇到的善，不论是感觉到的，理解到的，还是任何方式思想到的，莫不出于上帝。因此，没有任何本性不是出于上帝。你只要看到有尺度、数目、秩序的事物，就毫不犹豫地归于上帝这位造主。你若把这三者完全除去，那就没有任何东西留存了。因为即使留下形式的某种端倪（inchoatio）——尽管你在其中找不到任何尺度、数目和秩序，只要有这三者存在，就有完全的形式——你也必须把这形式的端倪也拿走，它就如同造主用来完工的某种材料；如果完全的形式是善，那么这形式的端倪也有一些善。这样，把所有善都剔除，那就没有任何东西留存，便是绝对的虚无了。然而，所有善都从上帝而来，因而没有一种本性不是从上帝而来。另外，一切缺陷都源于虚无，而那种背离活动，我们承认它是罪，乃因为它是一种有缺陷的（defectivus）活动，那么你看看它究竟从何而来，免得你还在怀疑它是否从上帝而来。

然而，这种有缺陷的活动又是自愿的（voluntarius），所以它就存在于我们的权能之下。如果你害怕它，你就必然不想要它；你若不想要，它就不会存在。因而，这种生活岂不是最安全的吗？凡是你不愿意的事，就不会在这里发生。然而，人当初随己意堕落，却不能照样随己意兴起，那就让我们以坚定的信心抓住那从天上伸向我们的上帝之右手，即我们的主耶稣基督；让我们以确定的盼望等候，并以热切的爱心（caritas）渴慕他吧。如果你仍然认为对罪的来源问题需进一步深入讨论——我认为是完全不必了——如果你真的认为如此，那我们将它延到下一卷讨论。

埃：我完全服从你的意思，把这个问题延到另一时间讨论。但你认为这个问题已经讨论充分了，对此我不能同意。

第三卷　出于上帝的自由意志可说是属人之善

上帝预知并不取消意志自由（1，1—4，11）

出于必然的活动是无可指责的

1.1. 埃：在我看来，非常清楚，自由意志应算为善中之物，并且并非小善，由此我不得不承认它是上帝赐予的，而且是应当赐予的。现在如果时机成熟，我希望从你知道，意志本身背离公共的不变之善，转向私善或外善或小善，以及各种可变之善，它的这种活动缘何而来呢？

奥：知道这一点有什么必要吗？

埃：因为如果意志被赐时就包含这种本性活动（naturalem motum），那么它之转向可变之善乃是出于必然（necessitas）；而受本性和必然性支配的事物，是无可指责的。

奥：意志的这种活动，你是喜欢还是不喜欢呢？

埃：不喜欢。

奥：那你是在指责它。

埃：我确实是在指责它。

奥：那你是在指责灵魂一种无可指责的活动。

埃：我并非指责灵魂无可指责的活动，我只是不知道它背离不变之善转向可变之善是否有什么罪过。

奥：那你是在指责你所不知道的事物。

埃：不要抓住一句话咄咄逼人。我说我不知道它是否有过，原是希望被理解为这毫无疑问是有过的。我之所以说不知道，其实是要表明怀疑如此明显的事是多么可笑。

奥：你看这是何等确凿的真理，它使你这么快就把刚刚说过的话忘记了。如果那一活动是出于本性或者必然性，它就绝不是可指责的。但你又如此坚定地认为它是可指责的，甚至认为怀疑如此明显的事是可笑的。那么，对于你自己确信其错误的事，你为何觉得应当肯定一下，或者甚至带着几分不定说出来呢？你说：如果自由意志被赐时就包含这种本然活动，那么它之转向可变之善乃是出于必然；而受本性和必然性支配的事物，是无可指责的。然而，你既然确信这个活动是可指责的，你就应该毫不怀疑自由意志被赐时绝不是这样的。

埃：我说这活动是可指责的，因而我不喜欢它，也不怀疑它该受指责。但是如果灵魂的本性如此，使它必然作这样的活动，也就是它是被拖离不变之善而转向可变之善的，那我不认为它该受指责。

出于自愿的活动该受指责

%1.2. 奥：你认为显然该受指责的那个活动是谁的活动？

埃：我看它在灵魂里，但不知道是谁的。

奥：你不会否认灵魂在那个活动中运动吧？

埃：我不否认。

奥：你不否认石头被推动后所作的运动是石头的运动吧？我指的不是我们推动它的运动，或者它被某种外力推动的运动，比如抛向空中的运动，而是指按它自身本性落到地上的运动。

埃：我不否认你说的这种按其本性向下坠落的运动是属于石头的运动，但这是本性运动。如果灵魂也有这样的运动，那显然也是本性运动。被本性推动的运动，就不该受到指责，因为它虽然走向毁灭，却是受它自身本性的必然性所迫。然而，我们毫不怀疑灵魂的那种运动是该指责的，所以必须完全否定它是本然的，因此它不同于石头的那种本性运动。

奥：我们在前两卷的讨论应该有所成效吧？

埃：当然有。

奥：我相信你记得，在第一卷中我们充分认定，若不是心灵自己的意志，没有别物能使它成为情欲的奴隶。因为比它高的或与它同等的事物都不会强迫它如此，因为这是不义的；低于它的也不会，因为没有这种能力。剩下的只有一个结论，那种活动是它自己的运动，即心灵抛弃了享有造主的意愿，转向享有造物的意愿。这种运动若是该受指责的（凡对此有所怀疑的，在你看来简直可笑），它就不是自然的，必是意愿的。所以一方面，它与石头运动有相似之处，正如石头本然的下落是属于石头的运动，同样，灵魂的这个转向运动也是属于灵魂的。但是另一方面两者又不相同，石头没有能力阻止自己的下落运动，而灵魂只要不愿意，就不会作这样的运动，舍弃高尚的，喜爱低下的，因此，石头的运动是自然的，而灵魂的运动是意愿的。若有人说石头因重量而下坠是犯罪，我不说他比石头更愚钝，我要说他简直是疯了。但我们一旦证实灵魂抛弃高贵的，转而享受低级的，就可以指控它犯罪。因此，既然我们承认，意志背离不变之善转向可变之善的运动是属于灵魂的一种运动，又是出于意愿的一种运动，因此是可指责的，那我们何必再去探求这种运动缘何而来呢？何况，讨论这个问题的全部有益教训就在于，通过指责并阻止这种运动，使我们的意志不再坠向暂时之善，转而享有永恒之善。

因为这是意志的选择

%1.3. 埃：我看到了你所说的真理，也有所领会和理解。因为我能知道的最确定最内在的事莫过于这一件：我有意志，它驱使我享有某物；如果这个使我愿意或不愿意的意志不是我的，那我就不知道我还能说有什么东西是我的了。因此，如果我借着意志作了什么恶，这恶若不归咎于我自己，还能归咎于谁呢？既然是慈善的上帝造了我，而我若不借着意志行事，就不能行善，那么非常清楚，慈善上帝正是为此目的①赐给了意志。而意志转向这里或那里的活动，若不是属于意愿的，并且在我们的权能之下，那么人转动他所谓的意志转轴朝向高贵之物不配称颂，朝向低级之物也不该指责；也不必告诫他应忽视这些低下之物，寻求永恒之物，不应意愿败坏生活，而应意愿良善生活了。然而，若有人认为不应该这样告诫人的，他也该从人的数目中剔除了。

该如何看待上帝的预知与意志的自由

2.4. 既然如此，我有一点困惑难以言表，一方面，上帝预知一切将来之事；另一方面，我们犯罪不是出于任何必然性，这两者如何一致呢？如果有人说某事将以异于上帝所预言的方式发生，那他就是以极端疯狂的大不敬企图毁灭上帝的预知。因此，如果上帝预知那个善人（始祖亚当）会犯罪——凡是像我一样承认上帝预知一切将来之事的人，都必然同意这一点——如果是这样，那我不说上帝不该造他，上帝原本造他为善，既然造他为善，他的罪对上帝不会有任何损害；而且上帝在造他时彰显了自己的慈爱，在惩罚他时显示了自己的公义，在解救他时表明了自己的怜悯；所以我不说上帝不该造他，我乃是说，既然上帝预知他要犯罪，而上帝预知的事是必然发生的，那么在这种不可避免的必然性中，如何体现出自由意志呢？

有些人关于神意的看法

2.5. 奥：你急切地敲打了上帝的怜悯之门。但愿他就在门内，给敲门者打开大门。然而，我想大多数人之所以被这个问题困扰，只不过

---

① 即通过意志行善（而非作恶）。

因为他们没有带着敬虔探求：他们急于为自己开脱，而不是承认自己的罪过。有些人情愿相信人事并没有神意的安排，而把自己的灵魂和身体交给随机的偶然，任情欲恣意地蹂躏摧毁自己，否认神的审判，避开人的审判，以为命运女神会保佑他们逃脱指控他们的人。然而他们往往把命运女神刻画成瞎子的模样，所以，或者他们比被认定管理他们的命运女神更优越，或者他们得承认自己在感知并宣称那样的事时同样也是瞎子。他们既然在自己所做的事上跌倒，那甚至说他们做一切事都依赖于偶然也不算太荒谬。不过，我想，对于这种愚蠢至极疯狂之至的错误观点，我们在第二卷的讨论中已经作了充分的驳斥。[①] 还有些人，虽然不敢否认神意管理着人生，但他们犯了逆天大错，宁愿相信神意是无能的、不义的、不正的，而不肯以诚恳敬虔之心承认自己的罪过。这些人如果容忍别人劝说，那么当他们思考最美善、最公义以及最大能之物时，就会相信，上帝的美善、公义和大能远远大于并高于他们在思想里所构想的任何事物；当他们思考自己时，即使上帝意欲他们成为比现在的身份更低的事物，他们也明白自己要感谢上帝，并从他们良心的骨子和精髓里呼喊："我曾说：'主啊，求你怜恤我，医治我的灵魂，因我得罪了你。'"（诗 41：4）由此，神的怜悯就会引领他们走上确定可靠的路途，进入智慧，于是，他们既不因有所发现而骄傲，也不因无所发现而沮丧；获得知识，使他们见识越真，未得知识，使他们求知越切。我毫不怀疑你已相信这一点。你看，只要你事先回答我的几个问题，我对你这个大难题就能轻松作答了。

上帝预知并不是必然强迫

3. 6. 确实，这个问题令你困惑，也让你觉得奇怪：上帝预知一切

① 奥古斯丁在 2. 16—2. 17 指出，万物都受神意的统治。第二卷对偶然或时运并没有清晰的讨论。

将来之事，而我们犯罪不是出于必然，乃是出于意志，这两者为何不是矛盾和冲突的。你说，如果上帝预知人会犯罪，那他犯罪是必然的；如果人犯罪是必然的，那他犯罪就不是意志的选择问题，而是不可避免的，是必然性决定的。依据这样的推理，你担心必然得出以下的结论，或者不敬地否定上帝预知一切将来之事；如果这一点不能否定，那我们就得承认，犯罪不是出于意志，乃是出于必然。或者还有别的问题让你困惑？

埃：没有别的，正是这个。

奥：那么，你认为上帝预知要发生的事，其发生就不是出于意愿，而是必然的。

埃：我确实这样认为。

奥：你先清醒一下，再内省一会，然后告诉我，如果你能，你明天会有什么样的意志，是犯罪，还是行善？

埃：我不知道。

奥：那么你认为上帝也不知道吗？

埃：我绝不能那样认为。

奥：如果他知道你明天的意志，他也预知所有人将来的意志，不论是现在存在的，还是将来存在的，那他就更预知他将会如何对待义人和不义人。

埃：如果我说上帝预知我的事，那我就更要坚定地说他预知自己的事，也完全肯定他预知他将要做的事。

奥：因此你岂非要十分小心了，免得有人对你说，如果上帝所预知之事的发生不是出于意志，而是出于必然，那么他自己要做的事，不论是什么，也是出于必然，而非出于意志。

埃：当我说上帝预知要发生的一切事，其发生出于必然时，我只是指那些在他的造物界所发生的事，而不是指在他自身发生的事；事实上他自身的事不是发生的，而是永恒的。

奥：那么上帝在他的造物界不作任何工啰。

埃：他一劳永逸地规定了他所创造的万物秩序要如何维持下去，不再通过新的意志管理任何事。

奥：难道他也不使任何人幸福吗？

埃：当然使人幸福。

奥：那么当人成为幸福之人时，就是上帝使他幸福的。

埃：确实如此。

奥：那么，比如说，如果一年后你将成为有福的，那一年后他将使你成为有福的。

埃：没错。

奥：因此他今天就预知他一年后要做什么。

埃：他一直都预知这一点，我承认他现在也预知这事，如果它将要这样发生的话。

即使上帝预知，我们也可意愿

3.7. 奥：请告诉我，你是否上帝的造物，或者你的幸福是否发生在你身上？

埃：我是他的造物，我的幸福也必发生在我身上。

奥：那么上帝使你幸福，你这幸福在你身上发生不是出于意志，而是出于必然。

埃：上帝的意志对我来说就是必然。

奥：这样说来，你是迫不得已而幸福。

埃：如果使我幸福是在我权能之下的事，那我早就幸福了；我现在也愿意幸福，但是我不幸福，因为使我幸福的不是我，而是上帝。

奥：真理已从你口里清楚地呼叫出来！你能感受到在你权能之下的唯一之事，就是我们意愿时我们所做的事。因此，没有事物像意志本身那样完全在我们的权能之下。我们一有意愿，意志就存在，两者之间没有任何间隔。因此我们可以正确地说，我们要变老，这不是出于意志，而是出于必然；我们要变弱，这不是出于意志，而是出于必然；我们要死去，这也不是出于意志，而是出于必然，以及其他诸如此类的事，然而谁会疯狂到竟敢说，我们意愿不是出于意志？因此，虽然上帝预知我们将来的意志，但不能由此推出，我们意愿某事不是出于意志。比如你刚才说到关于幸福，你说成为有福之人不由你自己，似乎我会否认这一点；其实我说的是，当你将来幸福时，并非违背你的意愿，而是你所意愿的。因此，上帝预知你将来的幸福，他所预知的事不可能不如实发生，否则就不叫预知了；但我们并不由此就认为，你将来的幸福不是你的意愿，否则这是何等荒谬，离真理也十万八千里。正如上帝今天关于你将来幸福的预知是确定无疑的，但他的预知并不剥夺你将来开始幸福时的幸福意志；同样，如果将来你有什么可指责的意志，也并不因为上帝预知你将来有这样的意志，它就不是意志了。

因为意愿（velle）在我们的权能之下

3.8. 看看以下这种说法是何等盲目：如果上帝预知我将来的意志，由于他所预知的无一不如实发生，那么我将来就不得不意愿他所预知的。然而，如果是不得不意愿，那我得承认我意愿它不是出于意志，而是出于必然。真是愚蠢得异乎寻常啊！如果将来没有意志，而上帝预知将来有这个意志，那怎么能说上帝所预知的无一不如实发生呢？还有我刚说到的此等人同样怪诞的说法：我不得不意愿，这是企图用假想的必然来剥夺意志！如果他不得不意愿，那么他既没有了意志，又如何意愿？假如他不这样说，而用另一种方式说，因为他不得不意愿，所以这意愿本身不在他的权能之下，那就涉及你曾说到的问题了。当我问你是否不愿意自己将来幸福时，你回答说，如果你有能力，你早就已经幸福了；你说，你意愿幸福，但没有能力（使自己幸福）。当时我加了一句话说：真理已从你口里清楚地呼叫出来。若不是因为我们所意愿的事不由我们决定，我们就不能否认我们有权能；然而，当我们意愿时，如果意志本身不在我们身上，我们就没有真正意愿。当我们有所意愿时，我们就不可能无所意愿，所以意志总是存在于意愿者身上；除了存在于意愿者身上的，没有其他任何东西在他的权能之下。因此，我们的意志若不在我们的权能之下，那就不能算是意志。再者，因为它在我们权能之下，所以它与我们是自由的。在我们权能之下但我们不拥有的，或者我们拥有却不在我们权能之下的，对我们都不算是自由的。这样说来，我们不否认上帝预知将来一切事，但我们也意愿我们所意愿的事。既然他预知我们的意志，他所预知的意志必将存在。因此，必然有意志存在，因为上帝预知这个意志。意志若不在权能之内，它就不可能是意志。因此他也预知这种权能。我的权能并不因他的预知而被剥夺，相反因之而更加确定我有权能，因为上帝预知我将有这种权能，而他的预知绝不会有差错。

埃：好吧，现在我不再否认：凡是上帝预知的，不论什么，都必然发生；他预知我们的犯罪，但仍然保留自由意志给我们，并且把它置于我们的权能之下。

上帝预知的事必然发生

4.9. 奥：但那有什么令人困惑的呢？或许你忘了我们在第一卷讨论的话题，从而要否认我们犯罪不受任何他者强迫，不论是更高者，更低者，还是同等者，而是出于我们的意志？

埃：我当然不也否认这些。不过，我得承认，我还是不太明白，上帝关于我们犯罪的预知，以及我们在犯罪上的自由意志，这两者怎么会不彼此矛盾。因为我们承认上帝必然是公义的，也必须有预知；但我也希望知道，他惩罚那必然要发生的罪，是用哪种公义；他预知的将来之事怎么能不必然发生；在他的造物界必然要发生的事，怎么能不归造主负责呢？

但并非强迫我们犯罪

4.10. 奥：你为何认为我们的自由意志与上帝的预知是相悖的呢？因为它是预知，还是因为它是上帝的预知？

埃：毋宁说因为它是上帝的预知。

奥：那怎样呢？如果你预知某人要犯罪，难道此人并不必然犯罪吗？

埃：应该说他必然犯罪。因为我的预知若不是确定的，那就不能说这是我的预知。

奥：那么，所预知的事必然发生并非因为这是上帝的预知，而是因为这是预知。预知的事若不是确定的，就谈不上什么预知了。

埃：我同意。但这意味着什么呢？

奥：因为——除非我弄错了——你预知某人将犯罪，并不即刻就此强迫他犯罪；你的预知本身也不强迫他犯罪，虽然毫无疑问他将犯罪，否则你的预知就不叫预知。这样，正如这两者并不彼此矛盾，你依据你的预知知道某人将来要按自己的意志行事；同样，上帝也不强迫任何人犯罪，他乃是预知他们要按各自的意志犯罪。

不妨碍他要公义审判

4.11. 这样，上帝对于他预知其成但并未强迫其成的事加以审判，为何是不公的呢？正如你的记忆记得过去的事，但并未强迫过去之事发生；同样，上帝预知将来之事，但并不强迫它们将来发生。正如你记得你所做的某些事，但你所记得的事并非都是你做的[①]；同样，上帝预知他所引起的一切事，但他所预知的一切事并非都是他引起的。他不是引发恶的原因，而是恶的公正惩罚者。由此你就明白上帝惩罚恶是用何种公义了，因为他所预知的将来要发生的罪，并不是他使之发生的。否

① 比如，你记得恺撒渡过卢比肯河（Rubicon），但渡过卢比肯河并不是你所做的事。

则，如果因为他预知人将来要犯罪，就说他惩罚罪人是不当的，那么他奖赏义人也是不当的，因为他也预知他们将要行义。因而我们要承认两点，首先，一切未来之事，没有一样是上帝所不知道的，这就是他的预知；其次，一切罪恶，因为是人的意志所犯，不是他的预知所迫，因而没有一个不受他审判的，这就是他的公义。

自由意志是中等之善（5，12 — 14，41）

上帝永远应受赞美

5.12. 至于你提的第三个问题，即为何不能把造物界中必然发生的一切归责于造物主，倒是提醒我们想到那条谨记心中的敬虔法则：我们应当感谢我们的造主。即使他把我们造在某种更低级的造物层次，我们也有充分理由赞美他那丰富的美善。虽然我们的灵魂被罪玷污，但它仍比被转变为可见之光更好、更美。你看，那降服于身体感官的灵魂，也为这种可见之光的华美而大赞上帝。因此，不要因为犯罪的灵魂受到责备而感到困扰，以至在心里说它们若不存在反倒更好。它们受到指责是因为与其（不曾犯罪的）自己相比较，也就是它们想到，如果自己不曾同意犯罪，那自己该是怎样的样子。然而，创造它们的上帝仍配得人类所能献上的最高赞美，不仅因为他公正地安排这些犯罪的灵魂，而且因为他造了如此优美的灵魂，即使受到罪的玷污，其尊贵也仍然不是任何形体之光所能企及，而仅凭形体之光，上帝就足应受人赞美了！

我们通过真实理性所想到的

5.13. 我还要告诫你要小心，不是怕你说它们若不存在倒更好，而是担心你说它们本应被造成另外的样子。不论真实的理性（vera ratio）让你想到什么更好的东西，你要知道，那都是作为一切美善者的造主创造的。然而，当你想着某物应被造为更好的样子，而不希望造出其他更低事物，那不是什么真实的理性，而是嫉妒的软弱（invida infirmitas），就好比看到天，就想，但愿没有造出地，简直荒谬至极！如果你看到地造出来了，但天没有造出来，那你有理由挑剔，因为你可以说，地应该按照你对天所能设想的样子造出来。然而，你看到，你希望按照那个样子造出地的事物已经造出来，只不过它不叫地，而叫天。那么，你既没有丧失更好的事物，同时又有了较低的事物，也就是地，我相信你绝不应有什么不甘的。另外，在这大地上，有那么多形态各异的部分，但我们所能想到的属于大地的任何一种样式，莫不是万物之造主造在这个巨大的整体中的。比如，我们从水草丰饶的肥美之地渐次经过中等之地，到达寸草不生的贫瘠之地，若不是与更好的土地比较，你绝不敢挑剔任何一块土地；这样，你的赞美拾级而上，直到找到最高级的土地，你也不会只愿这块地存在，其他比它低的都不存在。而大地与天空之间相距又何其遥远，其间又有水与气两种物质；由这四种元素[①]构成其他各种形态样式各异的事物，为我们所不能计数，在上帝则全然有数。因此，这世上有可能存在你的理性没有想到的事物，但凡是真实的理性所想到的，不可能不存在。因为凡是你能想到的造物中更好的东西，万物的造主不可能没想到。人的灵魂天生与神圣理性（divinis rationibus）相连[②]，并以后者为根基；当它说“创造这个比那个会更好”时，如果它说得没错，并且看见了它所说的，那它正是凭借它与之相连的理性看见的。因此，人的灵魂应当相信，它通过真实的理性认为应当被造的事物，即使它并没有在被造的事物中看见，上帝都已经创造了。比如，尽管人的眼睛不能看见天，但他可以依据真实理性推断这是应当被造的事物，于是，即使他眼睛没有看见，也应相信天已经被创造出来。他若不

① “这四种元素”即土（大地）、火（诸天）、气和水。

② “神圣理性”，大致相当于上帝心灵中呈现的柏拉图的理念；它们是被造物的完美摹本，并且确实应用于对万物的创造工作。奥古斯丁采纳了柏拉图的观点，认为知识就是对这些形式的领会。

是在这理性——万物都是借着它造的——中看见它们，就不可能推断（cogitatione videret，即在思想中看见）它们是应当被造的。凡不在理性中存在的，没有人能在真实思想中看见，因为它本身就不是真实的。

当我们谈论善

5.14. 许多人在这个问题上误入歧途，因为当他们用心灵构想了更好事物之后，却用眼睛在不合宜的地方寻找。比如，有人在理性里理解了纯粹的圆之后，如果他除了胡桃果这类事物的圆形，没有见过其他任何圆形物体，那么他就会因为在这坚果中找不到纯粹的圆而感到恼怒。再如，有人通过最真实的理性（ratione verissima）看到存在更好的造物，这些造物虽然有自由意志，却始终依附上帝，从未犯罪；这些人转而看向人的罪恶，深感忧伤，但不是因为人陷入犯罪之中，而是因为人被造成现在这个样子；他们说：他造我们时就应该使我们不愿意犯罪，只愿意永远享有他不变的真理。这些人不必呼叫，也不必抱怨，因为上帝造出他们，赐给他们选择愿意与否的权能，却没有强迫他们犯罪。确实有些天使，从来不曾犯罪，也永远不会犯罪。所以，如果你更喜欢那些凭着无比坚忍的意志不犯罪的造物，那毫无疑问你就是以真实理性把这样的造物置于犯罪的造物之前。正如你在思想中把这样的造物放在前面，同样，造主上帝在安排万物秩序时也把它置于高处。你完全可以相信，在至高之处，在九天之上，必有这样的造物存在。因为既然造主在创造他预知其将来要犯罪的造物上彰显了他的慈爱，那就更在创造他预知其不会犯罪的造物上彰显慈爱。

即使犯罪的灵魂也有自己的秩序

5.15. 那高贵的灵魂[①]拥有自己永恒的福祉，永恒地享有它的造主，

---

① 善良天使，他有自由意志，但从不曾犯罪，也从不意愿犯罪。

这是它那永恒坚守公义的意志所配得的。而犯罪的灵魂也有自己的适当位置，它尽管因犯罪丧失了福祉，但并没有失去重获福祉的能力。这样的灵魂显然高于那永远被犯罪意志束缚的造物；它就处在这固守犯罪意志者与那坚守公义意志者之间，仿佛一个居间者，可以借着谦卑的悔改恢复自己的高贵。因为上帝的慈爱丰盛浩大，甚至那他预知其不仅会犯罪，而且会固守在犯罪意志中的造物，他也没有拒绝赐给慈爱，而不予以创造。正如可能走失的马总比没有自我运动也没有感知因而不会走失的石头优越，同样，因自由意志而犯罪的造物总比没有自由意志因而不会犯罪的造物更高级。正如我会赞美酒本身是好东西，也会指责喝醉了这个好酒的人，但我仍认为这个我所指责的并且正醉着酒的人，优于他所喝的那个我赞为好东西的酒本身；同样，有形造物就其自身来说应受赞美，而那些滥用这些造物以至背离不识真理的人，该受指责。然而，同样道理，这些人虽然悖逆，而且如同醉酒一般，因贪恋有形物而败坏，却仍然高于那些在其本位上可赞美的有形造物，不是因为他们的恶行配得高位，而是因为他们的本性仍是高贵的。

并且始终优于形体

5. 16. 因此，一切灵魂都优于任何形体；而任何一个犯罪的灵魂，不论它堕落到何种程度，都不会变成形体，不会被剥夺作为灵魂的本性，因而无论如何都不会失去优于形体的东西。在物理世界，光居于最高位置，然而，最低级的灵魂也高于最重要的形体；诚然，某些形体有可能胜过灵魂所居的身体，但绝不可能胜过灵魂本身。这样说来，既然上帝在创造那些坚守公义之法的灵魂的同时，也造了其他灵魂，那些他预知其将要犯罪、甚至将固执于罪恶的灵魂，那为何他不应受到赞美，甚至以不可言喻的颂词赞美呢？要知道，这些要犯罪的灵魂也比那因为没有理性和自由选择之意志因而不可能犯罪的造物更优越。它们甚至比形体中最绚丽的光彩更好，而这样的光彩被当作至高上帝的某种实体受某些人[①]崇拜，尽管是出于极大的错谬。在形体造物界，上至星群，下至我们头发的数目，各类事物的美善依次呈现，彼此交织，构成完整的秩序，无知至极的人才会说：这是什么东西？为何要如此？因为万物都按各自的秩序被造的。而若是对任何灵魂也说这样的话，岂非更加愚蠢？因为不论它的美丽减损或缺乏到何种程度，毫无疑问，它永远比任何形体高贵。

理性与效用以不同方式评判

5.17. 理性评判事物是一种方式，效用（usus）则用另一种方式。理性以真理之光评判，通过正确判断使小的服从大的；而效用往往为便利的习惯所左右，以至将真理定为小的反而判为大的。尽管理性认为，天体大大高于地上形体，但我们这些血气之人，哪一个不是宁愿天上缺更多的星星，也不愿自己的田地里少一棵树苗，或者牲畜中少一头母牛呢？正如成年人对于小孩子的判断或者完全忽视，或者耐心等待，直到这些判断得到纠正——小孩子除了自己喜欢的亲爱之人外，宁愿其他人都死去，也不愿自己养的小鸟死去；如果这人很可怕，而小鸟长得又可爱叫声又好听，那就更是如此了。同样，那些心智成熟，灵魂走向智慧的人，当他们发现对事物作出幼稚判断的人在低级造物——就是更适合他们属肉感官的事物——上赞美上帝，而在更高更好的事上，却不赞美他，或者很少赞美，有的甚至企图指责或修正他，有的则不相信他是那些事物的造主，对于这样一些人的判断，如果不能纠正，那就完全忽视，或者学会心平气和地忍耐和接受，直等到能纠正的时候。

罪不应归咎于上帝

6.18. 果真如此，那么，认为造物的罪过应归责于造主——尽管他

---

① 摩尼教徒。

预知要发生的事必然会发生——是完全不符合真理的，所以，虽然你说过，你不明白在他的造物界必然要发生的事为何不能归责于他，而我却相反，我找不到任何理由——我敢说不可能找到这样的理由，它根本不存在——在他的造物界按着罪人的意志必然要发生的事，为何要归责于他。如果有人说，我宁愿不存在，也不愿不幸地存在，那么我要说：你在说谎。因为你现在就是不幸的，但你并不愿意死，别无他因，只因你愿存在。所以，虽然你不愿意不幸地存在，但你愿意存在。那就为你所愿意的而感恩吧，好叫你所不愿意的，得以除去。你所愿意的是存在，所不愿意的是不幸地存在。如果你不为你所愿意的而感恩，你就会正当地被迫成为你所不愿意的。由此我要赞美这位创造主的仁慈，因为即使你不感恩，你仍拥有你所愿意的；由此我也要赞美这位立法者的公义，因为你不感恩，你就得承受你所不愿意的。

因为意愿以及幸福生活在我们的权能之下

6.19. 如果此人说，我不愿意死，并非因为我宁愿不幸地存在，也不愿完全不存在，而是担心死后会更不幸。那我要回答说：如果这是不公正的，那你不会如此；如果这是公正的，那我们要赞美上帝，因你之如此正是出于他的公正法律。如果他说：我怎么知道如果这是不公的，我就不会如此？我要回答：因为如果你将来在自己的权能之下，你就或者不会不幸，或者管理自己不当因而应当不幸；或者你虽愿意却没有能力正当管理自己，那你就不在自己权能之下，那么你或者不在任何人的权能之下，或者在别人的权能之下。如果你不在任何人的权能之下，那么你的行为或者是违背意愿的，或者是合乎意愿的；但它不可能是违背你的意愿，除非有某种力量支配你；你既不在任何人的权能之下，就不可能有什么力量支配你。如果你意愿将来不在任何人的权能之下，那么推论又回到那个前提，你在自己的权能之下。你或者因不当地管理自己，那么你将理所当然是不幸的；或者不论你意愿将来是什么，都说明你拥有意愿，因此你仍有理由感谢你造主的慈爱。如果你将来不在自己的权能之下，那么你或者在强于你的或者在弱于你的权能之下。如果是在更弱者的权能之下，那该指责的是你自己，你的不幸也是公正的，因为如果你愿意，你原本应是支配更弱者。如果更强者将更弱的你置于其权能之下，那你绝不应认为这种正当安排是不公正的。因此我说得一点没错：如果这是不公正的，你就不会如此；如果是公正的，我们当赞美上帝，因为你将如此正是出于他的公正法律。

存在（esse）是善的

7.20. 如果他说，我之所以宁愿不幸存在，也不愿完全不存在，是因为我现在已经存在；如果在我存在之前有可能向我征求意见，我就会选择宁愿不存在，也不愿不幸地存在。而现在我虽然不幸，仍害怕不存在，这本身就是我不幸的一部分，因此我没有意愿我应当意愿的事。我原本应当意愿不存在，而非意愿不幸地存在。但现在我得承认，我宁愿不幸地存在，也不愿归于虚无；但是，我越是不幸，就越觉得意愿这种生活愚蠢；然而，我越是真切地觉得不应当意愿这种生活，就越是不幸。对此我要回答：在你认为看到真理之处，更要当心陷入错误。如果你是幸福的，你当然宁愿存在而不愿不存在；而如今你虽然不幸，仍然宁愿存在，也不愿根本不存在，尽管你并不意愿不幸。所以请你尽你所能思考，存在本身是多么大的一种善，幸福之人意愿它，不幸之人也意愿它。如果你好好思考这一点，就会看到，你越是不依附于那至高者，你就越不幸；你越是不看那至高者，就越认为某人不存在好过他不幸地存在。因此，你无论如何都意愿存在，因为你的存在出于那至高者。

如果我们意愿，我们意愿存在并且幸福地生活

7.21. 如果你想要避开不幸，就去爱你自身里面的这个意愿本身——你意愿存在。如果你对于存在的意愿越来越强烈，你就会离那最

高存在越来越贴近。所以现在你要因自己存在而感恩。虽然你要低于幸福之人，但你要高于那连幸福意愿也没有的事物，而这些事物中有许多还受到不幸之人的赞美。一切事物，就其存在来说，都是可赞美的，因为就其存在来说，它们都是善的。你越热爱存在，就越希求永生，就越渴望自己的情操得到锤炼和锻造，使其不再贪恋暂时之物，不再属世。一切暂时之物，在存在之前是不存在，在存在之时是一直在消失的，消失了就不再存在。所以，未来之物尚未存在，而过去之物不再存在。这样的事物，开始存在就意味着消失不存在，怎么可能保守它使它留存呢？而凡热爱存在的，是按事物存在的程度爱它的，所以对永恒存在者，倍加热爱。如果他对前者的爱使他摇摆不定，那他对后者的爱使他安然不动；如果他对易逝之物的爱使他分裂，那对永恒之物的爱使他完整，使他坚定，使他拥有存在本身，这正是当他因深陷对易逝之物的贪恋而害怕不存在、无法自立时所盼望、所意愿的。所以，你宁愿不幸也要存在，而不愿因为不幸就不存在，否则你就归于虚无——这一点不应让你感到忧愁，反而应当大大欢喜。如果你以此——意愿存在——为开端，日益追求充实的存在，你就会不断提升自己，并上升到那至高的存在者。这样，你就确保自己避免一切缺失，而任何缺失都会导致低级存在者变为不存在，使爱这种存在之人的精气耗尽毁灭。因此，凡宁愿不存在，也不愿不幸的人，因为不可能不存在，所以只能是不幸的。而爱存在胜过恨不幸地存在的人，通过不断增添他所爱的，来排除他所恨的，因为当他开始按自己的本性完善自己的存在时，他就不会不幸了。

我们不愿意不存在（non esse）

8.22. 你看，所谓的“我宁愿不存在也不愿不幸地存在”，是多么荒谬、不合逻辑！当他说我宁愿这个，不愿那个时，他是在选择某个东西。然而不存在不是某个东西，而是虚无。既然你所选择的东西是不存在的，那你不可能作出了真正的选择。你说你意愿存在，尽管你是不幸的，但你原本不应这样意愿。那么你应当意愿什么？你说，应意愿不存在。如果你应当意愿这个，那它就是更好的；然而它不存在，它就不可能是更好的，所以你不应当意愿这个。你感觉你不能意愿这个，但你以为你应当意愿这个，在我看来，你的感觉比你的想法更接近真理。再者，如果他对应当欲求的对象作出了正确选择，那么当他获得这个对象之后，就必然变得更好；然而，他若选择不存在，那就是变为虚无，不可能更好。因此选择不存在不可能是正确的选择。我们不必为那些被不幸压倒而自杀之人的判断所困扰。或者他们是躲避到了一个自认为更好的地方，若是这样，那不论他们的想法是对是错，都与我们的推论不矛盾；或者他们相信自己死后什么都不是了，那他们选择虚无的这个错误选择更对我们的结论没有影响。试想，如果我问一个人他选择什么，他回答说虚无，那我怎么会认同他的选择呢？因为选择不存在，可以肯定就是选择虚无，尽管他不愿意这样回答。

自杀的人并非意愿不存在

8.23. 如果可能，我就来说说我对这整个问题的看法吧。在我看来，自杀的人或者想以某种方式死去的人，谁也不会认为自己死后真的就不存在了，尽管他偶然会有这样的想法（opinio）。所谓想法，或错或对，总是出于推判或者相信。而感觉（sensus）得力于习惯或者本性。不过，想法与感觉有可能彼此相左，从以下事例可以轻易知道这一点：很多时候我们相信应该做的是一回事，而我们喜欢做的是另一回事。有时候感觉比想法更正确，如果感觉由本性产生，想法则因错误滋生的话，比如有病人感觉喝冰水很舒服，实际上对他也有益，但是他相信如果他喝冰水，将对他有害。有时候想法比感觉更正确，如果他相信医术，认为冰水对他有害，事实也确实有害，但他仍然觉得喝起来令他舒服。有时候两者都是正确，比如某物有益，不仅被相信如此，也给人带来快感。有时候两者都错误，比如某物有害，但人相信它有益，并且乐此不疲。然而，正确的想法往往纠正悖逆的习俗，而错误的想法则败坏正当的本性，理性的支配和统治具有多大的力量。因此，凡是相信死后将不复存在的人，迫于难以忍受的痛苦，产生一心想死的念头，然后决定取死并最终死了。这样的人，他的想法是错误的，以为死了就可以一了百了，但从感觉而言，他对安宁的渴望是合乎本性的。然而所谓的安宁，并不是虚无；相反，它是比不安之物更大的存在。不安使人情绪波动，各种情感彼此摧毁；而安宁使人安定，在这种安宁中我们才能最充分地理解何谓“存在”。因此，欲死之人所求的不是人死后不存在，而是求死后得安宁。所以，他相信自己死后将不存在是错误的，但想要安宁则出于本性，而这乃是更大的存在。正如无人能以不存在为乐，同样，也无人能因自己的存在而不感恩造主的美善。

全善并非使每个事物都成为完美无缺者

9.24. 如果有人说：对于全能的上帝来说，使他所造的一切，不论什么，各得其所，无物经历不幸，应该不是困难或费力的事；他既是全能的，就不可能做不到，既是全善的，不可能不舍得（赐予幸福）。我会回答：造物的秩序已经按公义的等级从最高者到最低者层层排列，说某物不应存在的人才是嫉妒的，说某物应如此存在的人才是吝啬的。因为如果他想要某物像高级者那样，那高级者已经存在，并且已是完全，不必有任何添加。所以，说某物应如此存在的人，或者想要对完全的高级者有所添加，因而必是不当和不义的；或者想要毁灭此物，因而必是邪恶、嫉妒的。而说某物不应如此的人，同样也是邪恶而嫉妒的，因为他不愿意此物存在，但又不得不赞美比它更低的东西。这就好比他说，月亮不应存在，但是他或者必须承认，即使远比月光逊色得多的灯光，在自身类别中也是美的，装点大地的黑暗，提供夜晚的使用，因着这种种，它在自身较低等级中总是可赞美的；或者否认这一点，那就未免显得过于愚蠢或固执了。既然他知道如果他说灯不应存在，必遭人讥笑，那他怎么敢理直气壮地说世上不应有月亮存在呢？如果他不是说月亮不应存在，而是看到太阳的样子，就说月亮应该像太阳一样，那么他没有明白，他说月亮不应存在，无非就是说应该有两个太阳。这样，他就犯了两个错误：一者他想要有第二个太阳，就是企图对事物的完美秩序有所添加；二者他想要去掉月亮，那就是意欲对事物的完美秩序有所减损。

宇宙秩序本身要求

9.25. 这里或许他会说，他根本不是在抱怨月亮，因为月亮的光虽小，却并不因此而不幸；他是在抱怨灵魂，不过不是因它的暗昧，而是为它的不幸而痛苦。那就请他仔细想一想，月亮的光不会不幸，就如太阳的光不会幸福一样。因为它们虽然是天体，但就它们的光属于那可以通过肉眼感知的光而言，它们仍是形体。而任何形体，就其自身来说，既不可能幸，也不可能不幸，尽管它们可能是某个幸福者或不幸者的身体。但是关于日月引出的这个比喻教导我们，当你考察不同形体时，看到有的形体更明亮，就要求把你看到的那个较暗淡的形体除去，或者要求它与那较亮者同等光明，那是不合理的。如果你从整体的完美性来观照万事万物，就会发现，它们之间的光亮大小差异越多，就越有助于万物的存在；唯有当大者呈现，小者不缺时，宇宙的整体才是完美的。同样，当你这样思考各种灵魂的差异时，也会发现，你所痛苦的不幸，也是有益，是那样的灵魂是整体完美所不可或缺的，它们的不幸也是应有的报应，因为它们是自愿成为罪人。所以，绝对不是上帝不应造出这样的灵魂，事实上，他还创造了比这样的灵魂低下得多的其他造物，为此他同样是可赞美的。

灵魂作为灵魂是宇宙秩序必不可少的

9.26. 但是有人似乎不太明白以上所说，认为这是自相矛盾。他说：如果连我们的不幸也是构成整体完美的一部分，那么如果我们永远幸福，就会使这种完美性有所缺失。因此，灵魂若不通过犯罪就不会导致不幸，那我们的罪对上帝所造的宇宙的完美是必不可少的。这样说来，既然若没有罪，他的造物界就不能充分而完全，那么对罪的惩罚怎能是公正的呢？对此可以这样回答：罪或者不幸本身并不是整体完美所必需，灵魂作为灵魂才是必需的；灵魂如果意愿犯罪，它就可以犯罪；如果它犯了罪，就变为不幸。假设有这样的情形：灵魂的罪被除去之后，不幸仍然留存，或者甚至在它犯罪之前就存在不幸，那么真可以说，宇宙整体的秩序和条理被毁形了。再假设一种情形：如果罪发生了，但并没有由之导致不幸，那不公仍会损害整体秩序。而当人因不犯罪而拥有幸福时，整体是完美的；当人因犯罪而变得不幸时，整体依然是完美的。因为各样灵魂都有，有犯罪的灵魂，那结果必是不幸；有行善的灵魂，结果就是幸福，宇宙整体正因为包含种种本性，才是完美的。但是，罪恶与罪罚并不是某种本性，而是本性的情状（affectiones naturarum），前者属于意愿，后者属于惩治。不过，犯罪的意愿是一种丑陋的情状，因而必须对它加以惩治，一方面，以便将它纳入某一秩序，使它的存在本身不再丑陋；另一方面，也迫使它符合宇宙的整体之美，从而对罪的惩罚就补救了罪之丑陋。

即使它们犯罪

9.27. 所以，一个犯罪的高级造物有可能受到低级造物的惩罚，因为这些造物极为低微，甚至连丑恶的灵魂也给它增光添彩（ornari），从而符合宇宙整体的美。一家之中，有什么比人更尊贵，又有什么比阴沟更卑贱的呢？而一个仆人被发现犯罪之后，就会被责罚清理阴沟，真可谓以他的丑陋为阴沟作清洁了（ornat）。于是，这两者，仆人的丑陋和阴沟的清洁，联合起来，构成某种统一体，在家务安排上相辅相成，共同维护这个家庭整体最有序的美。当然，如果这个仆人并不曾有意犯罪，家规中也不会没有其他方法来处理必须的清理工作。万物中最低下的莫过于地上的形体，然而，即使一个犯罪的灵魂，仍可以装饰（ornat）这必朽坏的肉身，使它呈现最俊美的外形和有生命的活动。这样的灵魂，因其犯罪而不适合居住在天上，因其受罚只适合居住在地上。所以，不论它选择什么，宇宙总是由最适宜的部分构成，整体永远是美的，而上帝就是它的创造者和管理者。因为最好的灵魂也居住在最低的身体中，但它们并不是以其不幸来装饰身体，因为它们并无不幸，而是通过使用身体的善来装饰身体。如果让犯罪的灵魂居住在高处，那就是不当了，因为这样的灵魂不适合于高处之物，既不能善用它们，也不能为它们提供任何光彩。

天使不会犯罪因而是幸福的

9.28. 虽然属地的这个区域被视为可朽事物的所在，但它仍然尽其所能地保有较高事物的形象，并一刻不停地为我们显明较高事物的榜样和迹象。比如，如果我们看到某个伟大而善良的人，因顺服命令尽忠尽职，而肉身遭受火焚，那我们不会说这是对罪的惩罚，而会说这是坚毅和忍耐的明证。他的身体各肢遭受如此可怕的焚毁，比起他若不遭受此类苦难，我们爱他更多；我们为之佩服的是，灵魂的本性并未因身体的变化而改变。但是当我们看到一个穷凶极恶的盗贼被执行这类刑罚时，则称赞法律正当。这样看来，这两人都使这苦难生色，不过，一个是因他的美德，一个是因他的罪恶。如果在火烧之前，或者火烧之后，我们能看到这位善人变得适合天上居所，被抬升到星宿之列，我们当然大为欣喜。但是如果看到那个恶盗带着他的邪恶意愿被抬升到天上永恒荣耀的宝座，不论在火刑之前，还是火刑之后，谁不出离愤怒呢？所以，虽然这两人都能装饰低级造物，但只有一人能装饰高级造物。由此告诫我们要注意，身体的这种必死性不仅对始祖亚当有意义，使他的罪有相应的惩罚；而且对我们的主也有意义，使他能借着他的怜悯救我们脱离罪。然而，不同的是，义人有必死的身体而仍能保守公义本身，不义者——当他不义时——却不可能到达圣徒的不朽，就是那种崇高的、天使的不朽。我们所说的天使，不是使徒保罗所说的“岂不知我们要审判天使吗?”① 中的天使，而是主所说的“他们将和天使一样”② 中的天使。③ 那些因其自身的虚荣心想要与天使同等的人，并非愿意自己与天使同等，而是想要天使与他们同等。他们既然存着这样悖逆的意愿，就受到与悖逆天使同等的惩罚，爱自己的权能，而不爱上帝的全能。他们既然没有借着主耶稣基督在自己身上显现的谦卑之门去寻求上帝，反而骄傲自满，毫无怜悯，他们就要被安置在左边，有声音对他们说："离开我，进入那为魔鬼和他的使者所预备的永火里去。”④

我们受魔鬼辖制是正当的

10. 29 罪有两个源头，一个是自己的念头（cogitatio）；另一个是别人的劝诱（persuasio），我想先知所说的就属于这两者，他说：“主啊，求你洁净我隐而未现的过错，求你不容别人的罪辖制我。”⑤ 其实，两者都属于意愿。正如人由自己的念头犯罪，并非自己不愿意，同样，当人同意别人的教唆时，他若不是出于意愿就不可能同意。然而，人若不仅因自己的念头犯罪而没有别人的教唆，而且因嫉妒和阴险教唆别人犯罪，那要比受别人诱惑去犯罪更严重。因而惩罚之主的公义在这两种罪上都得到保存。因为公正的天平已经量好，当人受魔鬼教唆，顺服于他时，人就不能再否认魔鬼本身的权势。如果魔鬼掳掠了人，而人却不受其辖制，那就不公正了。然而，至高至真上帝的完美公义无所不及，绝

① 《哥林多前书》第六章第 3 节。

② 《路加福音》第二十章第 36 节。

③ 亦参见《马太福音》第二十二章第 30 节：“当复活的时候，人也不娶，也不嫁，乃像天上的使者一样。”

④ 《马太福音》第二十五章第 41 节。

⑤ 参见《诗篇》十八篇第 13—14 节。

不会放弃那些因罪败坏、需要归正的罪人。因为人犯罪比魔鬼轻，所以把人交在这世界——宇宙中必朽的最低的部分——的元首手中，也就是一切罪恶之王和死亡之王手中，直到肉身朽坏之时，这样处理本身有助于使人重获救恩。这样，意识到自己是必死的，人就产生畏惧，害怕凶恶、低级甚至最小的动物伤害，害怕死亡，他就渐渐学会克制不法享乐，尤其要粉碎骄傲，它不仅诱导人毁灭，也是使人拒斥怜悯之药的唯一恶习。还有谁比不幸之人更需要怜悯呢？又有谁比骄傲的不幸之人更不配怜悯呢？

道为我们成了肉身

10.30. 由此，上帝的道——万物都是借着他造的，天使的整个幸福都在他里面——向我们的不幸伸出他怜悯之手，这道成了肉身，住在我们中间。于是，人虽未与天使同等，但如果这天使之粮本身[①]屈尊与人同等，人也就可以吃这天使之粮了。他这样降下与我们同等时，并没有离弃天使，而是既完整地与他们同在，也完整地与我们同在。他以他的神性（id quod Deus est）内在地喂养天使，又以他的人性（id quod nos sumus）外在地训导我们，使我们借着信心能像天使一样，得到他“真容”（speciem）的喂养。[②] 因为理性造物得到这道喂养，就如得到最好的食粮；而人的灵魂是理性的，它因罪受到惩罚，受缚于必死性这一桎梏，降到低处，只能通过对可见事物的推测，费力地理解不可见之物。[③] 于是，理性造物的食粮就成了可见的形象，但不是通过他自己本性的改变，而是披上了我们的本性，好叫那追求可见之物的人回到

---

① “天使的粮”即基督。

② 借着信心我们最终能得到幸福异象（Beatific Vision），这是喂养天使的粮，也是我们学会赖以为生的粮。

③ 参见《罗马书》第一章第20节：“上帝的……是明明可知的，虽是眼不能见，但借着所造之物就可以晓得。”亦见《希伯来书》第十一章第1节：“信就是所望之事的实底，是未见之事的确据。”

他这个不可见的道里面。这样，灵魂原本因内在的骄傲而离弃了他，如今发现他外在的谦卑，就效仿他可见的谦卑，得以回到他不可见的高处。

他救我们脱离魔鬼的奴役是正义的

10.31. 上帝的道，上帝独生的儿子，始终使魔鬼服在他的律法之下，过去如此，将来也如此；他披戴了人性之后，甚至也使魔鬼服在人性之下。他不是靠暴力剥夺魔鬼的任何权柄，而是靠公义之法胜过魔鬼。由于魔鬼诱骗了女人（夏娃），又通过女人使男人（亚当）堕落，他就将始祖的所有后裔，好像罪人一般，交给死亡之律，这诚然是出于他恶毒的害人欲望，但也是最公正的法律许可的。他的权势一直横行，直到杀死那位大义者[①]——在他里面，他无法找到任何该死的理由，不仅因为他毫无罪行而被处死，而且因为他生来毫无情欲。魔鬼将他所掳的人归在这情欲之下，这样，凡从这情欲所生的，就好像他自己树上的果子为其所用，这诚然是出于他扭曲的占有欲，但也是出于并非不公正的所有权。所以，魔鬼虽然大不义地杀害了大义者，却不得不释放大义者的信徒，这是完全合乎正义的，好叫信他的人在时间中死了，就偿还了债，永生时，就活在他里面，就是那位自己不欠债，却替他们还了债的大义者。而那些听从魔鬼，不信到底的人，魔鬼理应拥有，与他一同遭受永罚。于是，把人从魔鬼手下夺回不是通过暴力，因为魔鬼掳掠人原也不是通过暴力，而是通过劝诱。人既认同魔鬼作恶，就变得卑贱，服役于魔鬼，这是公正的；同样，当他认同救主行善，就借此得以解放，这也是公正的。因为人认同作恶，比起魔鬼教唆作恶，罪行要轻些。

① “大义者”即基督。

灵魂或者不犯罪

11.32. 因此，上帝创造了一切本性，不仅创造那些将持守美德和公义的本性，而且创造那些将犯罪的本性；不是为了让他们犯罪，而是为了装点宇宙整体，不论他们是否意愿犯罪。有一些灵魂，在宇宙造物的秩序中占据顶端的重要位置，如果它们意愿犯罪，那宇宙整体就会削弱甚至毁灭，所以，如果没有这样的灵魂，造物界就会失去某些重大之物，而失去这样的事物，万物的稳定性和内在关联就会遭受破坏。这些灵魂是最好的造物，圣洁而高尚，拥有天上或高天之上的权能，只听命于上帝，而整个世界服从于他们；没有他们履行其公正而完美的职分，就不可能有宇宙整体存在。[①] 还有些灵魂，如果缺少它们，不论其犯罪还是不犯罪，宇宙秩序都不会减损，但即便如此，缺少它们就缺少了重要一环。因为这些灵魂也是理性的，虽然在职分不能与那些高级灵魂相提并论，但本性上是同等的。还有很多比它们低的事物，然而，至高上帝创造的这些不同等次都是值得赞美的。

灵魂或者犯罪

11.33. 因此，职分较高的本性是这样的事物，不要说它不存在，即便它犯罪，也会减损宇宙大全的秩序。而职分较低的本性，如果它不存在，也会对宇宙整体有所损害，但若犯罪，却并不影响。前者被赐予维系其职分的所有权能，这职分是万物秩序所不可或缺的。它并不是因为领受了职分，所以能坚守自己的善良意志；相反，因为那赐它职分的

---

① 《歌罗西书》第一章16节提到天使等级，《以弗所书》第一章21节也有暗示。奥古斯丁在《〈创世记〉字疏》8.24—45描绘了天使在宇宙中的功能，但在另外地方他坦承对这个等级没有充分阐述："我非常坚定地相信在天国里有有位的、主治的、执政的、掌权的，我也毫不动摇地相信他们彼此有别；但是……我不知道他们究竟如何，不知道他们如何分别"（*Against the Followers of Priscillian* II. 14；*Enchiridion* 15. 58）。

上帝预见到它能持守善良意志，所以它才领受职分。它维系万物不是凭着自己的权威，而是依附于上帝的权威，忠心耿耿地服从上帝的命令，因为万物都是本于他，依靠他，归于他（罗 11：36）。而较低本性，只要不犯罪，也被赐予维系万物的重要职分，但这职分不是它独有的，而是与较高本性共有的，因为上帝已预知它会犯罪。事实上，属灵本性（spiritualia）有这样的特征，联合起来并无增益，分离开来也无减损；所以，当较低者与它联合时，对它行动的便捷并无帮助，当较低者因犯罪离弃自己的职责时，它的行动也并不因此变得困难。灵性造物虽然可能有自己的身体，但是它们的结合是因着性情的相投，分离是因着性情的相异，而不是通过身体的位置和体积。

都包含某种完美

11. 34. 灵魂犯罪之后，被安排到低级并必死的身体之中，不是按其自己的判断管理身体，而是按宇宙法则管理。但这样的灵魂并不因此就比天上的形体低级，尽管天上形体管辖地上形体。显然，受罚奴仆的褴褛衣衫大大逊色于工作出色、为主人所重视之奴仆的服饰，然而，奴仆本身好于任何昂贵的服饰，因为他是人。因此，那较高灵魂，依附于上帝，居住在天体，拥有天使的权能，按照上帝的命令——它以不可言喻的方式看到上帝的旨意——装备并管理地上形体。而低级灵魂，由于为必朽的肢体所累，很难内在地管理这个自己受其压迫的身体，然而它也尽其所能地装备身体；而对于它与之接触的其他外在形体，也尽它所能外在地影响它们，但这种作用就要低得多了。

符合万物之秩序

12. 35. 由此我们可以得出这样的结论，即使较低灵魂当初没有意愿犯罪，最低有形造物中也不会缺乏最合宜的装饰。凡能治理全体的，也能治理部分；但能管理较小者的，并不必然就能管理较大者。一个高明的医生能有效治愈皮肤癣疥，但并不能由此推出，凡是知道如何有效治疗癣疥的人，都能医治人的各种疾病。实际上，如果可以考虑某种理由，以此表明必然有某类造物从来不曾犯罪，也不会犯罪，那么这种理由也会表明，这类造物不犯罪是出于自由意志，也就是说，它并非被迫不犯罪，而是自愿不犯罪。即使它犯罪——尽管它并没有犯罪，正如上帝预知它不会犯罪那样——但不妨假设它犯罪，上帝那不可言喻的大能也完全能够管理宇宙整体，使万物各得其所，而不会允许他的整个王国有任何不宜和不雅之事存在。因为这里只有两种可能，或者，即使每个天使都违背他的诫命作恶犯罪，他仍然可以凭自己的权威以最美最好的方式管理万物，不必依靠任何他为此目的而创造的权能；即便如此，他也不会心生嫉恨，以至不让属灵造物存在。因为他甚至创造了比犯罪天使低得多的形体，当人透过理性凝视天空大地，看到每类可见造物各从其类的规整、有度、秩序井然，谁能不相信惟有上帝才是创造万物的大工匠，谁能不承认上帝应受不可言喻的赞美。或者，若不是天使因其本性的优秀和意志的善良，以其卓越的权能统率宇宙秩序，万物就没有更好的，即使所有天使都犯了罪，也不会导致创造天使的造主缺乏管理他自己王国的方法。因为上帝是全善的，他不会以创造其他天使为乏味之事，他又是全能的，不可能以此事为难事，他创造其他天使来取代那些因犯罪而离弃的位置。属灵造物，不论有多少因自己的罪过而受到惩罚，都不会损坏这个秩序，它已经为一切受罚者安排了恰如其分的位置。所以，不论我们考虑到哪一种可能性，都可以发现上帝该受不可言喻的赞美，他是一切本性最好的创造者，最公正的管理者。

每种本性都是善

12. 36. 最后，我们就留给那些得赐能力可以看见事物之美的人去沉思这美吧，但不要试图用言语诱导他们去看无法言喻的事物。然而，考虑到有些饶舌的、软弱的、阴险的人，我们还是对如此重大的问题极其简略地考察一下。

每种本性都是善（续）

13.36. 每一个能变为小善的本性，都是善的；每一个本性当它被败坏时，都变成了小善。或者，败坏没有伤害它，它就未被败坏；或者它被败坏了，败坏就伤害了它。如果败坏伤害了它，它的善有所减损，它就成了小善。如果它失去了所有的善，不论它还剩下什么，它都不可能被败坏；因为没有任何善可以夺走，败坏不能伤害它。败坏不能伤害它，它就是不能被败坏。再者，凡是不能被败坏的，就是不可败坏的，那么，一个本性因遭败坏而成为不可败坏的，然这是极为荒谬的。因此真实的说法是，每个本性就其是本性而言，是善的。因为如果它是不可败坏的，那它优于可败坏的；如果它是可败坏的，由于当它被败坏时，变为小善，所以毫无疑问它是善的。然而每个本性或者是可败坏的，或者是不可败坏的。因而每个本性是善的，我这里所说的本性（natura），通常称为实体（substantia）。因而，每个实体或者是上帝，或者出于上帝，因为凡是善的，或者是上帝，或者出于上帝。

我们受指责就是对上帝的赞美

13.37. 在我们推论之初先牢固地确立这些论断，然后注意我以下所说。每个理性本性，被造时都赋予自由选择的意志，如果它始终安心享有至高的不变的善，那它毫无疑问应受赞美；凡是努力坚守不变之善的，也是该赞美的。但凡不坚守，也不愿意努力坚守的，就其不守此善，就其不努力作为以守此善而言，该受指责。所以，如果说那被创造的理性本性受到赞美，那么谁会怀疑那创造者应受赞美；如果它受到指责，那也无人怀疑它的创造主指责它这一点也是应赞美的。我们之所以指责它，乃因为他不愿意享有那至高而不变的善，也就是它的造主，也就是说当我们指责这个造物时，我们毫无疑问就是在赞美造主。万物之造主上帝是何等的善，每一个口舌，每一个心灵，都当以无以言喻的语言和思想赞美并荣耀他，无论我们受赞美还是被指责，总是对他的赞美。我们之所以因不保守在他里面而受指责，岂不是因为保守在他里面就是我们最大的、最高的、首要的善吗？而之所以如此，岂不是因为他就是不可言喻之善吗？既然对我们罪过的任何一点指责，无不是对他的赞美，那在我们的罪中能找到什么理由，使他受指责呢？

被自己的缺陷败坏的本性应受指责

13.38. 就那些被指责的事物来说，其受指责的若不是缺陷，还会是什么呢？而如果它的本性不是可赞美的，它的缺陷怎么会受指责呢？事实上，你所指责的，或者是合乎本性的，或者是缺陷。如果是合乎本性的，那它就不是缺陷，该纠正的就不是你所不当指责的事物，而是你自己，要学会如何正当地指责。如果是缺陷，那你的指责是正当的，它也必然是悖逆本性的。任何一种缺陷，就其是缺陷而言，都是逆性的。如果它不损伤本性，那它不是缺陷；如果因为它损伤本性因而是缺陷，那它也因悖逆本性而是缺陷。如果它不是被自己的缺陷败坏，而是被另一本性的缺陷败坏，那它受指责是不公正的；对此我们需要探讨，一个本性，如果可以被另一本性的缺陷败坏，那它是否被自己的缺陷败坏。所谓败坏，若不是指被缺陷毁坏，还有其他含义吗？而一个不被毁坏的本性，就是没有缺陷的本性；但以其缺陷使另一本性败坏的本性，其自身有缺陷。因此，这样的本性，先是自身有缺陷，并且先以自己的缺陷使自己败坏，然后也可以其缺陷使另一本性败坏。由此可见，每个缺陷都是悖逆本性的，而且是悖逆有缺陷之事物的本性。这样，既然在任何事物中，若不是缺陷，就不会受指责，而缺陷之为缺陷，是因为违背包含缺陷之事物的本性，因而，若不是该事物的本性是可赞美的，就没有事物的缺陷应受指责。若不是缺陷毁坏了本性中使你喜欢的东西，缺陷中也就没有什么使你不厌恶的东西。

没有本性是被其他本性之缺陷败坏的

14.39. 我们还应该看看这种说法是否正确：某种本性被另一本性的缺陷败坏，与它自身的缺陷没有任何关系。如果一本性带着它的缺陷前去败坏另一本性，但在另一本性中没有找到任何可败坏的东西，那它不能败坏它。如果找到了可败坏的东西，就联合它自己的缺陷导致另一本性的败坏。因为如果较强者不愿意被较弱者败坏，它就不被败坏；如果它愿意，那与其说它被他者败坏，不如说先被自己的缺陷败坏了。如果两者同等，一者不愿意被另一者败坏，它也不会败坏。因为任何一个有缺陷的本性，如果接近另一个没有缺陷的本性，企图败坏后者，那么两者已经不是同等者，前者因其有缺陷，已是较弱者。如果较强者败坏较弱者，那么或者因两者各自的缺陷——如果两者都出于自己的贪念；或者因强者的缺陷——如果较强者的本性虽有缺陷，仍然胜过它所败坏的较弱者的本性。谁能正当地指责地上出产的果实呢？因为是被自己的缺陷败坏的人没有善用它们，而将它们滥用于奢靡的生活；然而，人的本性即使有缺陷，也比没有缺陷的果实更优越、更强大，怀疑这一点岂非失常？

某些败坏并非缺陷

14.40. 也有可能出现这样的情形，某个较强本性败坏了较弱本性，但不是通过各自的缺陷实现的，如果我们所说的缺陷是指该受指责的东西。然而，谁敢指责一个对果实别无他求，只求本性所需的节俭之人，或者因为果实被他用作食物消耗了（corrumpuntur）而指责这些果实本身呢？因为我们习惯所说的“败坏”不是指这一类事，所谓败坏通常专指“缺陷”（vitium）。我们可以很容易在世事中注意到，较强本性败坏较弱本性，一般并不是用来满足自己的需要，而是出于两种情形，或者是依据正义秩序处置不法，使徒正是依据这样的法则说：“若有人毁坏上帝的殿，上帝必要毁坏那人。”（林前 3：17）或者是依据可变之事的秩序，互让互利，而这是遵照那为宇宙各部分之所长而设置的最合宜的法则。比如，如果某人的眼睛因其自身的软弱，不能接受强光，而被太阳的光亮所毁损，那就不能说太阳为了满足自己之光的需要而改变了眼睛，或者太阳因自己的某种缺陷而这样做；也不能说眼睛本身是该指责的，因为它屈从自己的主人，对着强光睁开，并屈从于强光，导致自己受损。因此，在所有败坏（毁损）中，唯有那种因缺陷而导致的败坏才能正当指责，其他的，或者不能称之为败坏，或者因为不是缺陷所致，不该受到指责。所谓指责（vituperatio），按照词源来看，是专门为缺陷而设的（vitio parata），即适用于或专用于缺陷。

缺陷受指责，本性得赞美

14.41. 而缺陷，如我刚开始时所说，之所以是恶，不是别的原因，只是因为它违背包含这种缺陷之事物的本性。由此很显然，这同一个事物，它的缺陷可指责，而它的本性则可赞美。因此我们得承认，对缺陷的指责正是对本性——对它的缺陷加以指责——的赞美。因为缺陷违背本性，所以缺陷越减损本性的完整性，其邪恶程度就越深。因此，当你指责缺陷时，你显然就是在赞美你所渴望之物的完整性。而你所渴望之物的完整性，若不是本性的完整性，还会是何物呢？因为一个完全的本性，不仅不该受任何指责，而且在各自的类别里该受赞美。因此，当你看到一本性有不完全之处，你就称之为缺陷，这足以表明你喜悦这本性，它有不完全时你就加以指责，以希求它的完全。

善恶出于意志（15，42 — 22，65）

暂时之物必然衰微消逝

15.42. 如果说对缺陷本身——此缺陷乃本性之缺陷——的指责就

是对本性之优美与尊荣的赞美，更何况一切本性之创造者上帝呢，即便是因这些缺陷，他也该备受赞美。因为它们之为本性乃是从上帝所得。它们越是离弃上帝创造它们的法则（ars），就越显出其缺陷；指责它们的人越是看见他造它们的法则，它们就越应受到指责，指责者之所以指责它们，正是因为在它们身上看不见这法则！如果万物借之被造的这法则本身，也就是上帝至高、不变的智慧，真实至上地存在着——事实上确实如此——那请想一想，凡是离弃它的事物，会奔向哪里！然而，缺陷若不是出自意愿，就不应受到指责。请你想一想，那所以如此是因为应该（debuit）如此的，你是否能正当指责它？我想不能；那应该如此却没有如此的，你才能正当指责。而人如果没有接受，就不会有亏欠（debet）；凡有亏欠的，若不是亏欠那从其有所接受而应当归还的，还能亏欠谁呢？比如那通过遗赠接受的东西，就要归还给遗赠的人；归还给合法债权继承人的，就是归还给那合法继承了权利的人。否则就不是归还（redditio），而是让与（cessio）或者放弃（amissio）或者其他诸如此类的名称。因此，一切安排在这个世事秩序中的暂时之物，总要消逝而去，使将来之物能相继而来，这样，时间中的各类事物才能呈现整体之美。如果我们说它们不应消逝，那就太荒唐了。它们接受多少，就作为多少，也按它们的存在程度，为各自的存在向债主归还多少。如果有人哀伤它们的消逝，那请他务必留意自己的言说，就是他哀叹这些事所说的话，他是否认为这些话是正当的，是出于审慎之德。他所说的话通过声音发出来，如果有人钟爱其中的一小部分，不愿意这一部分消逝，让位给其他部分，使前后相继发出的各部分声音构成一个完整的言说，那他必会被认定为疯狂到令人发指了。

所欠的债必须偿还

15.43. 因此，就那些总将消逝的事物来说，因其所接受的就是有限存在，以便全体事物都能在各自的时间中实现自己，所以指责它们的消逝是不当的。没有人能说某事物应该一直存在，因为任何事物不可能超越它所接受的限定。而在理性造物——不论犯罪的，还是未犯罪的，宇宙整体的美都在他们中以最适宜的方式得以成就——中，或者没有罪，这样说是很荒唐的，因为至少那个把不是罪的定为罪的人，犯了罪；或者有罪但不应指责，这样说同样也是荒唐的，因为这样的话，不当行为就开始受称赞，人心的整个意向就会混乱，生命也就颠覆了。或者理所当然的事受到指责，那就是可恶的疯狂了，说得轻一点，也会导致极其不幸的错误。或者按最真实理性的要求，说罪应受指责，凡是受到正当指责的，其之所以受指责，是因为它应当如此却没有如此。你问染罪的本性欠缺什么，你发现它欠缺正当行为；你又问它亏欠谁，你发现它亏欠上帝。因为它从上帝接受了这样的能力：只要它愿意，就能行正当之事；它也从上帝接受了这样的选项：不行善就不幸，行善就幸福。

对于亏欠的，或者归还，或者忍受

15.44. 因为无人能越过全能造主的法律，所以灵魂不得不偿还所欠的债务。它或者通过善用所接受之物来偿还，或者通过丧失其不愿善用之物来偿还。于是，如果它不以行正当之事来偿还，就要以忍受不幸来偿还；因为这两种情形都适用“应该、债务”（debitum）这个词。其实，这里所说的也可以用以下说法来说：如果它不以行应行之事来偿还，就要以忍受应行之事来偿还。不过，这两者之间并没有时间上的间隔，并不是不行该行之事发生在一个时间，而忍受该行之事发生在另一时间，不然，宇宙整体之美就会在某个时间点毁损，因为只显出罪的丑陋，却看不到报应之荣美。但是一切应受的报应，如今极其隐秘，到将来审判的时候，都要一一显明出来，并使其感受切肤之不幸。正如一个人不是醒着的，就是睡着的；同样，凡是不行应行之事的人，就必遭受应行之事的报应，因为公义之福大力无边，凡是离弃这幸福的，就必陷入不幸。因此，就受造物的一切缺陷来说，或者它们接受的只是有缺陷的有限存在，那就无可指责；正如当它们存在时，因为所接受的没有多于它们自身的存在，因而仍然是无可指责；或者它们不愿意存在，而这存在，只要它们愿意，就能接受；那么因为这存在是善的，所以如果它们不愿意接受，那就是过犯。

上帝对我们无所亏欠……

16.45. 然而，上帝不欠任何人任何东西，因为他供应的一切都是白送的。如果有人说，上帝对自己的功德有所亏欠，那么可以肯定，他之存在，绝不是欠他的。因为若欠他存在，那他就还不存在。然而，你既从上帝得存在，那转向使你存在的上帝，使你从他得更好的存在，这算什么功德？你事先向他支付了什么，使你能为之索还？你若不愿意归向他，对他毫无损伤，而你却失去他；没有他，你就是虚无，并且你从他接受自己的存在，你若不归向他，偿还从他接受存在所欠的债，那么你纵然不会是虚无，也会陷入不幸。因此，一切受造之物都亏欠他，首先，不论它们是什么，就其拥有本性而言，都从他而来；其次，只要它们愿意，就可以成为更好的，它们所领受的这种意愿，是上帝的恩赐；再者，它们应该成为的存在，也是出于上帝。由此看来，就不曾领受的事来说，没有人对之有罪责；但不做该做的事，那说他有罪是公正的。人既领受了自由意志，又领受了足够的能力，那他就有责任了（debet）。

不论我们是什么，犯罪还是不犯罪

16.46. 然而，当人不行他该行的，造主并无任何罪责，反而应受赞美，因为人遭受他该受的；人之所以被指责不行该行的，无非是为了赞美他欠债的那位主。如果你因看出你应做什么而受到称赞——尽管你若不是在那自身就是不变真理的那位里面，就不能看出——那上帝岂不更应受到大大赞美，正是他赐给你意志，赏给你能力，并且不允许你拒绝它而不受责罚！若说人领受什么，就亏欠什么，而人之被造，犯罪是必然的，那么他犯罪是应该的。因而当他犯罪时，他是在做他应做的事。如果这样的说法很荒谬，那只能说没有谁的本性迫使他犯罪；别人的本性也不会迫使他犯罪。因为当人遭受他所不愿意的事时，他并没有犯罪。如果他是正当遭受，那他在他所不情愿遭受的事上没有犯罪，他只可能在他愿意做的事上犯罪，从而他遭受他所不愿遭受的事是公正的。而如果他所遭受的是不公正的，那怎么能说他犯罪呢？所谓犯罪，不是指他不公正地遭受了什么，而是指他不公正地做了什么。既然人犯罪不是自己的本性迫使，也不是别人的本性迫使，那便剩下一种可能：人犯罪是出于自己的意志。如果你想要把罪归于造主，那你就要为罪人开脱罪责，说他只是服从造主的规定。如果这样的辩护被证明是正当的，那他就不曾犯罪，因而也就没有罪可归咎于造主。所以，如果罪人能被证明无罪，我们应赞美造主；如果不能，也应赞美造主。因为如果对罪人的辩护有效，那他就不是罪人，因而你应赞美造主；如果为罪人的辩护不能成立，那么人越是背离造主，他就越是有罪，由此你也要赞美造主。因此我没有找到任何理由可以将我们的罪归咎于我们的造主上帝，我敢说也不可能找到，因为根本不存在这样的理由；我倒发现，即使在我们的罪本身中，他也是可赞美的，不仅因为他惩罚罪，而且因为这些罪的产生就在于离弃他的真理。

埃：我非常乐意接受你所说的，也完全赞同。我承认这是完全正确的，我们的罪绝不可能正当地归于我们的造主。

上帝预知我们要犯罪

17.47. 不过，如果可能，我还是想知道，为何上帝预知这个本性不会犯罪，它就不犯罪；而预知那个本性要犯罪，它就犯罪。现在我已经知道，不是上帝的预知迫使那个犯罪，这个不犯罪。但是，如果没有原因，理性造物就不会如此分别，有的从不犯罪，有的怙恶不悛，有的则介于两者之间，时而犯罪，时而又回来行正当之事。究竟是什么原因把他们分为这样三类呢？你不要回答我是因为意志，因为我正要寻求意志本身的原因是什么。有的不意愿犯罪，有的意愿犯罪，有的时而意愿，时而又不意愿，而所有这些意志都同样是意志，那就绝不会没有原因。不过，我只看到，理性造物中的意志分为这样三类不会没有原因，至于原因究竟是什么，我就不知道了。

回答：恶之根源

17.48. 奥：我们已证明意志是犯罪的原因，然而你要追问意志的原因是什么；如果我认为可以找到这样的原因，你岂不又会继续问，这已经找到的原因之原因是什么？这样，追问的界限在哪里？探讨和考察的终点在哪里呢？找到了根源，你就不应再追问了。你要当心，不要以为还有什么比经上所说的话更真实，它说："贪婪是万恶之根"（提前6：10），也就是说，足够之后还想要更多。所谓足够，就是一本性在自己类别里自我保存所需要的。而贪婪（avaritia），希腊语称为 philarguria，原意为贪恋银子（argentum），因为古代的钱币通常由银子或合银所铸，但是贪婪不能只理解为对银子或钱币的贪求，而要理解为对一切事物的过分欲求，即人所求超过足够这个适度，就是贪婪。这种贪婪便是贪欲（cupiditas），而贪欲就是邪恶的意志（improba voluntas）。所以，这个邪恶意志就是万恶之因。如果意志是顺乎本性的，那它总是保存本性，而非危害本性的，因而不会是邪恶的。由此可知，万恶之根必然不是顺乎本性的。这就足以反驳所有想要指责本性的人。然而，如果你追问这根源的原因是什么（它若还有原因），那它怎么会是万恶之根呢？即使你找到它的原因，那这原因即是万恶之根，但如我所说，你又会寻求这万恶之根的原因，那你的追问就没有限度了。

就是意志本身

17.49. 再说，什么东西能在意志之先成为意志的原因呢？它或者是意志本身，若这样，那就没有离开那个意志之根；或者不是意志，若这样，那意志就没有什么罪。所以，或者犯罪的最初原因就是意志本身，或者犯罪的最初原因没有任何罪。罪若不归咎于犯罪者就不是公正的，因此，罪若不归咎于意愿犯罪者，就不是公正的。但是我不知道你为何还要找另外的原因。最后，不论那意志的原因是什么，它或者是公正的，或者是不公正的。如果是公正的，那凡服从它的，就不会犯罪；或是不公正的，那就不要服从它，这样也不会犯罪。

因此我们可以不犯罪

18.50. 或者有强力迫使人违背自己的意愿呢？同样的事我们得重复多少遍呢？总该记得我们前面关于罪和自由意志讨论了多长时间！如果把所有内容都记住太费力，那就记住以下这个最简洁的要点：不论意志的原因是什么，如果它是不能抵挡的，那么顺服它就没有罪；如果可以抵挡，那就不要顺服它，这样也就不会犯罪。又或者它趁人不设防时诱使他犯罪呢？那就要十分小心了，免得被诱跌倒。或者这诱惑实在太大，人再小心也无法提防呢？若是这样，那就无罪之有。因为在无论如何都无法提防的事上，怎么能说人犯罪呢？然而，人犯了罪，所以他必是可以提防的。

通过对罪的惩罚

18.51. 然而，甚至一些无知的行为也受到谴责，被判要加以纠正，就如我们在《圣经》里读到的，使徒说："我蒙了怜悯，因我是不明白（无知）的时候而作的。"（提前 1：13）先知也说："求你不要记念我幼年的罪愆（无知）和我的过犯。"（诗 25：7）甚至有些必然的事，即人想要行善，却无法行时，也受谴责。所以《圣经》上有这样的说法："我所愿意的善，我反不作；我所不愿意的恶，我倒去作。"（罗7：19）"立志为善由得我，只是行出来由不得我。"（罗7：18）"情欲和圣灵相争，圣灵和情欲相争，这两个是彼此相敌，使你们不能作所愿意作的。"（加5：17）这些话都出自那些经历了死荫的人之口。如果这些情状不是对人的惩罚，而是人的本性，那它们就不是罪。因为如果人被造时的本性如此，不能逃离，以至他不可能变得更好，那么他所做的就是他应做的，即使他做这些（恶行）。然而，如果人原本是善的，那情形就不是这样了。但如今真实的情形是，人不是善的，而且也没有能力成为善的；这或者因为他不知道应如何行，或者知道却没有能力去做他知道应做的事。谁会怀疑这就是惩罚呢？一切惩罚，如果是公正的，就是对罪的惩罚，就称之为罪罚（supplicium）。如果惩罚是不公正的，但没有质疑它是惩罚，那就是某种不义的权力强加给人的。再者，因为怀疑上帝的全能和公义，实属疯狂，因此这种惩罚是公正的，是针对某罪而施与的。因为没有哪个不义的统治者能篡夺对人的统治权而不让上帝知道，或者通过恐吓、苦刑强迫人违背自己的意愿而上帝无力干涉，从而使人遭受不义的惩罚。因而剩下的唯一可能是，这惩罚是公正的，是人被定罪的结果。

我们屈从于无知和无能

18.52. 不必奇怪，人或者由于无知，不拥有意志的自由选择能力，无法选择正当行为，或者由于肉身习性的阻碍——这种习性因着世袭的力量而几乎是自然生长的——知道应行正当之事，也愿意行，却没有能力去行。这就是对罪的最公正惩罚：原本只要他愿意，就可以毫无困难地使用的东西，由于他不愿意善用，那就失去了。也就是说，人若知道善却不行善，就失去"知道何为善"的能力；人若在能行善时不愿意行，那到愿意时就连行善的能力也丧失了。确实，所有犯罪的灵魂都遭受两种惩罚：无知和无能。因无知，灵魂误入歧途，蒙受羞耻；因无能，它遭受痛苦，备受折磨。然而，以假为真，无可奈何地走上歧路，又因肉身桎梏的妨碍和折磨，无法克制情欲活动，这些并非人被造时的本性，而是被定罪后的惩罚。然而，当我们说到行善的自由意志时，我们显然是说人被造时所拥有的自由意志。

我们靠着上帝的恩典制服它们

19.53. 这里遇到一个问题，是那些犯罪时总是找各种借口、惟独不责怪自己的人，常常嘟嘟哝哝地提出来彼此空嚼舌头。他们说："假如亚当和夏娃犯了罪，我们这些可怜的人又做了什么，致使我们生在无知的盲目和无能的痛苦之中呢？先是不知道该做什么，以至误入歧途；然后，当公义的命令向我们展现，我们愿意遵行时，却被肉欲的某种必然性所阻，不知为何，又无能为力了。"为了让这些人安静下来，不再抱怨上帝，我们简洁回答如下：如果从来没有一个人战胜错谬和情欲，那他们这样抱怨或许还情有可原；然而确有这样一位无处不在，借着尊他为主的受造物，以各种方式呼召离开他的人，教导相信他的人，安慰仰望他的人，劝勉爱他的人，帮助努力的人，垂听祷告的人；你被视为有罪，并不是因为你所不情愿的无知，而是因为你不去求知你的无知；你受责备不是因为你没有看好受伤的肢体，而是因为你鄙弃愿意医治你的主，这些才是你自己的罪。没有人会被夺去求知的能力——去探求那些知道对其有益，无知对其有害的事物；但每个人都应谦卑地承认自己的软弱，好叫他在求知并承认时得到上帝的帮助，上帝的帮助绝不出错，也不疲乏。

有了罪的惩罚后

19.54. 人因无知未做正当之事，又在愿意行正当之事时无能为力，这些称之为罪，之所以为罪，原因在于它们源于那一次的自由意志犯罪（原罪），后来的罪正是那第一次罪的结果。正如我们所称的“舌头、语言”（linguam），不只是指我们说话时口腔里转动的器官，也指这种器官转动所产生的结果，即话语的形式和语法结构，由此我们把有的语言称为希腊语，有的称为拉丁语。同样，我们所说的罪，不只是指罪的本意，即出于自由意志明知故犯的罪，而且指由对这种罪的惩罚必然导致的结果。我们也以同样的方式使用本性一词，一方面，指它的本意，即人的本性，特指最初被造为人时无可指责的本性；另一方面，由于先祖被定罪受惩罚，我们生来就在必朽、无知、受制于肉欲的本性之中；正是在这个意义上，使徒说：“我们本为可怒之子，和别人一样。”（弗2：3）

从始祖传下的

20.55. 至高上帝统治万物，他喜悦最公正的安排，因而，叫我们从那对始祖而生，带着无知，带着无能，因为他们犯了罪，坠入错谬、苦痛和死亡之中，好叫上帝惩罚的公义在人最初降生时就显明，也叫他救赎的怜悯在人类进程中得以显明。因为始祖并没有因为被定罪而完全丧失福祉，以致连生殖能力也尽失；他仍能借着自己的后裔——尽管是属肉的、必朽的——成就自己独特的优美，为大地增光添彩。不过，若说他生育的后代比他自己更好，那就不公道了。然而，如果人愿意皈依上帝，从而胜过因起源时始祖背离上帝而应受的惩罚，那么他不仅不应受到阻挡，而且应得帮助。这样，万物之造主就表明，既然始祖的后裔都能胜过与生俱来的境状，那么他只要愿意，完全能够轻而易举地保守他被造时所赐予的本性！

灵魂或者是一次性被造或者是分别被造

20.56. 再者，如果是一个灵魂被造，所有出生之人的灵魂都从这个灵魂产生，那谁能说，那第一人犯了罪，他自己却没有犯罪呢？然而，如果是每个灵魂在出生时单独被造，那么前人的恶果决定后人的本性，后人的善果恢复前人的本性，这种说法不但不算背理，反倒显得十分恰当、完全合乎秩序呢。因为造主若是想要表明，灵魂的尊荣大大超越于一切有形造物，以至一个灵魂可以从另一个灵魂堕落之处升起，这有什么不恰当的呢？当犯罪的灵魂坠入无知和无能之中，就被正当地称为惩罚，因为在惩罚之前，它的状态原本好于现在。因此，假设一个灵魂不仅在犯罪之前，甚至在有整个生命之前，就开始与另一过上有罪生命的灵魂处于同一情形，纵然如此，它拥有的善也不算小，为此仍该感恩自己的造主，因为它形成之初就已经好过最完全的形体。这些善并不平常，不仅在于它是灵魂，其本性就胜过一切形体，而且在于它拥有的能力，在造主的帮助下，能够修整自己，通过敬虔的探求，获得并拥有一切美德，凭借这些美德，它就能从无能的痛苦和无知的盲目中解脱出来。果真如此，那无知和无能对新生的灵魂来说，就不是对罪的惩罚，而是它进步的激励，走向完全的开端。因为在未有任何善工的奖赏之前，灵魂接受一种自然判断，这绝不是一件小事；依据这样的判断，它认为智慧优于无知，安宁胜过困惑，这些东西，虽然不能生而有之，但能学而得之。如果灵魂不愿意这样做，那就可以正当地认定它犯有罪过，就好比灵魂没有善用它所接受的能力。虽然它生来就陷于无知和无能之中，但并没有任何必然性迫使它非要滞留在出生时的状态。除了全能的上帝，没有谁能做这样灵魂的造主，在没有灵魂爱他之前，他就造出它们；有灵魂爱他后，他就使它们完全。对不存在的灵魂，他赐给它们存在；对爱他这位赐其存在的造主的，他赐给它们幸福。

或者灵魂先行存在，然后被差遣到身体

20.57，如果灵魂确实已经先行存在于上帝的某个隐秘之所，然后在每个人出生时奉差遣赋予身体生命，并统治它，那么它们受差而来的职责就是：好好管理在因罪受罚——始祖招致的必死性——中降生的身

体，换言之，它们要通过美德规训它，使它顺服于井然有序又完全合法的奴役，进而按正当的顺序在适当的时机为它预备天上不朽的座席。当这些灵魂进入此生，穿戴上必朽坏的肢体，就必然遗忘前世的生命，开始今世的艰难险阻。由此无知和无能就接踵而至。在始祖身上，这就是死之惩罚，意味着灵魂深陷不幸；但在这些灵魂身上，则是实现使命、恢复身体之不朽的开端。因为在此意义上，无知和无能之所以称为罪，只是因为肉身从有罪的始祖而来，就为进入肉身的灵魂带来这种无知和无能；但这罪不能归咎于灵魂，也不能归咎于它们的造主。因为上帝已经赐给它们能力，使其尽职履行艰巨任务，也在它们遗忘的黑暗中为其指明信心之路；尤其是赐给它们的那种自然判断，使每个灵魂承认应该追求那不知就有害的东西，并持之以恒地在艰难中奋战，以克服行正当之事的困苦，更应在努力奋斗中向造主祈求，求他的助佑。上帝或者通过外在法律，或者借着向人内心说话，规定灵魂必须付出这样的努力，也为战胜魔鬼者预备了幸福之城的荣耀，那魔鬼以极其恶毒的诡计诱骗始祖，将他引入那不幸的境地，而他们则要担当这不幸，借着最高贵的信仰，战胜魔鬼。魔鬼曾以引诱始祖犯罪遭受惩罚为荣耀，如今担当这同样的惩罚去战胜魔鬼，这样的争战才是大有荣耀的。然而，凡是因沉溺于此世生活而忽视这种争战的，绝不能正当地将自己擅离职守的耻辱归咎于他的君王之命令；他既迷恋魔鬼可耻的饷银，而离弃自己的战营，万物之主就更恰当地把他安排到魔鬼那一边。

或者它们是自发到来

20.58. 然而，如果灵魂原先居住在别处，也不是由主上帝差遣而来，而是它们自发来到身体，居住在里面的，那么我们可以很容易看出，凡是出于它们自身意志的无知和无能，无论如何都不能归咎于它们的造主。因为即使是上帝差遣它们而来，使它们陷于无知和无能之中，他也没有剥夺它们祈求、寻找和努力的自由意志；只要有祈求的，他就给予，有寻求的，他就显示，有叩门的，他就开门，所以他全然无可指责。对于勤勉的人和善意的人，他赐给他们能力，战胜这种无知和无能，赢得荣耀的冠冕；对于漫不经心的人，想要以自己的软弱为自己的罪开脱的人，他也并不拿他们的无知和无能作为罪；但是因为他们自甘滞留在这种状态，而不愿努力寻求、学习，谦卑地认罪、祷告，以获得真理和安宁，所以他要公正地惩罚他们。

关于灵魂和上帝要谨慎讨论

21.59. 因此，关于灵魂的来源问题有这样四种观点：灵魂或者来源于生殖，或者每个人出生时就造一个新的灵魂，或者先在于某处，由上帝派遣进入出生的身体，或者随己意自动降到身体。对这些观点的任何一个，都不能草率地作出论断。因为鉴于这个问题的晦涩和复杂，大公教会的释经家们并没有对此作出解释和阐明，即使有解释，这类著作也没有传到我们手中。无论如何，我们要有这样的信心，对于造主的本体，不能有任何虚假和不当的想法。因此，如果我们对他的想法背离他的所是，那我们的意图就驱使我们走向虚妄，而不是幸福。不过，关于造物，即使我们对其有错误的观点，只要我们不把这样的观点当作确凿的知识，就不会有什么危险。因为我们受命，要获得幸福就须朝向造主，而不是造物；如果我们对造主有不实的观念和不当的想法，那我们就被最有害的错误蒙骗了。因为凡走向不存在的，或者存在但不能使人幸福的，都不可能走向幸福生活。

通过理性扶持信心

21.60. 为了让我们沉思真理的永恒，使我们能享有它并依附于它，上帝为我们软弱的本性预备了一条从暂时之事开辟出来的道路，好叫我们相信过去和未来之事，因为这对我们走向永恒的这条道路已经足够。这种信心的教导，由上帝的怜悯掌管，因而具有无上的权威。至于现存的事物，因为属于被造之物，无论身体还是灵魂，都可变可动，因而感觉它们都转瞬即逝。这样的事物，我们若不是亲身经验，就不可能对其有任何知识。因而，关于任何造物的记载，不论是过去的，还是将来的，基于神圣权威都应该为我们所相信，尽管有些在能感知它们之前就已经过去，有的还没有进入我们的感知领域，但我们仍然应该毫不怀疑地相信它们。因为它们在井然有序的世代序列中不时提醒我们，上帝没有忘记救赎我们，这就能加强我们的盼望，鼓励我们的爱心。但是无论哪种谬论篡夺神圣权威的位置，我们都要以理性充分反驳，可以肯定，这些谬论或者相信有某些可变之物不是上帝的造物，或者相信上帝的本体里有某些可变属性，或者认为上帝的本体多于或少于三位一体。每个警醒的基督徒都要谨慎，要以敬虔和健全的方式领悟三位一体，他的全部努力和进步都是朝向这样的目标。只是此处不适宜讨论三位一体的合一、平等，以及各位格的独特属性。因为回想一些关于我们的主上帝，万物之创造者、形成者和管理者的事，那些属于纯正信仰的事，对刚开始脱离地上之事、升向天上之事（在理解这些事上）、还属于吃奶阶段的人，有益其振作发奋的事，是很容易的，很多人也已经这样做了。然而，要对这整个问题作彻底的考察和讨论，尽今世生命得赋的能力，让每个有理智的人都接受清晰的论证，对任何人似乎都不是一件容易尝试的事，至少对我们来说如此，不仅在表达上困难重重，即使在思考上也不轻松。因此，现在我们要照着我们所允许的范围和所赐予的帮助，来探讨我们所提出的问题。我们要毫不迟疑地相信关于受造物所记载的过去之事，所预告的将来之事，因为这些事能激发我们对上帝和邻人最诚挚的爱，由此显扬纯正的宗教。而对于不信的人，我们要捍卫这些事，叫他们的不信被权威的分量辗碎，或尽力向他们表明，首先相信这些事绝不是愚笨的，其次，不相信这些事倒是愚笨的。不过，我们要反驳的谬论，应该是关于现在的事，尤其是关于不变的事，而不是关于过去或将来的事，并要尽我们所能清晰的论证来使他们信服。

对将来和过去之事的知识

21.61. 在世代的更迭中，展望未来肯定比究问过去更重要。即使《圣经》所记载的过去之事，也是意在预示或应许或见证将来之事。确实，在有关今生的事上，无论顺或不顺，并没有什么人关心它过去是什么；所有的关注焦点都集中指向对将来之事的盼望。我也不知道我们的禀性里面究竟有怎样的一种感觉，因着它，那些发生在我们身上的事，既已过去了，于我们现在的幸与不幸竟然没有影响，好像不曾发生过一样。因此，就算我不知道自己何时开始存在，那有什么关系呢？至少我知道自己现在存在，并且对将来也能存在这一点并不绝望。我对过去之事并不那么关注，所以绝不会担心对那些事的看法若与实际有出入，就恐为滔天大错。相反，我面向未来，在我造主的怜悯引领之下，奔向我的前程。所以，对于我的未来，对于我将与其同在的主，如果我有不合真理的信念和想法，那就要十分警惕，谨防任何错误，免得因为错把一物当成另一物，从而或者没有作好必要的预备，或者无法到达意欲的目标。正如我准备衣服，如果我忘记了去年冬天的情形，那对我毫无影响，但我若不相信未来有冷天将至，那就有麻烦了。同样，我的灵魂若遗忘过去做过什么，那无伤大雅，只要它现在当心，谨记忠告，勉力预备将来。再比如，一个驶向罗马的人，若忘记了自己是从哪个港口出发的，并无大碍，只要他没有忘记从出发地所要到达的目的地是哪里；但他若把目的地罗马港口都搞错了，导致触礁，那么记得出发的港口又有何益呢？同样，如果我不知道我生命的时间开端是什么，并无大害，只要我知道我将找到平安的目的地何在；但是如果关于上帝本身，灵魂劳作的惟一目的地，抱有不相称的观点，碰触在错误之礁上，那关于生命之始的任何记忆或推断又有何益呢？

因为理性有缺陷

21.62. 不过，以上这番话并不意在阻止有能力根据《圣经》启示的人探讨以下这些问题：灵魂是否从灵魂繁殖而来，或者是为得生命的身体分别创造的，或者是根据上帝的旨意从某处派来管理得生命的身体的，或者是由其自身的意志进入身体的。无论是因为理性要求思考并探讨某个与此相关的紧要问题，还是因为从重大问题中解脱出来，有闲暇去探究并讨论这些问题。我说这些话，其实是出于这样的目的，一方面，为了防止有人因为别人在这个论题上不同意自己的观点就冒然恼怒，人心本来就好疑；另一方面，即使有人对此有明确而清晰的看法，他也不能由此认为，别人因为想不起自己过去的起源，就丧失了对将来的盼望。

罪应受公正惩罚

22.63. 但是不论我们如何看待（灵魂起源）这个问题，或者把它完全忽略，或者暂时搁置，换个时间再讨论，都不妨碍目前的问题，因为很显然，灵魂为自己的罪遭受惩罚，这是出于造主最正直、最公义、永不动摇、永不改变的威严和实体。这罪，如我们讨论好久的，应归于它自己的意志，我们不应再寻找罪的另外原因。

何为无知和无能

22.64. 如果无知（ignorantia）和无能（difficultas）是灵魂的自然状态，那它就从此处出发，进展到知识和安宁，直到获得幸福生活。如果灵魂出于自己的意志，忽视这种依靠勤勉和敬虔取得的进步——尽管它并不缺乏这种能力——那它就要受到公正的惩罚，被抛入更深的无知和无能之中，被最恰当、最合宜的管理计划置于更低级的事物之中。因为灵魂被责为有罪，不是因为他生来不知、生来不能的事，而是因为他没有努力去求知，没有费力去获得行善的能力。就婴儿来说，不知如何说话、也不能说话，这是一种自然状态；这种言说上的无知和无能不仅根据语法家的法则是无可指责的，而且对人的情感来说，还倍感可爱而迷人呢。婴儿并不因任何缺陷（vitio）而忽视去获得这种能力，或者因任何缺陷失去已经获得的这种能力。这样，假设我们的幸福在于言说，并且在说话上犯罪就被认为是罪，就如同生活行为上犯罪一样，但是可以肯定，谁也不会指责婴儿时期，因为我们正是从婴儿时期开始学习说话。但是，如果一个人出于悖逆意志，想要回到婴儿状态或者停留在那种状态，那显然就应受到谴责。同样，如果对真理的无知、对行善的无能是人的一种自然状态，人从这里开始上升到智慧和安宁的幸福生活，那谁也不能正当指责幸福的这种自然开端；但是如果他不愿意进步，或者想要从已经取得的进步中倒退，那就要受到公正的、当受的惩罚。

创造、救赎的上帝该受赞美

22.65. 上帝实在是处处该受赞美的，不论因为他在灵魂里根植能力，使它能从初始状态上升到至善，还是因为他帮助灵魂一步步上升，或者使进步的灵魂得以充分发展并完善自己，或者规定罪人——他或者拒绝从自己的初始状态上升到完全状态，或者从某种进步中倒退回去——按其罪过应受最公正的惩罚。因为我们不能因为灵魂还未接受能力、取得进步，就认为上帝造它为恶的；事实上，即便它还处于初始状态，任何已达完全状态的形体都要比它低得多，而这些形体，在任何能正当判断的人看来，在各自类别中也是应受赞美的。灵魂之所以不知该作何为，是因为它尚未接受这种知识；但它只要善用已经接受的东西，也会接受这种知识。而它已接受的东西就是：只要它愿意，就能敬虔而勤勉地寻求。而当心灵知道该做什么时，并不意味着它就能去做，这也是它尚未接受的能力。因为虽然它的较高部分已经分辨出正当行为之善，它的属肉部分却很迟钝，不能随即就接受同样的观点。正是它自身的这种无能，提醒它要呼求上帝的帮助，它明白上帝创造了它的起始，能帮助它臻于完全。于是它越发亲近上帝，因为它并非靠着自己的力量，而是借着上帝的美善才得以存在，又借着上帝的怜悯上升到幸福生活。然而，它越是亲近使它得以存在的上帝，就越坚定地在他里面安息，就越丰富地享有他的永恒。我们不会把幼苗和嫩枝称为不结果实的树，尽管它经历几夏都不结果，要等到时机成熟方能结出自己的果实。那么灵魂的这位造主——他给了灵魂这样一个开端，它只要努力上进，就能结智慧和公义的果子；又赋予它如此的尊荣，只要它愿意追求幸福，便有能力获得幸福——我们不该尽全部敬虔赞美他吗？

答复异议者（23，66—25，77）

关于孩童之死亡和折磨的异议

23. 66. 无知的人通常会拿孩子的死亡以及我们经常看到的身体遭受的折磨，对以上讨论提出一些幼稚的异议，他们说：生命还没有任何作为就离世了，这样的人又何必出生呢？再者，他们既没有行善，自然不能位于义人之列，又没有犯任何罪，故也不能列于恶人之中，那么在未来的审判中会作如何处置呢？对此我们要这样回答：想一想，这个无所不包的宇宙大全，通过时间和空间有序连接的造物世界，连一片树叶也不是枉然受造的，一个人怎么可能是多余的呢？而对一个未有任何作为的人究问其功过，那才是完全多余的。我们不必害怕可以有一种介于善行与罪恶之间的生命，也不必担心同样可以有一种介于奖赏与惩罚之间的判词。

孩童的受洗

23. 67. 这里，人们又常常质疑，有些孩子受了洗，却在还未能对基督的圣洗礼有任何了解前就死去，那这洗礼与他们又有何益呢？关于这件事，敬虔而正当的信念乃是，那些带孩子前来祝圣礼的大人的信心对孩子有益。教会最健全的权威支持这种观点，好叫我们知道，一个人的信心对自己是多么有益，因为他的信心能帮助其他还没有信心的人，使其受益。那个寡妇的儿子去世时还没有信心，谈不上他自己的信心对他有何益；然而，他母亲的信心却帮助他复活了。[①] 更何况没有不信之罪的孩子，岂不更能从别人的信心受益吗？

成人因孩子的苦痛得改正

23.68. 关于孩子，如果赋予他们生命的灵魂，在他们尚未出生为人前并不存在，那么孩子年纪尚幼，未犯任何罪，却为何身体上会遭受痛苦折磨，人们对此往往会提出更大的抱怨，似乎也是出于同情的抱怨，他们说：他们做了什么恶，竟要遭受这样的苦痛呢？似乎人在能作恶之前，不作恶可以有什么功德！然而，上帝允许孩子受苦和死亡，鞭策热爱他们的成人，使之纠正自己的行为，这是上帝成就的好事，所以，这样的事为何不可以发生呢？当事情过去了，痛苦也会消失，对当事人来说，这些事就会如同没有发生过一样。然而正是因为这些事的发生，他们或者变得更好——如果他们痛定思过，自我纠正，选择过更正当的生活；或者在将来的审判中无可推诿地接受惩罚，如果他们不愿意抛弃此世的忧虑，转向永生。再者，谁能知道这些孩子会得到什么——他们的苦痛敲碎了成人的刚硬，磨炼了成人的信心，发扬了成人的慈悲，所以，谁知道上帝在他最隐秘的审判中为这些孩子保留了怎样美好

---

① 参见《路加福音》第七章 12—15 节："过了不多时，耶稣往一座城去，这城名叫拿因。他的门徒和极多的人与他同行。将近城门，有一个死的被抬出来，这人是他母亲独生的儿子，他母亲又是寡妇，有城里的许多人同着寡妇送殡。主看见那寡妇，就怜悯她，对她说：不要哭！于是进前按着杠，抬的人就站住了。耶稣说：少年人，我吩咐你起来！那死人就坐起，并且就说话。耶稣就把他交给他母亲。"

的报赏呢？因为孩子尽管没有行善，但也没有任何过犯而遭受了那些苦痛。所以，教会认可那些希律（Herod）为杀死我们的主耶稣基督而找到并杀死的孩子①，尊他们为殉道士，并非没有理由。

因为兽类也受苦

23.69. 尽管提出这些异议者，并非对这类问题有认真细心的考察，只是口出狂言、空话连篇，但他们甚至常拿兽类的受苦和劳作来动摇浅薄之人的信心。他们说：兽类作了什么恶，要受如此大的苦？或者它们受这样的苦，能指望得到什么好处呢？然而，他们之所以说这种话或作这样想，是因为他们对事物的评判完全不合正道，这些人不能理解何为至善，它有多重要，只想让万物都成为他们所想象的至善的样子；他们所能想到的至善，仅限于最高的形体，即天上不太能朽坏的形体。于是他们提出完全不合秩序的要求，让兽类的身体既不死亡也不败坏，似乎它们可以不朽，尽管处在生命物的最低层级；或者似乎它们是坏的，只因天体是好的。然而，正是兽类感知到的痛苦，表明兽类灵魂里有某种神奇的力量，在其自身类别中是可赞美的。这种力量充分显现出，它们在管理身体以及赋予身体活力时如何欲求统一。所谓痛苦，不就是对不能忍受之分解和败坏的一种感知吗？由此一目了然，兽类灵魂在自己的整个身体中多么渴望统一并努力保持统一，它对威胁其统一和完整的身体痛苦，既不会欣然接受，也不会漠然处之，而是不情不愿、挣扎抗拒。若不是兽类的痛苦，我们就不会看到低级造物的灵魂对统一性的欲求是何等炽热。如果看不到这一点，我们就不能充分注意到，万物都是由造主那至高无上、不可言喻的统一性所造的。

---

① 参见《马太福音》第二章16节：“希律见自己被博士愚弄，就大大发怒，差人将伯利恒城里并四境所有的男孩，照着他向博士仔细查问的时候，凡两岁以里的，都杀尽了。”

自然本性的职责

23. 70. 说实话，如果你敬虔而认真地留意一下，就会发现，每种造物的形态和活动，只要人的心灵能想到的，都在对我们说话，指教我们，它们的各种活动和情态，就如同各种方言，从四面八方发出呼喊，持续不断地提醒我们要认识造主。即使那些感知不到苦乐的事物，没有哪个不是通过某种统一性获得自己类别的美，或者自己本性的某种稳定。而凡是能感知苦之不幸、乐之可喜的事物，正是从它们避苦趋乐这一点，就表明其逃避分裂，追求统一。在灵魂的理性本身中，对知识的整个欲求——这是它的本性所喜爱的——把它所理解的一切都追溯到统一性，而在错谬中，它要避免的不过就是被不可理解的含糊性所困扰。然而，含糊性之所以令人困扰，不就是因为它缺乏某种统一性吗？由此很显然，一切事物，不论是加害人的，还是受到伤害的，不论是使人快乐的，还是自己得到快乐的，无不暗示或明指造物主的统一性。然而，如果无知和无能——灵魂的生命必是从这里开始——不是灵魂的自然本性，那么它们或者是所担当的职责，或者是所施加的惩罚。关于这些，我想我们已经有过充分的讨论了。

何谓介于智愚之间的状态

24. 71. 因此，更应该探究的问题是，始祖是如何被造的，而不是他的后裔是如何繁衍的。有人自以为很聪明，提出这样的问题：如果始祖被造时有智慧，那他为何会受诱惑呢？如果他被造时是愚笨的，而愚笨是最大的缺陷，那上帝怎能说不是缺陷的源头呢？似乎人性除了愚笨和智慧，就不能接受任何中间状态，既不能称为愚笨，也不是称为智慧的状态。事实上，只有当人能够拥有智慧——除非因为疏忽懈怠失去智慧，从而意志本身成为愚笨之缺陷的罪魁——只有在此时，他才开始或者是愚笨的，或者是智慧的，两者必居其一。谁也不会可笑到说一个婴儿愚笨，但是说他有智慧就更可笑了。所以，对于婴儿，既不能说他愚笨，也不能说他有智慧，但他已经是一个人。由此显然，人性接受了某种中间状态，你既不能称之为愚笨，也不可称之为智慧。因此，如果有人接受的灵魂处于这样一种状态，就是那些因疏忽懈怠而没有智慧的人所处的状态，那么谁也不能合理地称他为愚笨，因为他的状态不是因缺陷而来，乃是自然本性使然。因为愚笨不是指对趋避之事的无知，而是指由缺陷导致的无知。由此我们不会说某个非理性的动物是愚蠢的，因为它没有领受变得智慧的能力。不过，我们常常在类比而不是严格意义上使用某些术语。比如，虽然"盲目"是最大的缺陷，但在新生动物身上，这并不是一种缺陷，而且严格来说，它们的情形也不能说"盲目"。

始祖接受诫命

24.72. 如果人被造时是这样的状态，虽然还没有智慧，但能领受诫命，是他必须遵守的，那么不必奇怪，他也有可能受诱惑；他若不遵守诫命而招致惩罚，也并非不公；造主也不是他的缺陷的原因，因为他没有智慧并非他作为人的一种缺陷——如果他没有领受拥有智慧的能力。但是他已拥有某种东西，只要他愿意善用它，就能上升获得他原本没有的东西（智慧）。理性是一回事，智慧是另一回事。靠着理性，人能接受他应当忠信的诫命，以便遵行它所规定的。正如理性的本性是接受诫命，同样，遵行诫命就接受了智慧。不过，本性所接受的诫命，就是意志所要遵行的。正如理性本性配接受诫命，同样，遵行诫命配接受智慧。然而，使人开始能接受诫命的，也使人开始能犯罪。人在获得智慧之前有两种试犯罪：或者不预备接受诫命，或者接受了诫命而不遵守。而有了智慧之后他若又离弃智慧，那也是犯罪。正如诫命并非出于接受诫命者，而是出于那发布诫命者；同样，智慧并非出于那被启示者，而是出于启示者。所以，从哪一点看造人的主是不应受赞美的呢？

人就是一种善的存在，他优于兽类，因为他能领受诫命。当他领受了诫命之后，他更进了一步；当他遵行了诫命之后，又进了一步。当他在智慧的永恒之光中得到幸福之后，他就比这一切都要更好。而罪之所以是恶，在于忽视（negligentia），或忽视接受诫命，或忽视遵行诫命，或忽视坚持沉思智慧。由此我们知道，即使始祖被造时有智慧，他也可能受诱惑。而既然罪是出于自由选择，根据神圣法律，随之而来的惩罚是公正的。使徒保罗也说："自称为聪明，反成了愚拙。"①（罗1：22）人因骄傲离弃了智慧，而离弃就产生了愚笨。愚笨是一种盲目，正如经上所说的："无知的心就昏暗了。"② 而这种昏暗，若不是因为离弃智慧之光，又因何而来呢？而这种离弃，若不是因为人不以上帝为他的善，反以自己为自己的善，正如上帝为其自己的善那样，又因何而来呢？所以经上说："我的心在我里面忧闷。"③ 又有话说："吃了，你们便如上帝。"④

始祖既非愚笨也非智慧

24.73. 还有个问题使思考者感到困惑，那就是：始祖是因为愚蠢才离弃上帝，还是因为离弃上帝才变得愚蠢的？如果你回答说，他因愚蠢离弃了智慧，那似乎是说，他在离弃智慧之前原本是愚蠢的，这样，愚蠢就是他离弃的原因。同样，如果你回答说他因离弃而变得愚蠢，他们就会问，他离弃这一行为是愚蠢的还是智慧的？他们会说：如果他的行为是智慧的，那他就行得正当，就无罪之有；若是愚蠢的，那么愚蠢原本就在他里面，因着这愚蠢他才可能离弃；若没有这种愚蠢，他不可能做出任何愚蠢之事。由此可见，从智慧过渡到愚蠢，这之间应该有一

---

① 《罗马书》第一章第22节。
② 《罗马书》第一章第21节。
③ 参见《诗篇》四十二篇6节。
④ 《创世记》第三章第5节。

个中间状态，可以说它既非愚蠢，也非智慧，只是生活在此世的人，惟有通过对比才能对此有所理解。正如凡人若不是从愚蠢进入智慧，就不可能变得有智慧。这种转变的发生如果是愚蠢的，那就不是好的转变，这样说显然是极其荒谬的。如果这种转变的发生是智慧的，那人在转变为智慧之前，这智慧就已经在他里面了，这同样是荒谬的。因此我们可以认为有一种中间状态，可以说既非此又非彼。这样，始祖离开智慧之所转向愚昧之时，他在这转变中既不是愚昧的，也不是有智慧的。就如在睡和醒的情形，入睡并不就是睡着，醒来也并非就是清醒，而是从一种状态到另一种状态的过渡。不过，两者之间有一定分别：睡醒之间的过渡通常没有意志参与，而愚智之间的过渡却必因意志而发生，因而报应随之而来乃是公正之至。

在诫命和诱惑之间选择

25.74. 但是，若不是有所看见（visum），就不能驱使意志有所行动。人之所取或所拒，在自己的权能之下，但看见何物，却不在他权能之下。所以我们必须承认，灵魂既看见高级事物，也看见低级事物，然后理性实体就在这两者中选择他所意愿的，并依它的选择得幸福或不幸的报应。正如在伊甸园里，看见高级事物，就是上帝的诫命；看见低级事物，就是蛇的诱惑。人既不能决定主给他定什么诫命，也不能决定蛇给他提什么诱惑，但是他若确立在纯正的智慧本身之中，就不会屈从于低等表象的诱惑，不受任何世界困境的捆绑，那是怎样的自由和轻松，这可以从以下一点充分表明：即使是愚人也能抵挡低级表象的诱惑，过渡到智慧，尽管放弃恶习的致命享乐并非没有困难。

魔鬼从灵魂意向中选择

25.75. 这里，我们可以问这样一个问题：如果两方面的表象都向人呈现出来，一方是上帝诫命的表象，另一方是魔鬼诱惑的表象，那么魔鬼是从哪里得到这个意欲逆天的主意，从而使他从高位上坠落下来呢？他若没有看到任何表象，就不会选择做他所做的事；因为若无物进入他的心里，他就不可能转念于邪恶。因此，不论进入他心里的是什么，它是从哪里进入他心里的，使他做出那些事，以至于他从善良天使变成了魔鬼？人意愿，总是意愿某事；若不是通过身体感官从外面提示，或者通过隐秘方式进入心里，他就不可能意愿。因此，我们必须分辨两类表象，一类是从劝诱者的意志而来，比如魔鬼的引诱，亚当因接受他的劝诱，而犯了罪；一类源于呈现给心灵意向或身体感官的事物。呈现给心灵意向的事物——不包括不变的三位一体，因为他不是呈现给心灵，而是超越于心灵——首先是心灵本身，由它我们感知到自己活着；其次是它所管辖的身体，由此在必要的时候运用必要的肢体完成必要的事。最后是一切形体之物，都呈现给身体感官。

人在基督里受纠正性的惩罚

25.76. 灵魂是可变的，它在沉思至高智慧——这智慧无论如何不是灵魂，因为智慧是不变的——时，也凝视它自己，并以某种方式进入自己的心灵。之所以会发生这样的事，惟因灵魂不同于上帝的所是，而是次于上帝的某物，可为上帝所喜悦。如果它因热爱不变的上帝而忘却自己，或者因与不变上帝相比而自惭形秽、鄙弃自己，那就更好了。然而，如果它囿于自我意识，取悦自己，以致背弃正道，模仿上帝，妄图享有自己的权能，那么它越是想要成为大的，就越变成小的。这就是“骄傲是众罪的开端”，而“背弃上帝是人骄傲的开端”（便 10：13，12）。魔鬼除了骄傲之外，还有最为恶毒的嫉妒，于是他说服人也陷入这种骄傲——他知道自己因这骄傲要被定罪。由此惩罚临到人，但这是纠正性的，而不是毁灭性的。魔鬼为人树立了骄傲的典范，而应许我们永生的主为人确立了谦卑的榜样。基督既然在经历了不可言喻的劳苦和伤害之后为我们流出了他的宝血，我们就当以全心的爱依附于我们的救主，并被他全然的光明吸引，以至于任何低等事物的表象都不能使我们离开对高级事物的凝视；即使对低级事物的某种欲求引诱我们的意向，魔鬼所受的永罚和痛苦也会使我们回心转意。

向父回归

25.77. 公义之美是何等之大，永恒之光——不变之真理和智慧——的喜乐是何等之大，即使只能在里面停留一天之久，也足以使我们看轻此生中无数充满属世快乐和荣华富贵的年岁。“在你的院宇住一日，胜似在别处住千日”[①]，说得多么情真意切！这句经文还可以有另外的理解，即千日可理解为时间的变化；一日则指永恒的不变。

蒙主所允，我已尽力回答你的问题，但我不知道是否还有遗漏。不过，即使你意犹未尽，限于本书的篇幅，我也不得不告一段落，结束讨论，暂作休息。

① 参见《诗篇》八十四篇第10节。

订正录 1.9：回顾《论自由意志》

9.1. 当我们被迫滞留罗马时①，就决定探讨寻求恶的来源（unde sit malum）问题。我们的讨论循着这样的思路：如果能够，就借着上帝的帮助，尽我们自己的能力，通过慎重而详尽的推理，把我们根据神圣权威对这个话题所相信的东西提升到理解的层次。我们仔细推论之后一致认为。恶的惟一根源（exortum）就是意志的自由选择，所以我们讨论形成的这三卷书就取名为《论自由意志》。其中的第二卷和第三卷是在非洲完成的，当时我已被任命为希波的司铎，所以只能尽力而为。

9.2. 这三卷书讨论了很多问题，有些附带的问题——或者因为一时无法解答，或者因为需要冗长的讨论——我作了延期处理，这样，当我们不能确定哪种回答更接近真理时，我们的推论仍然能从这些问题的各个方面（或者所有方面）得出这样的结论，不论哪种回答为真，我们都能够相信，甚至证明，上帝是应受赞美的。

我们之所以开始讨论这个话题，是因为有些人否认恶的来源在于意志的自由选择，他们争辩说，果真如此，上帝作为一切本性之造主，就应受指责；于是，他们想要引入某个不变的恶之本性，按他们邪恶的错误观点，这个恶本性与上帝同为永恒。这些人就是摩尼教徒。

---

① 奥古斯丁的母亲摩尼卡在奥斯蒂亚（Ostia）去世之后，由于天气恶劣，无法航海，奥古斯丁与埃伏狄乌斯返回非洲的行程被耽搁。

由于需要讨论的是这个问题，所以该三卷本作品没有探讨恩典——上帝因着恩典预定他拣选的人，甚至亲自为那些已经使用自由选择的人预备意志。每当必需提到恩典的时候，只是一笔带过，没有把它当作讨论主题详尽推论、仔细辩护。因为考察恶的来源是一回事，研究我们如何回归原初的善或达到更大的善，是另一回事。

9.3. 所以，新出现的佩拉纠异端（haeretici Pelagiani）——主张意志的选择是完全自由的，宣称上帝的恩典是按照我们的功德赐予的，所以恩典对人的选择没有用武之地——不应因为我在《论自由意志》一书里出于讨论的需要为自由选择说了不少好话，就暗自庆幸，似乎我为他们作了辩护似的。

在第一卷，我说："恶行要受到上帝的公义惩罚。"又说："恶行若不是经由人的意愿产生，惩罚它们就不能算是公义的。"①

另外，当我指出善良意志本身是一种极大的善，它理所当然比一切属体的和外在的善更重要时，我说："我想现在你能看出，我们是享有还是缺乏这样一种伟大而真实的善，取决于我们的意志。有什么东西能像意志本身那样完全在意志的权能之下呢?"②

在另一段说："即使我们以前不曾有过智慧，我们为何不能毫不犹豫地确定以下这点：我们是配得幸福而可嘉的生活，还是该过可鄙而可怜的生活，全是凭着我们的意志?"③

又在另一段说："凡是意愿过正当而正直生活的，只要他意愿自己去意愿这样的生活，而不是那些转瞬即逝的好，他就能轻而易举地得到一件如此了不起的东西，以至可以说，在他，获得所意愿的东西无须其他，只要意愿就行。"④

---

① 《论自由意志》1. 1. 1。

② 《论自由意志》1. 12. 26。

③ 《论自由意志》1. 13. 28。

④ 《论自由意志》1. 13. 29。

还在另一处说："永恒法——该是我们再来思考它的时候了——已牢不可破地规定，功过出于意志，而幸福与不幸则是奖惩。"①

另一段说："每个人选择何者为应当追求并拥有的事物，取决于他的意志。"②

在第二卷，我说："人就他是人而言，是一种善；因为只要他愿意，就能正直地生活。"③

又在另一段说："若不是借着意志的这个自由选择，无人能行事正当。"④

在第三卷，我说："既然我们承认，意志背离不变之善转向可变之善的运动是属于灵魂的一种运动，又是出于意志的一种运动，因此是可指责的，那我们何必再去探求这种运动缘何而来呢？何况，讨论这个问题的全部有益教训在于，通过指责并阻止这种运动，使我们的意志不再坠向暂时之善，转而享有永恒之善。"⑤

在另一段说："真理已从你口里清楚地呼叫出来！你能感受到在你权能之下的唯一之事，就是我们意愿时我们所做的事。因此，没有事物像意志本身那样完全在我们的权能之下。我们一有意愿，意志就存在，两者之间没有任何间隔。"⑥

还有一段说："如果你因看出你应做什么而受到赞美——尽管你若不是在那自身就是不变真理的那位里面，就不能看出——那上帝岂不更应受到大大赞美，正是他赐给你意志，赏给你能力，并且不允许你拒绝它而不受责罚！"⑦

---

① 《论自由意志》1. 14. 30。
② 《论自由意志》1. 16. 34。
③ 《论自由意志》2. 1. 2。
④ 《论自由意志》2. 18. 47。
⑤ 《论自由意志》3. 1. 2。
⑥ 《论自由意志》3. 3. 7。
⑦ 《论自由意志》3. 16. 46。

又说："再说，什么东西能在意志之先成为意志的原因呢？它或者是意志本身，若这样，那就没有离开那个意志之根；或者不是意志，若这样，那意志就没有什么罪。所以，或者犯罪的最初原因就是意志本身，或者犯罪的最初原因没有任何罪。罪若不归咎于犯罪者就不是公正的，因此，罪若不归咎于意愿犯罪者，就不是公正的。"①

稍后："在无论如何都无法提防的事上，怎么能说人犯罪呢？然而，人犯了罪，所以他必是可以提防的。"②

佩拉纠在自己的作品《论本性》中利用了我的这些论断，而我在反驳它时，就选择把自己的作品命名为《论本性与恩典》（*De natura et gratia*）。

9.4. 由于我的这些论断（以及其他类似论断）里没有提到上帝的恩典——它不是当时讨论的主题——于是佩拉纠异端就认为，或者有可能认为，我主张他们的观点。然而他们这样认为是枉然的。确实，我在以上这些论断里证明，我们是凭着意志犯罪，也凭着意志过正当生活。然而，意志本身若不因着上帝的恩典从奴役——因它作了罪之奴仆③——中释放出来，从而在神助下战胜自己的恶习（vitia），可朽的人不可能过正当而敬虔的生活。若不是先有这种把意志解放出来的圣善，恩典可能就按照人的功德赐予，那恩典就不成其为恩典，因为所谓恩典（gratia），自然是白白赐予的（gratis datur）。④ 我在另外一些小书里已经充分地讨论过这个问题⑤，驳斥了那些与这种恩典论为敌的异端邪说。即使在《论自由意志》这本并非反驳这些异端（因为当时他们尚未出现），而是反驳摩尼教徒的作品里，我也没有对佩拉纠异端妄图

---

① 《论自由意志》3. 17. 49。

② 《论自由意志》3. 18. 50。

③ 《罗马书》第六章第17、20节。

④ 暗示《罗马书》第十一章第6节："［拣选］既是出于恩典，就不在乎行为，不然，恩典就不是恩典了。"

⑤ 比如《本性与恩典》《基督的恩典与原罪》《驳佩拉纠的两封书信》等。

彻底排除的上帝恩典完全避而不谈。

在第二卷，我说：“若不是从众善之源即上帝而来，不仅大善，就连最小的善也不能存在。”① 稍后又说：“使人正当生活的美德是大善，不影响人正当生活的各种形体之美是小善，没有就不能正当生活的灵魂权能则是中善。无人能滥用美德，而其他两类，即中善和小善，人既能善用，也能滥用。美德之所以无人能滥用，乃因为美德的功能就是善用那些我们可能滥用的事物，而对于‘善用’，谁能滥用呢？因此上帝的美善之丰盛、之宏大，不仅使大善存在，也使中善和小善存在。他的美善在大善上比中善上更可称颂，在中善上比小善上更可称颂，而在一切善上，不论大中小，都比他没有赐予这些善更值得称颂。”②

在另一段说：“你要坚定地保守你的敬虔，好叫你所遇到的善，不论是感觉到的，理解到的，还是任何方式思想到的，莫不出于上帝。”③

稍后又说：“然而，人当初随意堕落，却不能照样随意兴起，那就让我们以坚定的信心相信那从天上伸向我们的上帝之右手，即我们的主耶稣基督。”④

9.5. 在第三卷，我有过这样的话：“在无论如何都无法提防的事上，怎么能说人犯罪呢？然而，人犯了罪，所以他必是可以提防的”——就如我前面提到的，佩拉纠引用了我的这话——然后我随即又说：“然而，甚至一些无知的行为也受到谴责，被判要加以纠正，就如我们在《圣经》里读到的，使徒说：‘我蒙了怜悯，因我是不明白（无知）的时候而作的。’（提前 1：13）先知也说：‘求你不要记念我幼年的罪愆（无知）和我的过犯。’（诗 25：7）甚至有些必然的事，即人想要行善，却无法行时，也受谴责。所以《圣经》上有这样的说

① 《论自由意志》2. 19. 50。

② 《论自由意志》2. 19. 50。

③ 《论自由意志》2. 20. 54。

④ 《论自由意志》2. 20. 54。

法：'我所愿意的善，我反不作；我所不愿意的恶，我倒去作。'（罗7：19）'立志为善由得我，只是行出来由不得我。'（罗7：18）'情欲和圣灵相争，圣灵和情欲相争，这两个是彼此相敌，使你们不能作所愿意作的。'（加5：17）这些话都出自那些经历了死荫的人之口。如果这些情状不是对人的惩罚，而是人的本性，那它们就不是罪。因为如果人被造时的本性如此，不能逃离，以至他不可能变得更好，那么他所做的就是他应做的，即使他做这些（恶行）。然而，如果人原本是善的，那情形就不是这样了。但如今真实情形是，人不是善的，而且也没有能力成为善的，或者因为他不知道应如何行，或者知道却没有能力去做他知道应做的事。谁会怀疑这就是惩罚呢？一切惩罚，如果是公正的，就是对罪的惩罚，就称之为罪罚（supplicium）。如果惩罚是不公正的，但没有质疑它是惩罚，那就是某种不义的权力强加给人的。再者，因为怀疑上帝的全能和公义，实属疯狂，因此这种惩罚是公正的，是针对某罪而施与的。因为没有哪个不义的统治者能篡夺对人的统治权而不让上帝知道，或者通过恐吓、苦刑强迫人违背自己的意愿而上帝无力干涉，从而使人遭受不义的惩罚。因而剩下的唯一可能是，这惩罚是公正的，是人被定罪的结果。"①

在另一段我说："以假为真，无可奈何地走上歧路，又因肉身桎梏的妨碍和折磨，无法克制情欲活动，这些并非人被造时的本性，而是被定罪后的惩罚。然而，当我们说到行善的自由意志时，我们显然是说人被造时所拥有的自由意志。"②

9.6. 你看，在佩拉纠异端还远未出现之前，我就似乎已经在反驳他们了。因为当我们说一切善的事物——大善、中善、小善——都源于上帝时③，我们发现意志的自由选择属于中等之善，原因在于，我们可

① 《论自由意志》3. 18. 51。
② 《论自由意志》3. 18. 52。
③ 《论自由意志》2. 19. 50。

以滥用自由意志，但没有它我们不可能正当生活。[①] 而善用自由意志是美德，美德属于大善，没有人能滥用。既然所有善，不论大的、中的、小的，都来自上帝，那么可以推出，善用自由意志——这是美德，且属于大善——也源于上帝。

然后我说，上帝的恩典将罪人从折磨他们至深的不幸中解救出来。[②] 因为我们可以随己意——自由选择跌倒，但无法随己意兴起。[③] 我们被公正定罪的这种不幸状态包括无知和无能，这是每个人从出生之时就遭受的状态。[④] 若不是依靠上帝的恩典，没有人能从这种恶中得救。佩拉纠异端不愿意承认这种不幸是源于公正的定罪，因为他们否认原罪。然而，如我在第三卷所指出的，即使无知和无能是人本性的原生特点，上帝仍然应受到赞美，而非指责。[⑤]

本书的讨论是为反驳摩尼教徒写的，他们不接受《旧约》为《圣经》，因为《旧约》里描述了原罪；还极其无耻地争辩说，凡是使徒书信里出现有关原罪的话，都是篡改《圣经》经文的人插入的，似乎使徒们从未说过这些话。[⑥] 而要反驳佩拉纠异端，我们必须同时捍卫《旧约》和《新约》的观点，因为他们声称接受两约。

本书是这样开头的："请您告诉我，上帝是否并非恶的原因？"

---

① 《论自由意志》2. 19. 50。

② 参见《罗马书》第七章第24—25节："我真是苦啊，谁能救我脱离这取死的身体呢？感谢上帝，靠着我们的主耶稣基督就能脱离了。"

③ 《论自由意志》2. 20. 54。

④ 参见《论自由意志》3. 18. 52；3. 20. 57；3. 23. 70。

⑤ 《论自由意志》3. 22. 64。

⑥ 参见《忏悔录》5. 11. 21。

罗马书释义

译　序

奥古斯丁（354—430）成长于北非塔各斯特城的一个大公教徒家庭。受母亲莫妮卡的影响，他从童年起就非常亲近大公信仰。但在青年时代，他沉迷于摩尼教长达九年之久，直到386年夏天才在米兰花园里正式完成信仰皈依。在391年，奥古斯丁拜访希波大公教会，被强举为司铎，从此开始自己的圣职生涯，并在396年升任主教，直到430年去世。他一生勤勉研读古代哲学作品，解释《圣经》经文，并与摩尼教、多纳图派和佩拉纠派进行艰苦论战，留下了大量著作、布道和书信。

在394—395年间，奥古斯丁密集注释《罗马书》，分别写成《罗马书章句》(*Expositio quarundam propositionum ex epistula Apostoli ad Romanos*)、《罗马书断评》（*Epistulae ad Romanos inchoata expositio*）和《八十三个问题》（*De diversis quaestionibus octoginta tribus*）中的66、67和68；并在396年升为主教之后写成《答辛普利奇的问题汇编》（*Ad Simplicianum*）。其中，前三部作品可以被统称为初解《罗马书》。

正如《订正录》2.1.3所承认的，在初解《罗马书》到《答辛普利奇的问题汇编》之间，奥古斯丁经历了重要的思想转变，即对于何为“信仰的开端”（initium fidei），“我在努力维护人类意志的自由决断，但上帝的恩典占了上风。”可以看到，这一转变在随后的《忏悔录》中得到充分阐发，成为奥古斯丁进入思想成熟期的分水岭，并最终奠定其作为“恩典博士”在哲学史和教义史上的地位。

一　“圣保罗的一代”

在4世纪下半叶，除了传统的罗马异教，北非地区的宗教版图基本上是大公教会、摩尼教与多纳图派三足鼎立，而多纳图派占据明显优势。摩尼教与多纳图派都非常倚重保罗书信，以之作为教义建构和教会实践的《圣经》根基。

秉承保罗在《以弗所书》5：27中的教导，“作个荣耀的教会，毫无玷污、皱纹等类的病，乃是圣洁没有瑕疵的”，多纳图派就以“洁净人的教会”自居，不承认大公教会的洗礼，对皈依己派的大公教徒施行再洗礼，还不时以宗教暴力侵扰大公教会。

摩尼教更是钟爱保罗书信，奉之为圭臬，来论证本教教义的正统性。在《论创世记：驳摩尼教》1.2.3中，奥古斯丁评论说，“无疑，摩尼教徒们自己也阅读使徒保罗，称赞和荣耀他，却借着错误解释他的书信而把许多人引入歧途。”对此，W. H. C. Frend认为，“无须夸张地说，在奥古斯丁时代，北非地区的摩尼教几乎就是一种保罗主义（Paulism）的异端。”[①] 而在当时的拉丁基督教氛围中，摩尼教甚至被看作“最极端和最自信的保罗阐释者”[②]。

在劝诫多纳图派的同时，奥古斯丁把教义辩论的重心放在驳斥摩尼教上。这不仅是要洗清自己思想上的异端嫌疑，更是要为大公信仰提供《圣经》经文上的有力辩护。而鉴于大公教会从四世纪中叶开始对阅读和注释保罗书信的强烈兴趣，奥古斯丁很自然地也进入“保罗的世纪”，成为“圣保罗的一代”。

---

① 参见W. H. C. Frend, “The Gnostic-Manichaean Tradition in North Africa”, in *Journal of Ecclesiastical History*, Vol. 4, 1953, p. 21。

② 参见Peter Brown, *Augustine of Hippo*: *A Biography*, a new edition with an epilogue, Berkeley and Los Angeles: University of California Press, 2000, p. 151。

在19岁那年，奥古斯丁阅读过《圣经》，但不屑其言辞粗陋而随即放弃。直到386年皈依前，他才重新开始阅读《圣经》，尤其是保罗书信，并借助《罗马书》13：13—14的经文完成了信仰皈依。在退居加西齐亚根期间，奥古斯丁开始比较系统地阅读《圣经》，从《诗篇》《以赛亚书》到《约翰福音》等，并在著作中不时引用《圣经》经文。

为了驳斥摩尼教，他在388—389年间撰写《论创世记：驳摩尼教徒》（*De Genesi adversus Manicheos*），以寓意释经法解释了《创世记》前三章。在391年出任司铎之后，他要求主教瓦莱里（Valerius）允许自己短暂退居以集中研读《圣经》，但很快就开始登台布道，参与教会管理和教派论战。

在392年8月，奥古斯丁与同城摩尼教司铎福图纳图斯（Fortunatus）进行了为期两天的公开辩论。虽然在上帝全能的议题上，他借助哲学论证击中了摩尼教宇宙论神话的软肋，但也暴露了自己在释经论证上对保罗书信的把握严重不足。对于此时的奥古斯丁，Jason BeDuhn刻薄但不无道理地评价说，“比起从经验出发的归纳推理，奥古斯丁更喜欢使用从第一原理出发的演绎推理，并不具有释经技艺和经验来应对立足于《圣经》的福图纳图斯。在其知识储备里，他只有逻辑、柏拉图主义的宇宙论和一些琐碎的基督教信条，这个工具箱实在是太简陋了”①。

有鉴于对内布道和对外护教的双重需要，奥古斯丁开始注重将哲学理论与《圣经》解释结合起来，使前者在后者中找到经文依据。在392年，他完成《诗篇解》（*Enarrationes in Psalmos*）的第1—32篇；在393—394年间，他完成《创世记字解未完》（*De Genesi ad litteram imperfectus liber*），首次尝试使用字意释经法；在393—395年间，他完成

① 参见Jason David BeDuhn，“Did Augustine Win His Debate with Fortunatus”，in Jacob Van Den Berg ed.，*In Search of Truth*：*Augustine*，*Manichaeism and Other Gnosticism*，Linden：Brill，2011，p. 470。

《论登山宝训》（*De sermone Domini in monte*）。与此同时，他密集注释了《罗马书》，还完成了《加拉太书章句》（*Expositio Epistulae ad Galatas*）。对此，Paula Fredriksen 评论说："要把保罗从摩尼教徒那里夺过来，奥古斯丁就不得不借助《圣经》注释的方法。"①

二　意志哲学的发展路径

为了驳斥摩尼教，奥古斯丁在早期著作特别是《论自由意志》（*De libero arbitrio*）中论证了一系列议题。至善的上帝创造了善的世界，恶不是物质实体，而是善的缺乏。善的被造物构成一个等级序列，与天使的灵魂一样，人类的灵魂也处在最高的等级上，仅次于上帝。人类灵魂的高级部分由理智、意志和记忆组成，意志具有自由决断的能力，其作为"中等的善"既可以指向上帝，也可以指向灵魂自身或其他被造物，后者就是意志的堕落和恶的起源。在堕落之后，意志陷入了无知（ignorantia）和困苦（difficultas），人类从此就既不能重新意愿善，更不能实际地行出来善，反而陷入继续做恶的必然性之中。虽然出于必然性，但做恶同时也出于意志的自由决断的自主性，而这就是罪，人类必须为之承担道德责任。

从堕落前自由地意愿善和行善，到堕落后不得不意愿恶和作恶，奥古斯丁在《论自由意志》中经历了从形而上学论证（metaphysical argument）到历史神学论证（historical-theological argument）的转换，表现为从第 1、2 卷到第 3 卷的过渡，具体以第 3 卷的 3. 9. 28 中引入初人亚当作为切分点，且从 3. 18. 50 之后就真正从意志的第一个阶段进入第二个阶段，开始论证意志在堕落之后所应当承受的公义惩罚。

---

① 参见 Paula Fredriksen, "Paul", in Allan D. Fitzgerald ed., *Augustine through the Ages: An Encyclopedia*, Grand Rapids: William B. Eerdmans Publishing Company, 1999, p. 621。

对于他来说，只要论证出恶起源于意志主动背离上帝，而不存在恶的物质大块或黑暗王国，那么驳斥摩尼教的目的就达到了，而不需要再论证，意志如何借助上帝白白赐予的恩典而返回到自己的原初状态或得到上帝的保守。由此，《论自由意志》的三卷之间并不是相互割裂的，即从“乐观地”看待意志的能力转变到“悲观地”承认意志的无力，反而是内在统一的，都从属于对人类堕落下降一线的论证，其中不存在前后两个奥古斯丁。[①]

与此对应，奥古斯丁的思想转变体现在如何论证人类的救赎上升一线，即“信仰的开端”究竟是人类的意志，还是上帝的恩典，之前从哲学论证中得到的洞见如何能够得到释经论证的支持。而这就是他在密集注释《罗马书》中所经历的思想波折，但与《论自由意志》分属于不同的论证目标。

三　“恩典占了上风”

灵魂的堕落下降是人类意志的自主转向，而灵魂的救赎上升则肯定是出于上帝的恩典。在人类的“信仰开端”中，究竟是上帝的恩典在先，还是人类的意志在先，密集注释《罗马书》就促生了奥古斯丁的思想变革。

在初解《罗马书》时，奥古斯丁力图为人类的意志辩护，以意志的自主性来论证其在开启信仰过程中的在先性，以至于实际上承认，人类在堕落之后仍然保有自主向善和相信上帝的意志。在解释《罗马书》7 章中的“我”时，奥古斯丁将之归于“在律法之下”的阶段，即在没有恩典之前，“我”仍然能够“意愿为善”（罗 7：18—19），只是不

① 参见花威，“意志的创造与堕落：奥古斯丁《论自由决断》的内在统一”，载《哲学门》，2013 年第 28 期，第 31—54 页。

能实际地行出来善；这个“我”是“在律法之下”的人，不包括皈依之后得到恩典的基督徒，而保罗只是以前者的口吻在说话。与此相对应，在《罗马书》9 章中的拣选问题上，有些罪人会自主意愿善或生发出信仰，而上帝正是预知其“最隐秘的功德”（occultissimis meritis）才使之称义，赐予恩典进而使之实现信仰皈依，并对其他罪人进行惩罚。然而，我们可以看到，初解《罗马书》肯定，堕落后的意志仍然能够先行意愿善和相信上帝，就潜在地与《论自由意志》第 3 卷中对意志堕落后陷入无知和困苦的论述形成了冲突。

到了《答辛普利奇的问题汇编》，奥古斯丁以第 1 卷再次解释了《罗马书》7 章和 9 章。他仍然认为，《罗马书》7 章中的“我”不包括“在恩典之下”的属灵的人，而是保罗以“在律法之下”的人的口吻说的；在古罪（antiquum peccatum）、初罪（primum peccatum）等概念的基础上，他首次提出了“原罪”（peccatum originale）概念，去意愿善在我们的能力之内，而不能行善在于我们从原罪所受的惩罚；在《罗马书》7：24—25a 的明显的恩典论中，他仍然试图限制上帝的恩典的权能，从而为人类的意志留下地盘。与之相对比，奥古斯丁更为字意地解释了《罗马书》9 章中的雅各难题，即雅各尚未出生就已经被上帝所拣选，坚持上帝的恩典先于并促生了人类的善工；上帝拣选或预定雅各不是基于他的善工，因为他还没有出生，也不是基于预知他会信仰，因为能预知其信仰也能预知其善工，就不能区分上帝的拣选究竟是基于何者，由此放弃了之前“最隐秘的功德”的说法。排除了拣选基于善工或信仰，奥古斯丁以《腓立比书》2：12—13 的经文确证，即使人类的“善好意志”自身也都来自上帝在我们心里的作工，那么上帝的恩典就必然先于人类的意志开启了信仰；至于上帝为何不拣选以扫，这只能诉诸上帝的“最隐秘且最远离人的感知的公义”（aequitate occultissima et ab humanis sensibus remotissima），是作为被造物的人类所不能测度的。

虽然《答辛普利奇的问题汇编》对《罗马书》7 章和 9 章的注释

并非彼此合洽，但正是在这一注释中，奥古斯丁调换了意志与恩典在信仰开端中的前后关系，第一次认可了恩典的绝对先在性和有效性，把救赎和信仰的主动权完全放回到上帝的手中，同时保有人类意志的自主和自由，完成了自己在早期思想中的关键转折，使作为初罪的原罪可以为恩典的绝对必要提供理论前提，从而奠定了中、后期思想发展的基本路向。不过，对原罪的传递和意志的无力的论证，并不是重新认可摩尼教对世界和身体的否弃；对一些人的预定也不意味着对另一些人的摒弃；上帝预知和掌控着创造、堕落和救赎的整个进程，并没有取消人类意志的自主能力，因为虽然信仰的开端是恩典，但其实际执行者仍然是意志。

在《订正录》中，奥古斯丁承认自己注释《罗马书》经历了艰难的思想变革，从努力维护人类意志的自由决断，到上帝的恩典占了上风。不过，《答辛普利奇的问题汇编》1.2 中所论证的恩典还只是外在恩典，表现为上帝的合宜呼召，在随后写成的《忏悔录》中才发展成为内在恩典（inner grace）和时刻运行的恩典（operative grace）。《答辛普利奇的问题汇编》1.2 中肯定人类的善好意志是出于上帝的作工，而 1.1 却肯定尚未得到恩典的人可以自主地“意愿为善”（罗 7：18—19），以至于奥古斯丁直到后期与佩拉纠派论战才最终纠正这一释经抵牾，转而认定《罗马书》7 章中的“我”也包括皈依后的基督徒，甚至还使徒保罗自己。

四　汉语翻译的版本说明

对于拉丁语校勘本，《罗马书章句》和《罗马书断评》被收录于《教会拉丁文作者文集》（*Corpus Scriptorum Ecclesiasticorum Latinorum*，简称 CSEL 本）第 84 卷，《八十三个问题》被收录于《基督教作者文集·拉丁编》（*Corpus Christianorum*，*Series Latina*，简称 CCSL 本）第

44A 卷，而《答辛普利奇的问题汇编》被收录于同系列的第 44 卷。

对于英语译本，Paula Fredriksen 在 1982 年翻译出版了《罗马书章句》和《罗马书断评》（*Augustine on Romans*：*Propositions from the Epistle to the Romans*, *Unfinished Commentary on the Epistle to the Romans*, Chico, California：Scholars Press），而 Boniface Ramsey 在 2008 年翻译出版了《八十三个问题》和《答辛普利奇的问题汇编》（*Augustine*：*Responses to Miscellaneous Questions*：*Miscellany of Eighty-Three Questions*, *Miscellany of Questions in Response to Simplician*, and *Eight Questions of Dulcitius*, The Works of Saint Augustine：A Translation for the 21st Century, Part 1 – Books, Volume 12, New York：New City Press.）

本汉语译本主要依据上述英语译本译出，重要章节对照了拉丁语校勘本；《圣经》经文使用和合本上帝版的译文，部分经文依据奥古斯丁使用的拉丁语版本进行了改动。其中，《罗马书断评》仅译出 1—14 段，即对《罗马书》1：1—7 的注释。翻译的不足之处，敬请方家批评。

罗马书章句

以下是使徒保罗《罗马书》中的意思。首要的是，我们应该认识到，这封书信讨论了律法的事工与恩典的事工的问题。

1. 信上说，“按圣善的灵说，因从死里复活”（罗 1：4），因为随着基督从死里复活，死了的人就得了圣灵的恩赐。但是，保罗提到死人的复活，因为在基督里，我们所有人都被钉了十字架，且都被从死里复活了。

2. 信上说，“要把些属灵的恩典分给你们”（罗 1：11），这“属灵的恩典”就是爱上帝和爱邻人，以至于，借着爱基督，他们即犹太基督徒就无论如何也不会藐视那些被呼召进福音的外邦人了。

3. 信上说，“上帝的愤怒，从天上显明在一切不虔上”等（罗 1：18）。甚至所罗门说，对于那些仅有属世智慧的人，“如果他们知道如此之多，以至能够审断世界，那么他们怎么没有更容易地发现这个世界的主和它的创造者呢?”（智 13：9）（2）所罗门所责备的那些人，是没有借着创造者的所造之物而知晓他；而保罗所责备的那些人，是知晓他，却不感谢他，自称为聪明，反成了愚拙，陷入偶像崇拜之中。（3）因为外邦人中有智慧的早已经发现创造者，在向雅典人说话时，保罗就明明地指出了这一点。（4）当时，他说，“我们生活、动作、存留，都在乎他”，又补充说，“就如你们中有人说”（徒 17：28）。（5）基于此，他首先责备外邦人的不虔，以表明，只要皈依，甚至他们也能得到恩典。如果他们因着不虔就招致惩罚，却没有因着信心得到赏赐，那就是不公义的了。

4. 信上说，“他们虽然知道上帝，却不当作上帝荣耀他，也不感谢他”（罗 1：21）。这是罪的起头，经上就说过，“一切罪的起头都是骄傲”（便 10：15）。（2）如果感谢上帝，即赐予这智慧的上帝，他们就不会将之归功于自己的思量。因此，上帝把他们交给自己心里的情欲，以致行出污秽的事。

5. 信上说，“上帝把他们交给”，这应该被理解为，上帝任凭他们逞着心里的情欲（罗 1：24）。因为保罗说，他们从上帝那里得到了对应的报偿，就是被交给自己心里的情欲。

6. 之后，信上说，“上帝就任凭他们存邪僻的心”（罗 1：28）等等，以致“装满了各样不义”（1：29），即装满了各样的罪行，才导致他现在所说的不义。（2）他之前说过被称为情欲的各样败坏，而这些情欲使人犯下各样的罪行。因为，无论是谁，只要顺从情欲的致死的甘甜，还尽力避开那些阻挡的人，他就会陷到罪里。（3）在罗列上面所说的各种情欲时，《所罗门智训》也做了这样的区分，其中说，“让我们来诱捕那讨厌的义人吧，因他阻挡我们的道”等（智 2：12）。

7—8. 信上说，“然而他们不但自己去行，还喜欢别人去行”（罗 1：32）。这就是说，他们之前所作的，都不是不意愿作的。当喜欢别人所行的恶事时，他们甚至还赞成那些自己实际上并未作过的恶事。对于已经犯下的各样罪，保罗说，（2）“你这论断人的，无论你是谁，也无可推诿”（罗 2：1）。此外，当说“无论你是谁”时，他所说的不仅是针对外邦人，也是针对犹太人，因为犹太人想按律法来论断外邦人。

9. 信上说，“在愤怒之日，你为自己积蓄愤怒”（罗 2：5）。每次说到上帝的愤怒，保罗都是在惩罚的意义上说的。由此，他接着说，“上帝的公义审判”。（2）有人还会注意到，在新约中甚至出现了“上帝的愤怒”，而当在旧约中听到它时，那些敌视旧律法的人就认为，必须检审这一说法，因为上帝根本不会像我们那样遭受烦扰。正如所罗门说的，“万军之主啊，你在平静中审判”（智 12：18）。（3）但正如我所说的，忿怒是在惩罚的意义上说的。

10. 信上说，“他们是非之心同作见证”（罗 2：15）。这话与使徒约翰的话相合，“亲爱的弟兄啊，我们的心若责备我们，上帝比我们的心大”（约一 3：20）等。

11 信上说，“在乎灵，不在乎字句”（罗 2：29）。这就是说，律法应该被理解为灵上的，而不是字句上的。这句话特别是指着那些在肉体上而不是在灵上来理解割礼的人说的。

12. 信上说，“这人的称赞不是从人来的，乃是从上帝来的”（罗 2：29），这合乎保罗所说的，“唯有里面作的，才是真犹太人”（罗 2：29）。

13—18. 信上说，“凡有肉体的，没有一个因行律法能在上帝面前称义，因为律法本是叫人知罪”（罗 3：20），又说了类似的话。有些人认为，这应该被看作对律法的攻击，但我们要小心解读，看起来律法并没有被保罗谴责，人的自由决断也没有被剥夺。（2）由此，让我们区分人的如下四个阶段：在律法之前、在律法之下、在恩典之下和在平安之中。在律法之前，我们追求肉体的贪欲；在律法之下，我们为它所牵引；在恩典之下，我们既不追求它，也不为它所牵引；在平安之中，就没有了肉体的贪欲。（3）由此，在律法之前，我们不抗争，因为我们不仅心生贪欲和犯罪，甚至也喜欢罪。在律法之下，我们抗争，但为罪所胜。我们承认自己作恶，并因着这承认，我们真的不愿去作，但因着缺乏恩典，就仍为罪所胜。（4）在这一阶段，就显明了，我们所处是何等的低，而当想起来时，我们却又倒下，所受的苦痛就更重了。（5）由此，保罗在信上说，“律法本是外添的，叫过犯显多”（罗 5：20），并在此解释说，“律法本是叫人知罪”（罗 3：20），而不是消除罪，因为惟独恩典才能消除罪。（6）由此，律法本是良善的，因为它禁戒所当禁戒的，命令所当命令的。然而，如果有人认为，借着自己的气力而不是借着他的救主的恩典就能够成全律法，那么这种自以为是对他没有任何益处，反而会害了他，使得他既被更强的犯罪欲念抓住，又被所犯的各样罪抓住，就成了过犯者。（7）因为“哪里没有律法，那里就没有过犯”（罗4：15）。当置身低处的人认识到，仅凭己力不能起来时，就让他呼求释放者的帮助。一时，恩典就临到，赦免先前的罪，帮助抗争的人，赐下公义的爱，并驱走害怕。（8）当这一切成就时，即使——只要在今生中——肉体的诸般欲求与我们的灵相互较量，引我们犯罪，然而借着与上帝的恩典和爱相联结，我们的灵就抵挡这诸般欲求，不再犯罪。（9）因为我们犯罪，不在于有这败坏的欲求，而在于我们顺从它。与此相应，保罗说，“不要容罪在你们必死的身上作王，使你们顺从身体的欲求”（罗6：12）。（10）在此，他就表明，我们仍有诸般欲求，但只要不顺从它们，我们就不会容许罪在我们的身上作王。然而，这诸般欲求来自肉体的必死，而肉体的必死是我们从初人的初罪得来的，使得我们生来就是属肉体的。直至我们借着身体的复活得到了应许给我们的变形，这诸般欲求才会完结，之后将有完全的平安，我们进到了第四个阶段。（11）这是完全的平安，因为我们不抵挡上帝，就没有什么会抵挡我们。保罗对此说，“身体就因罪而死，灵却因义而活。然而，叫耶稣从死里复活者的灵若住在你们心里，那叫基督从死里复活的，也必借着住在你们心里的圣灵，使你们必死的身体又活过来”（罗8：10—11）。（12）自由决断完美地存在于初人中，而在恩典之前，我们就没有自由决断，以不犯罪，但正是如此，我们才不意愿犯罪。然而，有了恩典，我们就不仅意愿正直行事，也能这样行，不是借着自己的气力，而是借着释放者的帮助，在从死里复活中，他将给我们带来完全的平安（px perfect），这平安是从善好意志来的。（13）因为“在至高之处荣耀归于上帝，地上的平安归于心怀善好意志的人”（路2：14）。

19. 信上说，“这样，我们因信废了律法吗？断乎不是！更是坚固律法”（罗 3：31）。这就是说，我们肯定了律法。然而，如果不是借着义，律法应该怎样被肯定呢？（2）此外，义是因信而来的，那些不能因律法而被成全的就因信而被成全了。

20. 信上说，“倘若亚伯拉罕是因行为称义，就有可夸的，只是在上帝面前并无可夸”（罗 4：2）。这就是说，在没有律法时，亚伯拉罕不是借着作律法的事工才得了荣耀，好像他借着自己的气力就能够成全律法；因为律法此时还没有被赐下，荣耀是上帝的，而不是亚伯拉罕的。（2）因为他被称义，不是借着自己的功德，就好像借着各种事工，而是借着因信而得的上帝的恩典。

21. 信上说，“作工的得工价，不算恩典，乃是该得的”（罗4：4）。保罗在这里说到，人怎样付工价给别人。（2）因为上帝借着恩典付工价，就付给罪人，使得他们因信而会公义地生活，即作善工。因此，一旦得到恩典，我们就会作善工，但这不取决于我们，而取决于借着恩典使我们称义的上帝。（3）因为，如果他要付人所该得的工价，那么他将会施行惩罚，这才是罪人所该得的工价。

22. 信上说，“称罪人为义的上帝”（罗 4：5）。这就是说，他使不虔的人成为虔信，以致这人将来就持守在这虔信和义中。因为，他被称义，就会成为义人，也就不会认为自己被容许继续犯罪。

23. 信上说，“因为律法是惹动愤怒的”（罗 4：15）。这是指惩罚，适用于第二个阶段，当时所有人都在律法之下。

24. 信上说，“在他所信的上帝面前”（罗 4：17）。这是指，信在人的里面，在上帝面前，而不是在人的外在表现，就好像肉体上的割礼。

25. 信上说，亚伯拉罕“将荣耀归给上帝”（罗 4：20）。他不同于那些人，他们借着作律法的事工而在人面前寻求自己的荣耀。

26. 信上说，“不但如此，就是在患难中也是欢欢喜喜地”（罗

5：3）等。就这样，保罗逐步把我们引向上帝的爱（罗 5：6），而借着圣灵的恩赐，这爱就浇灌在我们心里。他向我们表明，所有我们会归给自己的，都应该被归给上帝，是他借着恩典把圣灵赐给我们。

27—28. 信上说，“罪已经在世上，直到有了律法”（罗 5：13）。这就是说，直到恩典到来。（2）保罗这样说，是要反驳那些人。他们认为，借着律法，罪就能够被消除。当说，“但没有律法，罪也不算罪”（罗 5：13），他就表明了，罪不是被律法消除，而是被律法显明出来。他不是说，“罪也不存在”，而是说，“罪也不算罪”。（3）并非一旦律法被赐予，罪就被消除了，而是罪开始被算为罪，即罪被显明出来。我们不应该认为，“直到有了律法”是指，当在律法之下时，就没有了罪。保罗是说，“直到有了律法”，使得你将会把律法的全部时间算到它的总结，即基督。

29. 信上说，“然而从亚当到摩西，死就作了王，连那些不与亚当犯一样罪过的，也在他的权下”（罗 5：14）。这里有两种断句方式：“连那些与亚当犯一样罪过的，死就作了王”，甚至连那些没有犯过罪的也仍然死了，因为他们生于亚当的必死；或确切地说，（2）“死就作了王，连那些不与亚当犯一样罪过的，也在他的权下”，但在有律法之前，他们就已经犯了罪。由此，那些领受了律法的人就会被看作是与亚当犯一样罪过的，因为亚当也是在领受诫命之法后才犯罪的。（3）当然，“到摩西”这个状语，使人可以理解律法的全部时间。此外，亚当是“那以后要来之人的预像”（罗 5：14），但相反的是，正如死亡是从亚当来的，生命是从我们的主来的。（4）信上说，“只是过犯不如恩赐”（罗 5：15），因为恩赐超越过犯有两种方式。首先，恩典就更显多了，因为它会带来永生，虽然借着亚当的死，死现在就作了王。其次，因一人的过犯而定罪，亚当就使得，众人都死了；而借着我们的主耶稣基督，恩典就被赐给那许多的过犯，叫我们得永生。（5）由此，保罗解释另一个对比说：“因一人犯罪就定罪，也不如恩赐，原来审判是由一人而定罪，恩典乃是由许多过犯而称义”（罗 5：16）。（6）“由一人”应该被看作“由一次过犯”，因为随后说，“恩典乃是由许多过犯”。这个对比就是：在亚当中，一次过犯就定罪；而借着主，许多过犯就得了赦免。（7）其下就包含这两层意思，正如保罗解释说，“若因一人的过犯，死就因这一人作了王；何况那些受洪恩又蒙所赐之义的，岂不更要因耶稣基督一人在生命中作王吗？”（罗 5：17）（8）由此，“更要作王”是指永生；“受洪恩”是指，许多过犯得了赦免。（9）在阐明这些对比之后，保罗就回到自己原来的思路；他之前说，“这就如罪是从一人入了世界，死又是从罪来的”（罗 5：12），打断了这一思路。（10）他现在回到原来的思路，“如此说来，因一次的过犯，众人都被定罪；照样，因一次的义行，众人也就被称义得生命了。因一人的悖逆，众人成为罪人；照样，因一人的顺从，众人也成为义了”（罗 5：18—19）。之前已经说过，这是以后要来的亚当的预像。由于引入这两个对比，保罗就打断了原来的思路，直到现在才回来总结说，“因一次的过犯，众人都……”等。

30. 信上说，“律法本是外添的，叫过错显多”（罗 5：20）。保罗以这句话来充分说明，犹太人并不知道，律法为什么被赐下。（2）律法并不带来生命，而恩典借着信心才带来生命。然而，赐下律法旨在表明，对于那些想借着自己的气力来成全义的人，罪对他们的捆绑是何等紧啊！（3）当禁令使贪欲更加炽烈且过犯临到那些犯罪违背律法的人时，罪就显多了。要理解这一点，就必须进入人类四阶段的第二个，即在律法之下。

31. 信上说，“这样，怎么说呢？我们可以仍在罪中，叫恩典显多吗？断乎不可！我们在罪上死了的人岂可仍在罪中活着呢？”（罗 6：1—2）在这里，保罗提到过去的罪：它们已经被赦免，而在这一赦免中，恩典就更显多，以至除去了先前所犯的罪。（2）由此，如果有人想让罪增多以感到恩典也增多，那么他就没有认识到，这样作会使得，恩典在自己身上什么都作不成。因为恩典所作的工恰恰是，我们在罪上死了。

32—34. 信上说，“因为知道我们的旧人和他同钉十字架，使罪身灭绝”（罗 6：6）。这就关涉到摩西所说的，“被挂的人是在上帝面前受咒诅的”（申 21：23）。（2）正如主的十字架象征着旧人被钉十字架，主的复活也表现了新人的重生。（3）显然，对于保罗来说，我们就像受咒诅的旧人；没有人怀疑，为了这些旧人，主自己被称为“罪”，因为他“亲身担当了我们的罪”（约 1：29；彼前 2：24），“替我们成为罪”（林后 5：21），且借着罪“定了罪案”（罗 8：3）。（4）然而，“使罪身灭绝”是什么意思呢？保罗就解释说，“叫我们不再作罪的奴仆”（罗 6：6），又说“我们若是与基督同死……”（罗 6：8），即我们若是与基督同钉十字架。（5）正如他在别处说，“凡属基督耶稣的人，是已经把肉体连肉体的邪情私欲同钉在十字架上了”（加 5：24）。因此，摩西并没有诋毁主，而是预言了他被钉十字架将指什么。

35. 信上说，“罪必不能作你们的主，因你们不在律法之下，乃在恩典之下”（罗 6：14）。这显然是指第三个阶段，此时人以内心顺服上帝的律，即使他的肉体还顺服罪的律（参罗 7：25）。因为他不再顺服罪的冲动，但各样的贪欲还将会搅扰他、引诱他，一直到身体被复活，“死被得胜吞灭”（林前 15：54）。（2）由此，因为不顺服堕落的欲求，我们就在恩典之下，而罪也不在我们必死的身上作王。的确，保罗在这里说，“我们在罪上死了的人岂可仍在罪中活着呢？”（罗 6：2）这就描述了立在恩典之下的人。然而，对于作罪的奴仆的人，即使他想抵挡罪，也仍然处在律法之下，还不在恩典之下。

36. 信上说，“就如女人有了丈夫，丈夫还活着，就被律法约束；丈夫若死了，就脱离了丈夫的律法”（罗 7：2）等。我们应该注意到，这一类比如何不同于它的主题。因为保罗在这里说，丈夫若死了，女人就可以归于她所意愿的人，因为她已经完全脱离了丈夫的律法。

（2）此外，他在这里把灵魂看作女人，把丈夫看作罪所带来的痛苦，即罪在肢体中发动，以致结成死亡的果子，而后裔就生在这样的组合中（罗 7：4—6）。律法被赐下，不是要消除罪，或使人脱离罪，而是要在恩典面前显明罪。这就是为什么，那些在律法之下的人被更强烈的犯罪欲念所掌控，并因着过犯而更多地犯罪。（3）由此，保罗做了三重类比：女人代表灵魂，丈夫代表罪所带来的痛苦，丈夫的律法代表律法。保罗不是说，就如丈夫死了，女人就脱离了，罪死了，灵魂就脱离了；而是说，灵魂自己向罪死了，就脱离了律法，以至能够归于另一个丈夫，即基督，因为灵魂已经向罪死了，虽然罪自身还一如既往地活着。（4）既然如此，虽然犯罪的各样欲念和引诱还存在，但我们不再顺服和认可它们，因为我们已经向罪死了，就内心顺服上帝的律法。（5）此外，当身体在复活中被更新时，罪也将死了。保罗随后对此说："借着住在你们心里的（圣）灵，使你们必死的身体又活过来"（罗 8：11）。

37. 信上说，"然而，罪趁着机会，就借着诫命叫诸般的贪欲在我里头发动"（罗 7：8）。我们应该看到，之前并不存在诸般的贪欲，直至禁令使它得以加添。（2）因为没有释放者的恩典，禁令就只会加添贪欲；由此，在禁令之前，并不存在诸般的贪欲。（3）然而，正如我们所说的，当禁令被设下却还没有恩典时，贪欲就大大地滋长，以致在诸般中达到满盈，甚至开始抵挡律法，借着过犯而积蓄各样的罪行。（4）信上说，"没有律法，罪是死的"（罗 7：8）。保罗的意思不是罪不存在，而是罪隐藏起来了。他接下来就说得很明了，"但罪借着那良善的叫我死，就显出真是罪"（罗 7：13）。（5）律法是良善的，但没有恩典，它就只会显明罪，而不会消除罪。

38. 信上说，"我以前没有律法是活着的"（罗 7：9）。这应该被理解为，我好像是活着的，因为在诫命来到之前，罪隐藏起来了。（2）信上还说，"但是诫命来到，罪又活了，我就死了"（罗 7：9），即罪开始显明自身，而我就认识到，我是死的。

39. 信上说，“因为罪趁着机会，就借着诫命引诱我，并且杀了我”（罗 7：11）。这是因为，被禁止的贪欲，其果子是更甜的。（2）由此，暗中所犯的罪是更甜的，虽然这甜是致死的。在《箴言》中，作为错误教导的化身，一个妇人坐着喧嚷呼叫，引诱愚蒙无知的人转到她那里来，“吃暗中的饼是香的，喝偷来的水是甜的”（箴 9：17）。（3）这甜就是罪在诫命中找到的机会（参罗 7：11），而一旦找到了，它就全然骗了我，招来更大的痛苦。

40. 信上说，“既然如此，那良善的是叫我死吗？断乎不是！叫我死的乃是罪。但罪借着那良善的叫我死，就显出真是罪”（罗 7：13）。在这里，保罗阐明了先前所说的，（2）“没有律法，罪是死的”（罗 7：8）。他先前那样说，是因为罪隐藏起来了；而现在这样说，不是良善的即律法叫他死，而是罪借着律法的良善就生出死来，因此显明出来，而先前没有律法，罪是隐藏起来的。（3）对于任何人，只要不能够成全自己所认为公义的命令，他就应承自己是死的。因为过犯的罪行，他比起没有禁令的时候就犯了更多的罪。（4）由此，保罗总结说，“叫罪人或罪因着诫命更显出是恶极了”（罗 7：13）。在诫命来到之前，罪还很小，因为“哪里没有律法，那里就没有过犯”（罗 4：15）。

41. 信上说，“我们原晓得律法是属乎灵的，但我是属乎肉体的”（罗 7：14）。这就清楚表明，没有人能够成全律法，除非属灵的人，而他是借着上帝的恩典才成全的。（2）属灵的人将轻省地成全律法的命令；他将不是在律法之下，而是在律法之侧。此外，他就不被属世的善所俘虏，也不被属世的恶所侵扰。

42. 信上说，我“是已经卖给罪了”（罗 7：14）。这是指，因着犯罪，每个人都把自己的灵魂卖给了魔鬼，而所得的价银就是属世快乐的甘甜。（2）由此，主也被称为我们的救赎者，因为正如刚才所说的，我们已经被卖了。

43. 信上说，“我所作的，我自己不明白”（罗7：15）。对于不明白的人，这似乎与先前所说的相矛盾，即“罪借着那良善的叫我死，就显出真是罪”（罗7：13）。如果不明白自己所作的，他的罪怎么会显明出来呢？（2）在这里，“我自己不明白”的意思是，“我自己不赞成”。就如同，人并不是看见黑暗，而是借着光才分辨出来它：感知到黑暗并不是去看见它。（3）罪也是这样，因为罪不是被义的光所显明，而是借着不明白被分辨出来，就如黑暗不是借着看见才被感知到。对此，《诗篇》说，“谁能明白自己的错失呢？”（诗19：12）

44. 信上说，“我所意愿的，我并不作；我所恨恶的，我倒去作。若我所作的，是我所不意愿的，我就应承律法是善的”（罗7：15—16）。由此，律法就得到充分辩护，不受任何谴责，但必须小心，以免有人认为，这些话剥夺了我们的意志的自由决断，其实并不然。（2）这里所说的人是在律法之下，在恩典之前，而只要试图借着自己的气力去公义地生活，不得到上帝的使人得释放的恩典的帮助，他就会为罪所胜。（3）然而，他有自由决断，就可以相信这释放者，并得到恩典，且可以借着赐予恩典者的释放和帮助而不再犯罪，他就不在律法之下，而在律法之侧或之内，借着上帝的爱而成全律法，但借着害怕却不能。

45—46. 信上说，“我觉得肢体中另有个律，和我心中的律交战，把我掳去叫我附从那肢体中犯罪的律”（罗7：23）。这里说到犯罪的律，有人就因肉体的习惯而为之所捆绑辖制。（2）保罗说，这律与心中的律交战，把他掳到犯罪的律之下，可以看到，这里所描述的那人还不在恩典之下。（3）如果肉体的习惯仅仅是与人交战，却没有把他掳去，他就不会被定罪。被定罪在于，我们顺服并服事邪恶的肉体欲求。（4）但如果这些欲求在不断侵扰，我们却没有顺服它们，那么我们就不会被掳去，而是已经在恩典之下了。在呼唤和恳求释放者的帮助时，保罗将说到恩典，使得害怕借着律法所不能作到的，都被爱借着恩典作到了。（5）他说，“我真是苦啊！谁能救我脱离取这死的身体呢？”（罗

7：24）并接着说，“靠着上帝借着我们的主耶稣基督而赐下的恩典就能脱离了”（罗7：25）。（6）随后，他开始描述已经在恩典之下的人，这是上文所划分的那四个阶段中的第三个。在论及这一阶段时，他立即接着说，“这样看来，我以内心顺服上帝的律，我肉体却顺服罪的律了”（罗7：25），就是说，肉体的欲求还存在，但他不再意愿顺服它们而去犯罪，就已经在恩典之下，以内心顺服上帝的律，虽然肉体还顺服罪的律。（7）保罗把从亚当的过犯而起的罪的律说成是必死的境况，使得我们生来就是必死的。因着这一苦境，肉体的贪欲就不断侵扰，保罗在别处也说，我们“本为可怒之子，和别人一样”（弗2：3）。

47. 信上说，“如今，那些在基督耶稣里的就不定罪了”（罗8：1）。这充分表明，即使肉体的欲求还存在，但只要不顺服它们去犯罪，人就不会被定罪。（2）这是指那些在律法之下而还不在恩典之下的人，因为他们不仅要与贪欲交战，而一旦顺服，就会被贪欲所掳去。不过，这并不适用于那些内心顺服上帝的律法的人。

48. 信上说，“律法既因肉体软弱，有所不能行的，上帝就差遣自己的儿子，成为罪身的形状，作了赎罪祭，在肉体中定了罪案，使律法的义成就在我们这不随从肉体，只随从圣灵的人身上”（罗8：3—4）。（2）这里极其明确地教导说，律法的这些命令并没有被成全，虽然它们应该被成全，因为那些得了律法却还没有得到恩典的人，就被交给属肉体的善好，并试图从中获取至福；他们内心并不害怕，除非有苦难威胁这些善好；而当这些属世的善好被威胁时，他们就轻易地从律法的命令上退缩了。（3）由此，律法所命令的没有被成全，它就变得更加软弱。没有被成全，不是因为律法自身的过错，而是因为肉体，即那些人追求属肉体的善好，就不爱律法的义，而把属世的益处看得更重。（4）由此，我们的释放者主耶稣基督就取了必死的肉体，成为罪身的形状。因为罪身的工价乃是死（罗6：23）。（5）但显然，主的死是荣耀的，不是还债。保罗在这里把基督取了必死的肉体称为罪，即使他是没有罪的，因为正如他是不死的，他是在死时“成为罪”（林后5：21）。（6）但保罗说，“作了赎罪祭，在肉体中定了罪案”（罗8：3）。主的死使得，那些曾经有属世智慧却由此不能成全律法的人，就不再害怕死，且既不再追求属世的善好，也不再恐惧属世的恶。（7）主作为人已经毁坏并除去了这所谓的智慧，而当人行事不随从肉体，却随从圣灵，律法的义就被成全了。（8）经上明明地说，“我来不是要废掉，乃是要成全”（太5：17）。“爱就完全了律法”（罗13：10），这爱是那些行事随从圣灵的人的，（9）就得了圣灵的恩典。由此，当人害怕而不是爱义时，律法就没有被成全。

49. 信上说，“肉体的智慧与上帝为仇，不顺服上帝的律法，也是不能顺服”（罗8：7）。其下会表明，为仇是什么，以免有人认为，存在某种出于对立原则的自然，不是上帝所造，却力主与上帝为仇。（2）由此，与上帝为仇被说成，不遵行他的律法，却随从肉体的智慧，即追求属世的善，害怕属世的恶，（3）因为智慧的定义通常被解释为追求善且逃避恶。保罗恰当地称之为肉体的智慧，即追求较低的、不能长存的善，却害怕失去这些终将要失去的善。（4）这样的智慧不能遵行上帝的律法，但当它被除尽，以至为灵的智慧所胜过时，它就会遵行这些律法，因为我们的盼望不在于属世的善，我们的害怕也不在于属世的恶。（5）灵魂的自然是单一的，在追求较低等级的东西时，它就有肉体的智慧，在选择较高等级的东西时，它就有灵的智慧，像水的自然也是单一的，因冷而凝，因热而融。（6）由此信上说，肉体的智慧“不顺服上帝的律法，也是不能顺服”（罗8：7）；同样可以说，雪不能受热，而一旦受热，雪就会消融，水就会变热，没有人还能称它为雪。

50. 信上说，“身体就因罪而死，心灵却因义而活”（罗8：10）。身体的死是指必死。（2）因为这种必死，对属世之物的渴求就侵扰着灵魂，惹动起某些欲求，而人内心现在顺服了上帝的律法，就不会屈服再去犯罪。

51. 信上说，“然而叫耶稣从死里复活者的灵，若住在你们心里，那叫基督耶稣从死里复活的，也必借着住在你们心里的（圣）灵，使你们必死的身体又活过来”（罗8：11）。这是指上述划分的四个阶段的第四个。（2）但人在今生是达不到这个阶段的；它属于盼望，即我们等待着自己的身体得到救赎，使必朽坏的变成不朽坏的，必死的变成不死的（林前15：53—54）。（3）之后将是完全的平安，因为身体现在已经复活，变成属天的样式，灵魂就不再受它的侵扰。

52. 信上说，“你们所受的不是奴仆的灵，仍旧害怕；所受的乃是儿子的灵，因此我们呼叫：‘阿爸，父！’”（罗8：15）很明显，保罗区分了新旧两约的时间，旧约属于害怕，而新约属于爱。（2）但有人会问，什么是奴仆的灵？儿子的灵肯定是圣灵，而奴仆的灵招来害怕，有着致死的权柄。因为这一害怕，那些在律法之下却还不在恩典之下的人，就将在奴仆的灵下度过一生。（3）毫不奇怪，借着上帝的旨意，那些追求属世的善好的人就受了奴仆的灵，而律法和诫命不是属于这灵的，（4）因为“律法是圣洁的，诫命也是圣洁、公义、良善的”（罗7：12），而奴仆的灵却绝对不是良善的。那些不能成全律法的命令的人就受了这灵，顺服肉体的欲求，还没有借着释放者的恩典而成为儿子。没有人会在奴仆的灵的权下，除非有人因神意的命令而被交给它，因为上帝的义就是使之各得其所。（5）保罗得了这一权柄，就指着某些人说，“我已经把他们交给撒旦，使他们受责罚，就不再谤渎了”（提前1：20），又指着另一个人说，“要把这样的人交给撒旦，败坏他的肉体，使他的灵魂可以得救”（林前5：5）。（6）那些在律法之下却还不在恩典之下的人就为罪所胜，去顺服肉体的欲求，因着过犯而加添自己的罪责；他们就受了奴仆的灵，而这灵有着致死的权柄。（7）如果把奴仆的灵理解为人的灵，那么我们就要把儿子的灵理解为向着某种更好的转变。（8）但因为我们把儿子的灵理解为圣灵，那么保罗说，

“这灵见证我们的灵”，就明显是指着圣灵说的。（9）而奴仆的灵是罪人所顺服的。正如圣灵使人脱离死，奴仆的灵却有着致死的权柄，就借着人对死的害怕而有了罪感。由此，每个人都转而寻求释放者的帮助，即使魔鬼还在引诱他，想把他永远纳入自己的权下。

53. 信上说，“受造之物切望等候上帝的众子显出来。因为受造之物服在虚空之下，不是自己意愿”等，随后又说，“我们也是自己心里叹息，等候得着儿子的名分，乃是我们的身体得赎”（罗 8：19—23）。（2）这应该被理解为，我们既不可以猜测，悲伤和叹息之情生发自树木、菜蔬、石头或者其他诸如此类的受造之物，这其实是摩尼教的谬见；（3）也不可以臆断，圣天使顺服于虚空，或者持有这样的看法，因为他们脱离了死的奴役，也将根本不会死；而要认为，一切受造之物毫无疑问是指人类自己。（4）受造之物所指的不过是：属灵的，最佳展现在天使中；属魂的，充分显现在野兽的生命中；属体的，可以被看见或触摸。然而，这一切都存在于人类里面，因为人类是由灵、魂和体构成的。（5）由此，“受造之物切望等候上帝的众子显出来”，特别是，所有一切都在人里面劳苦，服在败坏之下。这就完全表明了保罗所说的，（6）“因为你们已经死了，你们的生命与基督一同藏在上帝里面。基督是我们的生命，他显现的时候，你们也要与他一同显现在荣耀里”（歌 3：3—4）。（7）约翰也说，“亲爱的弟兄啊，我们现在是上帝的儿女，将来如何，还未显明；但我们知道，主若显现，我们必要像他，因为必得见他的真体”（约一 3：2）。（8）这样，受造之物等候上帝的众子显出来，而只要被交给如影飞逝的属世之物，人里面就服在虚空之下。（9）《诗篇》说，“人被造得好像虚空，他的年日如同影儿快快过去”（诗 144：4）。（10）所罗门也说到虚空，“虚空的虚空，凡事都是虚空。人一切的劳碌，就是他在日光之下的劳碌，有什么益处呢?”（传 1：2—3）（11）大卫也说，“你们喜爱虚妄，寻找虚假，要到几时呢?”（诗 4：2）保罗说，受造之物不是自己意愿服在虚空之下，因为这是受到的惩罚。(12) 人出于意愿而犯罪，却不意愿被定罪，虽然这定罪被加于我们的自然上，但也不是没有复原的指望。(13) 保罗对此说，“乃是因那叫他如此的。但受造之物仍然指望脱离败坏的辖制，得享上帝儿女自由的荣耀”（罗 8：20—1）。由此，保罗看到，虽然受造之物还未借着信加入上帝的儿女，但最终会加入那些将归信的人中；他才会说，“受造之物将脱离败坏的辖制”，以致不再服事所有罪人都服事的败坏。(14) 对于罪人，经上说，“你吃的日子必定死”（创 2：17)，而受造之物将“脱离败坏的辖制，得享上帝儿女自由的荣耀”。这就是说，受造之物会借着信而得享上帝儿女自由的荣耀，其现在被称为“受造之物”在于，他里面还没有信。随后，保罗就说，“我们知道一切受造之物一同叹息、劳苦，直到如今”（罗 8：22)。(15) 既然将要信的人还在灵上陷入劳神的错谬，为了不让人认为，这里只说到他们的困难，保罗就转而说那些已经信了的人。(16) 以灵，即以内心，他们顺服上帝的律法，但他们的肉体却顺服罪的律法，而我们还承受着自己的必死所带来的烦恼和忧虑。由此，保罗接着说，(17)“不但如此，就是我们这有圣灵初结果子的，也是自己心里叹息”（罗 8：23)。(18) 就是说，受造之物只是指着人类说的，不仅那些还没有信、因此还没有被接纳为上帝的儿女的人在悲伤和叹息，就是我们这些已经信且有灵初结果子的人也在悲伤和叹息，因为我们借着信以灵亲近上帝，就不再被称为受造之物，而被称为上帝的儿女，(19) 但我们“也是里面叹息，等候得着儿子的名分，乃是我们的身体得赎”（罗 8：23)。(20) 这儿子的名分已经赐给那些相信的人，但是在灵上，不是在身体上。因为身体还没有被变形，成为那属天的形状，而灵就会借着归信的和好脱离了错谬，转向上帝。(21) 由此，这些相信的人也还在等候那明证，即显明为身体的复活，而这就进入第四个阶段，将有完全的平安和永恒的安息，我们就会抵挡住任何败坏，没有烦恼侵扰。

54. 信上说，“况且，我们的软弱有圣灵帮助，我们本不晓得当怎样祷告”（罗 8：26）。保罗这里在说圣灵，从其下就可以表明：（2）“圣灵照着上帝的旨意替圣徒祈求”（罗 8：27）。“我们本不晓得当怎样祷告”，在于两点。其一，我们所盼望和追求的是“那所不见的”（罗 8：25）。其二，在今生中，许多东西看似对我们有益，实际上却无益，反之亦然。（3）患难临到上帝的奴仆，是要试探或矫正他，但对那些不甚理解的人有时却并无用处。如果回忆起经上所说，（4）“从患难中赐给我们帮助，因为人的安好是枉然的”（诗 60：11），他就会理解，上帝时常借着患难帮助我们，而安好有时是无益的，错误地渴求它只会使得灵魂喜悦和贪恋今生。（5）同样地，“我遭遇患难愁苦，那时，我便求告主的名”（诗 116：3—4）。这里说“遭遇”，要表明它是有益的，因为我们并不欢喜遭遇什么，除非是正在寻求它。（6）“我们本不晓得当怎样祷告”，上帝却知道，什么对我们的今生有益，又在我们的来生赐予什么。（7）然而，“只是圣灵亲自用说不出来的叹息替我们祷告”（罗 8：26）。这里说，圣灵在叹息，使得我们也叹息，并借着爱唤起我们对来生的渴望。正如经上说，“主你们的上帝试验你们，要知道你们是爱他不是”（申 13：3）。这其实是使你们知道，因为没有什么能瞒得过上帝。

55. 信上说，“他所呼召的人，又称他们为义”（罗 8：30），保罗能够认识到，并被追问，是否所有被呼召的人都被称义。但我们在别处读到，“被呼召的人多，被拣选的人少”（太 22：14）。（2）不过，由于被拣选的人肯定被呼召了，这就表明，除非被呼召，否则不会被称义；但不是所有被呼召的人都被称义，而只是那些“按他旨意被呼召的人”（罗 8：28），正如保罗刚才所说的。（3）必须认识到，这旨意是上帝的，不是他们的。至于什么是“按他旨意”，保罗就解释说，“因为他预知的人，就预定他们效法他儿子的形象”（罗 8：29）。（4）不是所有被呼召的人都是按他旨意被呼召的，因为这一旨意关涉到上帝的预知和预定。上帝不会预定某个人，除非他预知这个人将会相信并追随他的呼召，保罗说，这样的人才是“被拣选的”。（5）许多人没有来，虽然已经被呼召，但没被呼召的就没有人会来。

56. 信上说，“使他儿子在许多弟兄中作长子”（罗 8：29）。保罗清楚地表明，我们的主应该被理解为，既是独生的，又是首生的。（2）说他是独生的，因为他没有弟兄，在自然上是上帝的儿子，是太初的道，万物都是借着他造的。（3）然而，他取了人的样式，道成了肉身。正是借着他，我们这些在自然上不是儿子的就得了儿子的名分。由此，他就被说成是首生的，有许多弟兄。（4）首生的表明，他不是孤零零的，而是领着跟随的许多弟兄到他所去的地方。保罗在别处说，他“是从死里首先复生的，使他可以在凡事上居首位”（歌 1：18）。（5）因为在他之前，没有人从死里复活就不再死，但在他之后，就有许多圣徒不再死，他明明地称他们为弟兄，因为他取了他们的样式。

57. 信上说，“谁能使我们与基督的爱隔绝呢？难道是患难吗？是困苦吗？是逼迫吗？”（罗 8：35）等。这基于先前所说的，（2）“如果我们和他一同受苦，也必和他一同得荣耀。我想，现在的苦楚若比起将来要显于我们的荣耀，就不足介意了”（罗 8：17—18）。（3）保罗这样说，是要勉励听众不要被逼迫压垮，以免他们随从肉身的智慧活着，就追求属世的善好，害怕属世的恶。

58. 信上说，“我深信”（罗 8：38），而不是，“我认为”。由此，保罗表明了自己充分的信心，“无论是死”（罗 8：38），是应许的属世生命，还是他列举出的其他什么，都不能够使信徒与上帝的爱隔绝。（2）没有人能够把信徒与上帝隔绝：以死亡相威胁的人不能，因为信了基督的人即使死了，将来必要活着；应许生命的人也不能，因为基督赐予他永生。（3）与应许的永生相比，应许的属世生命根本不值一提。“是天使”（罗 8：38）也不能使我们隔绝，因为“是天上来的使者，若传福音给你们，与我们所传给你们的不同，他就应当被咒诅”（加 1：8）。（4）“是掌权的”（罗 8：38）即敌对力量也不能，因为基督已经“将一切执政的、掌权的掳来”，就仗着自己夸胜（歌 2：15）。（5）“是现在的事，是将来的事”（罗 8：38）也不能，它们都是属世之物，无论是使人喜悦、使人受压迫、使人盼望或使人害怕。“是有能的”（罗 8：38）也不能，（6）这里应该把“有能”理解为敌对力量。正如经上说的，“除非先捆住那壮士，才可以抢夺他的家财”（太 12：29）。“是高处的，是低处的”（罗 8：38）也不能，（7）因为除非爱得了胜，否则虚空的好奇会使人与上帝隔绝，虽然所好奇的或是未知的，或是知之枉然的，或是天上的，或是深渊中的。爱把人引向稳固的、属灵的知识，不是借着外在之物的虚空，而是借着内在的光。（8）“是别的受造之物”（罗 8：38）也不能。对此有两种理解方式：其一，可见的受造之物，因为我们作为灵魂也是受造之物，却是不可见的。对于这一解释，保罗的意思是，没有别的受造之物，即对可见的身体的爱，使我们隔绝。当然，这里的意思也可能是，没有别的受造之物能够使我们与上帝的爱隔绝，因为没有别的受造之物站立在我们与上帝之间，并抵挡我们，使我们脱离他的怀抱。（9）因为在人的心灵之上，这心灵是理性的，就没有别的受造之物，而只有上帝。

59. 信上说，“列祖就是他们的祖宗；按肉体说，基督也是从他们出来的”，又说，“他是在万有之上，永远可称颂的上帝”（罗 9：5）。保罗称赞这一满溢的信心，因为我们认信，按所取的肉体说，我们的主是人的儿子；但按永恒说，他是太初的道，是在万有之上，永远可称颂的上帝。（2）有些犹太人只认可这一认信的前半部分，就被主所责备。当时，他问他们，让他们说基督是谁的子孙，他们就回答说，是“大卫的”（太 22：42—3）。（3）这是按肉体说的，但对于他的神性，即他事实上就是上帝，他们却无言以对。主就对他们说，“大卫被圣灵感动，怎么还称他为主？”（太 22：43）（4）这使得他们认识到，自己仅仅认信了，基督是大卫的子孙，但对于基督还是同一个大卫的主，他们却沉默不语。（5）前者是按所取的肉身说的，后者是按神性的永恒说的。

60. 信上说，“双子还没有生下来，善恶还没有作出来，只是上帝拣选的旨意坚立不移，不在乎事工，而在乎呼召。就有话对利百加说，将来大的要服事小的，正如经上所记，雅各是我所爱的，以扫是我所恨的”（罗 9：11—13）。（2）这就使有些人认为，保罗取消了意志的自由决断，即借着它，我们会以敬虔的善亲近上帝，而以不敬虔的恶冒犯上帝。（3）因为他们说，双子还没有生下来，善恶还没有作出来，上帝就爱这个，恨那个。（4）但我们回答说，上帝这样作是借着他的预知，他知道还没有生下来的人将来会是怎样的人。没有人会说，“上帝拣选了他爱的人的事工，因为他预知了这将来的事工，虽然它们还没有作出来。”如果上帝拣选了事工，那么保罗怎么说，拣选不在乎事工呢？（5）由此，这应该理解为，善的事工是借着爱作出来的，而爱是借着圣灵的恩赐临到我们的，就如保罗自己说，（6）“借着赐给我们的圣灵，上帝的爱被浇灌在我们心里”（罗 5：5）。由此，没有人应该因自己的事工得荣耀，因为这是借着上帝的恩赐才作出来的，而爱亲自在他里面作出善来。（7）那么，上帝拣选了什么呢？因为如果他把圣灵赐给他所属意的人，爱就藉此作出善来，那么他如何拣选呢，拣选他所恩赐的人吗？（8）如果不是按着功德，那就不是拣选，因为在功德之前，所有人都是平等的，在完全平等的东西中不能被称为拣选。（9）但既然圣灵只被赐给相信的人，上帝就的确没有拣选他自己所保证的事工，因为在他赐下圣灵时，我们就会借着爱作出善来，但他却拣选了信仰。（10）因为除非某个人相信他，并出于意志而坚持去接受，否则就得不到上帝的恩赐，即圣灵；而借着圣灵所浇灌的爱，他就能作出善来。（11）由此，上帝不是拣选他所预知的事工，这事工是他将赐予的，而是拣选了他所预知的信仰，以至会拣选他自己预知将来相信他的人，再赐予圣灵，使之借着作出来的善而得到永生。（12）保罗还说，“上帝却是一位，在众人里面作一切的事”（林前 12：6），但从未说，“上帝凡事相信”（参见林前 13：7）。由此，我们相信，是我们的，而我们作出来的善，是他的，因为他赐圣灵给相信他的人。（13）这些话可以驳斥某些犹太人，他们已经相信了基督，因在恩典之前所作的事工得了荣耀，就声称借着自己先前的善工而应当得到同样的福音的恩典，但没有人能够作出来善工，除非他得到了恩典。（14）然而，恩典是，呼召临到罪人，而当时，他还没有任何功德，除了要被定罪。（15）如果被呼召的人借着自由决断追随了呼召，他就将应当得到圣灵，并借此能够作出来善，而借着自由决断坚持在圣灵中，他就将来应当得到永生，这永生不能被任何瑕疵所败坏。

61. 信上说，“我将来怜悯了谁，就将怜悯谁；我将来恩待了谁，就将恩待谁”（罗 9：15）。这里表明，在上帝并没有不公平，但当有些人听到，“双子还没有生下来，雅各是我所爱的，以扫是我所恨的”，他们就能不这么说。（2）他说，“我将来怜悯了谁，就将怜悯谁。”当我们还是罪人的时候，上帝首先怜悯了我们，就呼召我们。（3）他还说，“我将来怜悯了谁”，“我”就呼召谁，而当他将来相信了，这时“我就将怜悯谁”。到这时会怎么样，除了上帝赐圣灵给那相信且呼求的人？（4）借着所赐予的圣灵，上帝就将恩待他将来恩待了的人，使他会受恩待，而又借着爱，他就能够作出来善。（5）由此，没有人把他借着这恩待而作的归功于自己，因为上帝已经借着圣灵把爱赐给他了，而没有爱，就没有人能够受恩待。（6）上帝不是拣选行善的人，而是拣选相信的人，使他们作出来善。（7）是我们去相信和去意愿，是上帝去把借着圣灵作善工的能力赐给相信的和意愿的人，而借着圣灵，上帝的爱就被浇灌在我们心里，使我们受恩待。

62. 信上说，“据此看来，这不在乎那意愿的，也不在乎那奔跑的，只在乎发怜悯的上帝”（罗 9：16）。保罗没有取消意志的自由决断，但他说，我们的去意志并不足够，除非上帝帮助我们，使我们受恩待，以借着圣灵的恩赐而作出来善，正如上文所说，（2）“我将来怜悯了谁，就将怜悯谁；将来恩待了谁，就将恩待谁。”（3）因为，除非被呼召，我们就不能去意志，而在呼召之后，我们将去意志，但我们的意志和我们的奔跑都不足够，除非上帝既添加气力给那奔跑的人，又引领他到自己的呼召之处。（4）由此就显明，这不在乎那意志的人，也不在乎那奔跑的人，只在乎发怜悯的上帝，使我们作出来善，虽然我们的意志还在那儿，但它自己什么都不能够作。（5）接下来是对法老所受惩罚的见证，经上记着说，“我将你兴起来，特要在你身上彰显我的权能，并要使我的名传遍天下”（罗 9：17）。就像在《出埃及记》中读到的，（6）法老的心应该被刚硬，以致于甚至不为明明的神迹所打动（参见出 10：1）。由此，法老没有顺从上帝的命令，而这就出于他所受的惩罚。（7）然而，没有人能够说，心的刚硬不应当临到法老，因为这是出于报偿人的上帝的审断而加给不信者的应得惩罚。（8）这并不被归咎于上帝，即法老当时不顺服在于，他不能以被刚硬的心来顺服；反而是，他使自己当得如此，心被刚硬在于他先前的不信。（9）至于上帝拣选的人，不是事工，而是信仰，开启了功德，使得他们借着上帝的恩赐而作出来善；而至于他所定罪的人，不信仰和不敬虔开启了惩罚的功德，使得他们借着这惩罚而作出来恶，就像保罗先前说的，（10）“他们既然故意不认识上帝，上帝就把他们交给邪僻的心，以致行那些不合理的事”（罗 1：28）。（11）他就总结说，“如此看来，上帝意愿谁，他就怜悯谁；他意愿谁，他就刚硬谁。”（罗 9：18）。（12）对于所怜悯的人，上帝就使他作出来善；而对于所刚硬的人，上帝就任凭他作出来恶。不过，那恩待已经被给予基于信仰的先前功德，而那刚硬他已经被给予基于不敬虔的先前功德，（13）以至我们就借着上帝的恩赐而作出来善，借着他的惩罚而作出来恶。然而，意志的自由决断并没有被从人类那里夺走，或以至相信上帝，恩待就临到我们；或以至于不敬虔，惩罚就临到我们。（14）对于所得出的结论，保罗就引入一个问题，如同是反对者提的。“这样，你必对我说，他为什么还指责人呢？有谁抗拒他的意志呢?”（罗9：19）。(15）他合理地回答了这一诘问，使得我们认识到，只有对属灵的人，而非依从那属土的人生活的人，信仰和不敬虔的先前功德才能够显明起来，预知人的上帝就拣选将来相信的人，并定罪将来不相信的人。(16）他拣选那些人不基于事工，定罪这些人也不基于事工，只是赋予那些人的信仰，以使他们作出来善，借着离弃而刚硬这些人的不敬虔，以使他们作出来恶。(17）就像我说的，这一认识显明给那些属灵的人，却远离属肉体的智慧。这样，保罗就反驳了诘问的人，使他看到，自己应该先脱去泥作的人，以应得借着灵来考察这些事。(18）由此，保罗说，“你这个人哪，你是谁，竟敢向上帝强嘴呢？受造之物岂能对造他的说，你为什么这样造我呢？窑匠难道没有权柄，从一团泥里拿一块作成贵重的器皿，又拿一块作成卑贱的器皿吗?”（罗9：20—21）。(19）他说，只要你是受造之物，像一团泥，就还没有被引到属灵之物，而等你成为属灵的，你就审判万事，却不被任何人审判，你应当约束自己不这样诘问或向上帝强嘴。(20）相应地，任何人想知道上帝的旨意，就要先被接纳入他的友谊，而只有属灵的人才能带着那属天的人的形象。因为主说，“以后我不再称你们为仆人，我乃称你们为朋友，因我从我父所听见的，已经都告诉你们了”（约15：15）。(21）因为只要你是窑匠的器皿，你就必然先被铁杖打破，就如经上记着说，(22）“你必用铁杖打破他们，你必将他们如同窑匠的器皿摔碎”（诗2：9），以至外面的人被打破了，里面的人就得了新生，你就在爱里有根有基，明白上帝的爱何等长阔高深，晓得其至高知识（弗3：17—19）。(23）现在，从同一团泥里，上帝作出一些贵重的器皿，一些卑贱的器皿，这不是让你去品评，无论你是谁，只要仍然按着这团泥活着，你的聪明就在属土的心和肉体上。

63. 信上说，“上帝就多多忍耐宽容那可怒、预备遭毁灭的器皿”（罗9：22）。在这里，保罗就充分表明，法老的心被刚硬，是他先前隐藏的不敬虔所应得的。(2）然而，上帝多多忍耐他的不敬虔，直到合适的时候才给与惩罚。他矫正那些自己决定使之脱离谬误的人，呼召并引领他们回到敬畏和敬虔，对他们的祈祷和叹息施与帮助。

64. 信上说，“就是我们被上帝所召的，不但是从犹太人中，也是从外邦人中……就像上帝在何西阿书上说：‘那本来不是我子民的，我要称为我的子民’”（罗 9：24—25）。在这里，整个论证的主题达到了其结论。保罗教导说，我们行善是借着上帝的怜悯，犹太人不应该因为自己的事工而感到荣耀，他们已经领受了福音，却认为这应该归于自己的功德，就不想让它被赐予外邦人。（2）现在，他们应该不再骄傲，并认识到，如果我们被呼召而信仰，不是借着自己的事工，而是借着上帝的怜悯，使得我们这些相信的人去行善，那么他们就不应该舍不得把这怜悯给予外邦人，就好像它被赐予是因为自己先前的功德，而这功德根本不算什么。

65. 信上说，“以赛亚指着以色列人喊着说：‘以色列人虽多如海沙，得救的不过是剩下的余数’”（罗 9：27）。这表明，主如何是房角石，支撑着两面墙。（2）因为这是何西阿为外邦人作的见证：“素不蒙怜悯的，我必怜悯，本非我民的，我必对他说，你是我的民，他必说，你是我的上帝”（何 2：23）。以赛亚为以色列说，“唯有剩下的归回”（赛 10：22），使得他们会被算入亚伯拉罕的那些已经信了基督的后裔。（3）由此，正如在福音中所见证的，主把以色列人和外邦人聚在一处，对外邦人说：“我另外有羊，不是这圈里的；我必须领它们来，它们也要听我的声音，并且要合成一群，归一个牧人了”（约 10：16）。

66. 信上说，“弟兄们，我心里所愿的，向上帝所求的，是要以色列人得救”（罗 10：1）。在这里，保罗开始说自己对犹太人的盼望，以免外邦人反过来敢变得对他们傲慢。（2）就像他先前不得不驳斥犹太人的骄傲，即他们为自己的事工而感到荣耀，现在也驳斥外邦人，以免他们加增骄傲，好像他们比犹太人得蒙眷顾。

67. 信上说，“这道离你不远，正在你口里，在你心里。就是我们所传信主的道。你若口里认耶稣为主，心里信上帝叫他从死里复活，就必得救。因为人心里相信，就可以称义；口里承认，就可以得救”（罗10：8—10）。（2）所有这些都是指着保罗先前所说的：“因为主要在世上施行他的话，叫他的话都成全，速速地完结”（罗9：28）。（3）因为无数曾经重压着犹太人的礼仪已经被除去，借着上帝的怜悯和简洁的信仰坦白，我们就会得蒙拯救。

68. 信上引用摩西的话说，“我要用那不成子民的，惹动你们的愤恨；我要用那无知的子民，触动你们的怒气”（罗10：19）。通过把子民称为无知的，他就解释了，什么是“那不成子民的”，就好像无知的子民不应该被称为子民。（2）然而，保罗说，这无知的子民的信心会惹怒犹太人，因为他们已经接受了犹太人所弃绝的。或者，保罗说“那不成子民的”或“无知的子民”，因为即使这些子民过去是无知的，完全陷入偶像崇拜，但现在却借着信心脱去了外邦人的身份。（3）由此，保罗说，“所以那未受割礼的，若遵守律法的条例，他虽然未受割礼，岂不算是有割礼吗？”（罗2：26）他的意思是，“我要把那不成子民的当作子民，惹动你们的愤恨”。因为，虽然他们曾经因为偶像崇拜是无知的，但借着在基督里的信心，他们就脱去了外邦人的身份。

69. 信上说，“上帝弃绝了他的百姓吗？断乎没有！因为我也是以色列人，亚伯拉罕的后裔，属便雅悯支派的”（罗11：1）。这指向保罗之前说的：（2）“这不是说上帝的话落了空。因为从以色列生的，不都是以色列人；也不因为是亚伯拉罕的后裔，就都作他的儿女；惟独‘从以撒生的，才要称为你的后裔’”（罗9：6—7）。（3）的确，他们从犹太人中将被算作是已经信了主的后裔。这就是他之前为什么说，“得救的不过是剩下的余数”（罗9：27）。

70. 信上说，“我且说，他们失脚是要他们跌倒吗？断乎不是！反倒因他们的过失，救恩便临到外邦人”（罗11：11）。保罗不是说，犹太人没有跌倒，而是说，他们跌倒不是徒然的，因为这使得救恩便临到外邦人。（2）由此，他们不是犯罪才跌倒，而只是作为惩罚才跌倒，但这跌倒就使得，救恩便临到外邦人。（3）之后，他甚至开始赞美犹太人因为不信而跌倒，使得外邦人就不会骄傲，因为犹太人的跌倒才恰恰使得，救恩可以临到他们。相反，外邦人应该加倍小心，以免他们开始骄傲，也会同样跌倒。

71. 信上说，"你的仇敌若饿了，就给他吃；若渴了，就给他喝。因为你这样行，就是把炭火堆在他的头上"（罗 12：20）。对于许多人来说，这句话似乎与主的教导相矛盾，因为主教导说，我们应该爱我们的仇敌，并为那逼迫我们的祷告（太 5：44），或者与保罗自己说过的话相矛盾，（2）"逼迫你们的，要给他们祝福，只要祝福，不可咒诅"（罗 12：14），又说，"不要以恶报恶"（罗 12：17）。如果这里的"炭火"是指某种严峻的惩罚，那么给一个人吃喝，以把炭火堆在他的头上，怎么能算是爱他呢？（3）由此，我们必须认识到，这里的意思是，对逼迫我们的人的最好报答，就是激发他去悔改。（4）因为炭火要燃烧，即使他的灵苦痛，而这灵是魂的头，他的悔改迁善就烧尽了所有恶行。《诗篇》也说到这样的炭火："诡诈的舌头啊，要给你什么呢？要拿什么加给你呢？就是勇士的利箭和罗腾木的炭火"（诗 120：3—4）。

72. 信上说，"在上有权柄的，人人当顺服他，因为没有权柄不是出于上帝的"（罗 13：1）。保罗这样警告，以免有人因骄傲而自夸，因为主已经呼召他入了自由，并使他成为信徒。这是让他不要以为，在今生的旅程中，他不应该安守本分；也是不让他以为，他不应该顺服在上有权柄的人，虽然他们只是暂时掌管世上之物。（2）因为我们既是魂，又是体，无论在这世上存活多久，我们都要依赖这世上之物。这就使得，我们有必要在此世的、物质的方面顺服在上有权柄的人，他们按着职分掌管着人类事务。（3）但我们真正的部分即灵，使我们得以相信上帝并被呼召进他的国，就不应该顺服任何人，即使他想摧毁我们的这个部分，而上帝借着它才赐给我们永生。（4）因此，如果有人认为，既然自己是基督徒，就不应该必须上税或纳粮，也不应该恭敬那掌管世上之物的有权柄的人，那么他就大大地错了。（5）同样地，如果有人认为，自己应该非常顺服，以致让某个掌管世上之物的官长甚至掌管了他的信仰，那么他就滑入更大的错了。然而，借着“恺撒的物当归给恺撒；上帝的物当归给上帝”（太 22：21），人就应该顺服他们，如同主所教导的。（6）即使我们被呼召进上帝的国，那里将没有属世的权柄，但只要我们还在旅途中，还未到达没有任何掌权者和有能者的世界，那就让我们为了维护日常社会秩序来承受当下的处境，不作荒谬的事，顺服人不能高于顺服上帝，因为他才是命令这些事的。

73. 信上说，“你愿意不惧怕掌权的吗？你只要行善，就可得他的称赞”（罗 13：3）。这句话会激怒一些人，因为他们知道，基督徒在这些掌权者的手里经常遭受逼迫。（2）他们会说，“既然这样，这些基督徒没有行善吗？因为这些掌权的非但不称赞他们，反而惩罚他们，并杀了他们。”我们必须仔细思考保罗的话，因为他不是说，“你只要行善，掌权的就将称赞你们”，而是说，“你只要行善，就可得他的称赞。”（3）由此，不管掌权的是称许你的善行，还是逼迫你，但你“就可得他的称赞”；或是你借着对上帝的忠心而赢得称赞，或是你借着受逼迫而赚得殉道的冠冕。（4）接下来的话也应该这样理解，保罗说，“因为他是上帝的用人，是与你有益的”（罗 13：4），虽然他放纵了自己的恶。

74. 信上说，“所以你们必须顺服”（罗 13：5）。这使得我们看到，因为这一生命，顺服是必需的，我们也不应该抗拒任何想从我们这里取走世上之物的人，因为他已经得了权柄，特来掌管世上之物。而当舍弃了世上之物，顺服就肯定被建立起来，但不是关于那些永存之物，就像曾经那样，而是仅仅关于这个世代所必需的东西。（2）为了免于有人半心半意地或不出于纯全的爱来顺服掌权的，在说了“你们必须顺服”之后，保罗就继续说，“不但是因为刑罚，也是因为良心”（罗 13：5）。

意思是，你的顺服不应该仅是去消除掌权者的怒气，因为你能够违心这么作；而应该是在良心上明明地知道，你这么作是出于对他的爱。因为你顺服主的命令，“他愿意万人得救，明白真道”（提前2：4）。(3) 保罗已经以同样的权威说过这句话，即在别处规劝奴仆说，“不要只在眼前侍奉，像是讨人喜欢的”（弗6：6）。这就使得，既然顺服了自己的主，他们就既不应该憎恨掌权的，也不应该借着欺骗去得他们的称赞。

75. 信上说，“爱人的就完全了律法”（罗13：8）。保罗教导说，律法的成全在于爱，即在于仁慈。(2) 主也说，整个律法和所有先知的道理都取决于这两条诫命：爱上帝和爱邻人。(3) 由此，那来了成全律法的人就借着圣灵赐下爱，使得先前害怕所不能成全的，现在就被爱成全了。(4) 这才是保罗的意思，当他说，“爱就完全了律法”（罗13：10），又说，“命令的总归就是爱，这爱是从清洁的心和无亏的良心、无伪的信心生出来的”（提前1：5）。

76. 信上说，“你们晓得现今就是该趁早睡醒的时候”（罗13：11）。这关涉到另一句话，“看哪，现在正是悦纳的时候，现在正是拯救的日子”（林后6：2）。保罗在这里表明了福音的时间，即拯救那些相信上帝之人的时间。

77. 信上说，“不要为肉体安排，去放纵私欲”（罗13：14）。这表明，当被安排的东西是身体的健康所需时，“为肉体安排”就不被定罪。(2) 但如果这一心思扩展到浮华的享乐和奢侈，以致人安享肉体所欲求的东西，那么他就应该受惩罚。因为这是为肉体安排，去放纵私欲，且“顺着情欲撒种”，即安享肉体的快乐，就“必从情欲收败坏”（加6：8）。

78. 信上说，“信心软弱的，你们要接纳，但不要辩论所疑惑的事”（罗14：1）。保罗的意思是，我们要接纳他，以用我们的气力来补足他的软弱；但我们不应该辩论他的看法，就如同胆敢论断别人的心，这心是我们所不见的。（2）由此，保罗接着说，“有人信百物都可吃，但那软弱的，只吃蔬菜”（罗 14：2）。因为在那时，许多人信心刚强的人知道，主的教导是，使人污秽的不是从口而入的，而是从口而出的；他们就借着清洁的良心无分别地吃百物。然而，一些信心软弱的却不沾酒肉，以免他们不知情地吃了曾经献过祭的食物。（3）在那时，外邦人在肉店里卖献过祭的肉，用第一杯酒浇奠他们的偶像神灵，还在他们的酒榨里摆上特定的祭品。（4）由此，保罗命令，那些以清洁的良心吃过这些酒肉的人，不要轻视不吃之人的软弱；而那些良心软弱的人，也不要把吃过酒肉的人看作污秽。（5）他就接着说，“吃的人不可轻看不吃的人，不吃的人不可论断吃的人”（罗 14：3）。否则，良心刚强的人就顽固地给良心软弱的人定罪，而良心软弱的人就鲁莽地论断良心刚强的人。

79. 信上说，“你是谁，竟论断别人的仆人呢?”（罗 14：4）保罗说这话使得，在那些可能以善的或恶的意图去作的事上，我们要把论断留给上帝，而不去擅自论断别人的心，因为这心是我们所不见的。（2）但在那些都被接纳的事上，很显然，它们不是因着善的和端正的意图作的，我们去论断就不是错的。对于饮食，因为我们不知道吃的人的内心，保罗就不让我们而让上帝去论断。然而，对于那令人憎恶的淫乱，即有人收了他的继母，保罗教导说，我们应该去论断（林前 5：1）。（3）因为人不可能说，他作这可怕的羞耻之事，是出于善的意图。由此，我们必须论断所有明显背谬的事，因为人不能够说，“我这样作，是出于善的意图”；但是，当作事的意图晦涩不明时，我们就不应该论断，而是将之留给上帝，正如经上记着说：“隐秘的事是属耶和华我们上帝的；唯有明显的事是永远属我们和我们子孙的”（申 29：29）。

80. 信上说，“有人看这日比那日强，有人看日日都是一样”（罗 14：5—6）。现在看来，除了有更好的理解，我认为，保罗在这里说的是上帝和人，而不是两个人。（2）照着不同的日子来论断的是人，因为他今日这样论断，明日却那样论断；被他今日定为恶的人，明日却借着明证或忏悔更正了自己，他就将发现这人是善的。反之亦然：虽然他今日称赞某人为义，但明日就认他为邪恶。（3）照着所有的日子来论断的是主，因为他知晓每个人的行为，包括现在的，也包括将来的。（4）由此，保罗说，“只是各人心里要意见坚定”（罗 14：5），即让他敢于按着人类的理智来作论断，或仅仅按着他自己的理智来作论断。“守日的人是为主守的”（罗 14：6），即当人论断今日很好时，他是为主守这日的。（5）而如果你论断今日很好，那么你就是按着这人当前显明的错误来论断他，但并不对他将来的更正感到绝望。

81. 信上说，“人在自己以为可行的事上能不自责，就有福了”（罗 14：22）。这句话特别关系到保罗之前所说的，“不可叫你的善被人毁谤”（罗 14：16）。（2）在这句话之前，保罗还说：“你有信心，就当在上帝面前守着”（罗 14：22）。因为这信心是善的，借着它，我们相信，对于洁净的人，万物都是洁净的，且我们以为可行。就让我们好好利用这信心，以免我们滥用，给良心软弱的弟兄放了绊脚的石头，并犯罪使他们跌倒。而当使良心软弱的弟兄受辱，我们就借着这信心给自己定了罪；当这信心使我们欢喜时，我们就以为可行。

82. 信上说，“我说，基督是为上帝真理作了受割礼人的执事，要证实所应许列祖的话。并叫外邦人因他的怜悯荣耀上帝”（罗 15：8）。保罗这样说，是要外邦人知道，主基督曾经被赐给犹太人，自己没有可夸口的。（2）但因为犹太人不接纳他的到来，福音就被传到外邦人。《使徒行传》中也明明这样记载，即保罗对犹太人说：“上帝的道先讲给你们原是应当的；只因你们弃绝这道，断定自己不配得永生，我们就转向外邦人去”（徒 13：46）。（3）此外，这符合主自己的见证。他说，“我奉差遣，不过是到以色列家迷失的羊那里去”（太 15：24），又说，“不好拿儿女的饼丢给狗吃”（太 15：26）。（4）如果仔细思量，外邦人就会借着自己的信心认识到，即自己现在相信“对于洁净的人，万物都是洁净的”，他们就不应该冒犯那些从犹太教皈依来的弟兄；这些人也许仍然软弱，不敢碰任何种类的肉，害怕它们是祭过偶像的。

83. 信上说，“使我为外邦人作基督耶稣的仆役，作上帝福音的祭司，叫所献上的外邦人，因着圣灵成为圣洁，可蒙悦纳”（罗 15：16）。由此，当外邦人信了基督，借着圣灵得以成圣，他们就被献给上帝，作为可蒙悦纳的祭品。就像保罗先前说的，“我以上帝的慈悲劝你们，将身体献上，当作活祭，是圣洁的，是上帝所喜悦的”（罗 12：1）。

84. 信上说，“弟兄们，那些离间你们，叫你们跌倒，背乎所学之道的人，我劝你们要留意躲避他们”（罗 16：17）。保罗在这里谈到的那些人，正是他写信给提摩太时也谈到的。他说：（2）“我往马其顿去的时候，曾劝你仍住在以弗所，好嘱咐那几个人不可传异教，也不可听从荒谬无凭的话语和无穷的家谱。这等事只生辩论，并不发明上帝在信上所立的章程”（提前 1：3—4）。在写给提多的信中也是：（3）“因为有许多人不服约束，说虚空话欺哄人，那奉割礼的更是这样。这些人的口总要堵住。他们因贪不义之财，将不该教导的教导人，败坏人的全家。有克里特人中的一个本地先知说，‘克里特人常说谎话，乃是恶兽，又馋又懒’”（多 1：10—12）。（4）保罗以下所说的，也是这个意思，“这样的人不服事我们的主基督，只服事自己的肚腹”（罗 16：18），他在别处又说他们，“他们的上帝就是自己的肚腹”（腓 3：19）。

罗马书断评

1. 只要能够理解其字面内容，我们就会看到，使徒保罗的《罗马书》提出了如下问题：是否我们的主耶稣基督的福音唯独临到了犹太人，因为他们有借着律法的事工而得的功德，或者是否基督耶稣里的因信称义临到了所有人，无须之前借着事工而得到功德。在第二种情况中，不是因为自己是义的，人们才会相信；而是借着信被称义，他们才会开始公义地生活。(2) 这就是保罗想要教导的：我们的主耶稣基督的福音的恩典临到了所有人。他由此表明，人为什么称之为“恩典”，因为它是白白赐予的，而不是对义的债的偿还。(3) 一些犹太基督徒开始恼怒外邦人，特别恼怒保罗，因为他不仅认可，未受割礼的人，即不受古老律法的锁链束缚的人，可以得到福音的恩典，还对他们宣讲基督，却不要求他们背负肉体上行割礼的轭。(4) 很显然，保罗的教导如此适洽，以至不允许犹太人借着律法的功德而骄傲，也不允许外邦人借着自己在接受基督中的信心的功德而轻慢犹太人，虽然基督是他们钉死的。正如他在别处所说的，遵行作为房角石的主的差派，保罗就借着恩典的纽带把犹太人和外邦人都联结在基督里，不仅使二者不要借着功德而骄傲，还使他们借着谦卑的戒律而被称义（弗 2：20）。

2. 他在书信开头说：“耶稣基督的仆人保罗，奉召为使徒，特派传上帝的福音”（罗 1：1）。只用两个词即“奉召”和“特派”，保罗就把教会的尊贵与会堂的倾颓区别开来了。(2) 的确，之所以称为教会，就在于它“召集”；而之所以称为会堂，就在于它“聚集”。因为“被召集”更适合来说人，而“被聚集”更适合来说动物。这就是为什么“群”，即“所聚集的”，通常被用于特别指动物。（3）虽然《圣经》中多处称，教会是上帝的群、牧群或羊群，但当人被比作牲畜时，它指的是过去的生活。（4）很显然，这类人不满足于永恒真理的食粮，却满足于现世许诺的属世的饲料。之后，“保罗”是“耶稣基督的仆人，奉召为使徒”，就加入了教会。（5）此外，他是“特派传上帝的福音”。如果这里拉丁语的意思完全符合希腊语的意思，那么他不是从会堂的羊群那里，又是从哪里特派来的呢?

3. 借着众先知的权威，他理直气壮地传扬上帝的福音，并说自己就是为此才被特派的。他这样作，是要提醒外邦人，他曾经奉召到外邦人中传道以使他们信基督，并把外邦人放在犹太人前头，而自己是从犹太人中被特派出来的，使他们不要反过来骄傲。（2）因为众先知是从犹太人中出来的，而保罗还证实，使人因信称义的福音是从前借着他们被应许的。他就说，“特派传上帝的福音，这福音是上帝从前借众先知在《圣经》上所应许的”（罗 1：2）。（3）因为还存在一些异教先知，在其中也可以发现，他们听说过基督，并作了预言。据说，这样的事甚至可以追溯到西比尔，而如果不是因为拉丁语中最伟大的那位诗人，我都不准备相信。这位诗人描写了世界的复兴，其复兴的方式似乎与我们主耶稣基督的王国非常吻合。但在此之前，他写了一句诗开头：

现在到了库玛谶语里所谓最后的日子。（维吉尔，《牧歌》4.4，杨宪益译文）

（4）每个人都知道，“库玛”是西比尔的。保罗知道，外邦人所写的书卷中包含这些对真理的见证，就像《使徒行传》中他在向雅典人讲道时最为清楚地表明的（徒 17：28），就不仅说“借众先知”，（5）以免有人被在假先知中发现的对真理的见证引诱进某种不虔，还说“在《圣经》上”，试图无可置疑地表明，外邦人所写的书卷充满着迷信的偶像崇拜，不应该仅仅因为其中谈到基督就被看作神圣的。

4. 此外，以免有人推举出某些并不出自犹太人的先知，犹太人不崇拜偶像，至少不崇拜人手所造的偶像，因为任何谬误都会借着自身虚构的形象来欺骗跟随者，（2）以免有人提出如下论证，即因为其他先知也宣扬基督的名字，它们就是神《圣经》书，并非仅仅只有上帝托付给希伯来人的那些经书。对我来说，非常恰当的是，在说了“在《圣经》上”之后，保罗加上一句，“论到他儿子，按肉体说，是从大卫后裔生的”（罗 1：3）。（3）这里的大卫是犹太人的王。恰巧的是，预言基督降临的众先知是犹太人，而基督在肉体上是从犹太人生的，正如他们所预言的。（4）保罗也不得不抵挡有些人的不虔，因为他们仅仅按我们的主耶稣基督所披戴的人形来接纳他，却不理解他的神性，这神性使他区别于其他任何受造物。他们就像犹太人那样，后者以为基督只是大卫的后裔，却不知道他还是大卫的主，因为他是上帝的儿子。（5）而借着大卫的预言，基督就在福音书里反驳了他们。（6）他问他们，大卫所称为“主”的那位怎么会是大卫的后裔；他们对此肯定回应说，他按肉体说是大卫的后裔，但按他的神性说，他是上帝的儿子，是同一个大卫的主。（7）既然知道这一点，保罗就说，“这福音是上帝从前借众先知在《圣经》上所应许的。论到他儿子，是从大卫后裔生的”（罗 1：1—2），之后加上，“按肉体说”，以免他们认为，这一肉体上的血统就耗尽了基督的意义。（8）借着加上“按肉体说”，保罗维护了基督神性的荣耀，这一神性不能被归因于大卫的后裔，或任何天使，或你们认为最优秀的任何受造物的后代，因为这一神性是上帝的道，万物都是借着他造的。（9）按肉体说，这道是从大卫后裔造的且住在我们中间，不是被变成肉体，而是披戴上肉体，使得属肉体的可以明明地看见。（10）由此，保罗就把基督的人性与神性分开，就说“按肉体说”或“被造的”。而基督是上帝的道，并不是被造的或受造的。（11）“万物是借着他造的”（约 1：3），而他就不会与万物一起被造，也不是他在万物之前被造，使得除他之外的万物才借着他被造。如果他是在它们之前被造的，那么借着他被造的就不会是“万物”；而如果他的确是被造的，“万物”就不能被说成是借着他被造的，因为他没有被包括在内。（12）由此，在说基督是“被造”或“受生”时，保罗就加上“按肉体说”。作为道，作为上帝的儿子，他不是被上帝所造的，而保罗也清楚说，他是从上帝受生的。

5. 基督“按肉体说，是从大卫后裔生的”，保罗称之为“以大能被预定为上帝的儿子”，但不是按肉体说，而是“按灵说”，也不是任何的灵，而是“因死人的复活的成圣的灵”（罗1：3—4）。（2）由于死了的基督的大能显明在从死里复活中，这样才会说，“按因死人的复活的成圣的灵说，以大能被预定”（罗1：4）。因此，成圣实现了新生命，这生命在我们主的死里复活中显明了。（3）保罗在别处说，“你们若真与基督一同复活，就当求在上面的事，那里有基督坐在上帝的右边”（西3：1）。（4）这里的词序可能是，我们把“因死人的复活”不连接到“成圣的灵”，而连接到“他被预定”。最终的词序就是，“因死人的复活被预定”；其中再插入，“按成圣的灵说，以大能为上帝的儿子”。（5）这一词序看上去更确切和更顺畅，使得基督按肉体说以软弱为大卫的后裔，但按成圣的灵说以大能为上帝的儿子。（6）他“是从大卫后裔生的”（罗1：3），即借着必死的身体，他是大卫的后裔，也因之而死了。但“借着死人的复活”，他“被预定为上帝的儿子”和同一个大卫的主。（7）他的死指向自己作为大卫后裔的身份；而他的从死人里复活指向自己作为上帝的儿子和同一个大卫的主的身份，正如保罗在别处说，“他因软弱被钉在十字架上，却因上帝的大能仍然活着”（林后13：4）。由此，软弱是指着大卫说的，而永生是指着上帝的大能说的。（8）既然如此，大卫就称他为自己的主，说：“耶和华对我主说：‘你坐在我的右边，等我使你仇敌作你的脚凳’”（诗110：1）。（9）在从死人里复活后，他坐在父的右边，而大卫得了启示，看见基督因死人的复活被预定坐在父的右边，就不敢称他为自己的后裔，而称他为“我主”。(10) 说了“因死人的复活”，保罗接着说“我主耶稣基督”，好像在表明，大卫为什么称基督是他的主，而不是他的后裔。(11) 此外，保罗不是说，基督被预定，是因从死人中自己的复活，而是说，“因死人的复活”。因为他自己的复活并不表明，他如何是上帝的儿子，且借着这一特殊的、最显耀的价值而成为教会的头，因为其他人也将从死人中复活。然而，借着复活的确定首先性，他被预定为上帝的儿子，因为他自己借着所有死人的复活才被预定，即他被指定为在其他人之上和之先复活，使得保罗在“被预定”后，加上“上帝的儿子”，用以见证其崇高性。(12) 因为唯独上帝的儿子才适合这样被预定，使他成为教会的头，保罗为此在别处说，他是从死人中首先复生的(西 1：18)。(13) 基督降临恰恰要审判其他从死人里复活的，而他先于他们作了模范。他不是所有复活者的模范，而是那些将被复活并与他一同生活和统治的人的模范，因为他是头，而他们就像他的身体。借着他们的复活，他被预定，成为他们的领头；但在他自己的复活中，他不是带领其他人，而是审判他们。(14) 因为他不是借着那些他将定罪的死人的复活而被预定；说“因死人的复活被预定”，保罗想让人理解为，“先于死人的复活”，因为基督在那些人之先，领着他们进了天国。(15) 有鉴于此，保罗不是说，“被预定为上帝的儿子，因死人的复活，我主耶稣基督”；而是说，“被预定为上帝的儿子，因属于我主耶稣基督的死人的复活”，好像他曾经说，“因他自己的死人的复活”，即那些在永生中属于他的人的复活。这好像他曾经被问，“哪个死人?”就回答说，“属于我主耶稣基督自己的死人。”(16) 因为他不是因其他死人的复活而被预定，他们之前没有跟随他进入永生的荣耀，将来也肯定不会跟随，因为不虔的人将复活以领受自己的惩罚。(17) 因此，作为上帝的唯一受生的儿子和从死人中首先复生的，他“因死人的复活被预定”，如果不是“属于我主耶稣基督的死人”，还会是哪些死人呢?

6.“我们从他受了恩典并使徒的职分”（罗1：5），所有相信的人都领受了恩典，但并不都领受了使徒的职分。如果保罗说，自己只领受了使徒职分，那么他就没有感谢恩典，后者才使他的罪得到宽恕，反而好像，他是借着先前事工的功德领受了使徒的职分。（2）由此，保罗很好地保留了自己个案的重点，以至没有人敢说，他是借着先前生命的事工被领进福音的。怎么有人会这样说，既然除非与教会的其他肢体一起领受了恩典，这恩典使罪人得以洁净和称义，甚至连使徒们都不能领受自己的使徒职分，他们在作为教会的头的基督之下，但在作为教会的身体的其他肢体之上？（3）而保罗接着说，“在万国之中叫人为他的名信服真道”（罗1：5）。即他已经领受了使徒的职分，使得他能为我主耶稣基督的名顺服于信，而每个愿意被拯救的人也能相信基督并被他的名封印。（4）保罗在此教导说，这一拯救不仅仅临到犹太人，就像一些犹太基督徒所认为的，当他说：“在万国之中，其中也有你们这蒙召属耶稣基督的人”（罗1：6）。即使你不在犹太人中，而在万国之中，这是对万国的拯救，而你也是属耶稣基督的。

7. 到现在为止，他仅仅介绍了，自己是这封信的作者：“耶稣基督的仆人保罗，奉召为使徒，特派传上帝的福音”（罗1：1）。（2）但问题就出现了：什么样的福音？他回答说，“这福音是上帝从前借众先知在《圣经》上所应许的”（罗1：2）。问题再次出现：什么样的儿子？他回答说，“按肉体说，是从大卫后裔生的；按成圣的灵说，因属于我主耶稣基督的死人的复活，以大能被预定为上帝的儿子”（罗1：3—4）。（3）好像有人问：你与他有何相干？保罗回答说，“我们从他受了恩典并使徒的职分，在万国之中叫人为他的名信服真道”（罗1：5）。（4）好像又有人问：你为什么写信给我们？他回答说，“其中也有你们这蒙召属耶稣基督的人”（罗1：6）。（5）就像将在信中写的，保罗随后加上了收信人，“我写信给你们在罗马为上帝所爱、奉召作圣徒的众人。”在这里，他再次强调了上帝的仁慈，而不是他们的功德。因为他不是说“给你们爱上帝的众人”，而是说“给你们为上帝所爱的众人”。（6）因为在所有功德之前，上帝首先爱了我们，使得已经被爱的我们将会爱他。（7）由此，保罗又说，“给你们奉召作圣徒的众人。”虽然有人会把顺服呼召归功于自己，但没有人能够把被呼召归功于自己。此外，我们不应该认为，“奉召作圣徒”表明，因为他们是圣洁的，所以才被呼召；而是因为他们被呼召，所以才被圣洁。

8. 书信的通常开头由问安来结束，如“X 向 Y 问安”。保罗没有说“问安”，而是说，“愿恩典、平安从我们的父上帝并主耶稣基督，归与你们。”因为不是所有的恩典都来自上帝。（2）当考虑到某人被某种贪婪所引诱或被恐惧所吓倒时，甚至邪恶的法官也会施予恩典。（3）不是所有的平安都是上帝的或来自上帝，这就是为什么当主说“我把我的平安给了你”时，他自己就做了区分；还说，他的平安不是这个世界所给的那种。（4）恩典来自父上帝并主耶稣基督，借着恩典，曾经使我们背离上帝的罪就被赦免了；平安也来自他们，使我们得以与上帝和好。（5）因为借着恩典，一旦罪被赦免，敌意冰释，我们当下在平安里就能够与他联合，而罪之前把我们从他那里掳走。正如先知所说的：（6）“（耶和华的）耳朵并非发沉，不能听见。但你们的罪孽使你们与上帝隔绝，你们的罪恶使他掩面不听你们”（赛 59：1—2）。但当这些罪借着我们相信我主耶稣基督被赦免时，我们将得享平安，没有什么使我们与上帝隔绝。

9. 此外，也许有人想知道，当上帝赐予恩典以宽恕罪人时，我们怎么理解作为审判者的上帝的公义。（2）但清楚的是，上帝在这事上是公义的，因为真正的公义是，在对惩罚的惧怕显现出来之前，他们就忏悔自己的罪，从而被仁慈地与那些人分开，后者顽固地为自己的罪寻找辩解，不愿借着任何悔罪来改过自新。（3）如果前一部分人没有弃绝上帝的呼召，在犯罪时不喜悦自己，却与后一部分人承受同样的惩罚，那就是不公义的；因为就像上帝憎恨他们的罪，他们也憎恨自己的罪。(4) 人的义的管教恰恰是:不要爱我们自身中的任何东西,而要爱从上帝来的东西,要恨纯粹是我们自己的东西;不要赞同我们自己的罪,除了我们的罪之外,不要谴责别人的罪;不要认为不喜悦我们自己的罪就足够了,除非我们以最警醒的努力来避免它们;不要认为凭借自己的力气就足够避免罪,除非我们得到上帝的帮助。(5) 由此,基于这些人之前所作的,上帝就公义地宽恕了他们,以免他们与没有悔罪的人混杂在一起,而这是最不公义的。(6) 在宽恕这些人时,上帝是公义的,而因为宽恕了他们,上帝还是充满恩典的。由此,上帝的恩典是公义的,他的公义是充满恩典的。在这里,恩典也先于悔罪的奖赏,因为没有人能够忏悔自己的罪,除非他首先被上帝的呼召所警醒。

10. 此外,上帝的公义是如此稳固,以致即使灵上的和永恒的惩罚将饶过悔罪的人,身体上的患难和折磨也不会饶过任何人,我们知晓,它们甚至搅扰过殉道者;最后,死亡自身更不会饶过任何人,这死亡是我们的自然借着犯罪所应得的。(2) 既然甚至公义的和敬虔的人都承受这些惩罚,那么我们就必须相信,它们来自上帝的公义审判。(3) 甚至没有一个义人能够避免,《圣经》就称之为管教。(4) 的确,当保罗说,“因为主所爱的,他必管教,又鞭打凡所收纳的儿子”(来12:6),他没有把任何人排除在外。甚至约伯自己遭受了许多折磨,会激动地向别人展示自己是怎样的人,还有他作为上帝的仆人的卓越之处,但也时常见证说,身体上承受惩罚是源于自己犯过罪。(5) 为了劝勉弟兄们为基督的名忍受苦难,彼得也说:“你们中间却不可有人因为杀人、偷窃、作恶、好管闲事而受苦;若为作基督徒受苦,却不要羞耻,倒要因这名归荣耀给上帝。因为时候到了,审判要从上帝的家起首;若是先从我们起首,那不信从上帝福音的人将有何等的结局呢?若是义人仅仅得救,那不虔敬和犯罪的人将有何地可站呢?”(彼前4:15—18;箴言11:31) (6) 很明显,彼得教导说,义人所受的苦难来自上帝的审判,这审判从上帝的家起首,以此可以从此推测出,那将来为不虔敬的人所预留的苦难是何等得大。（7）保罗自己也对帖撒罗尼迦人说："甚至我们在上帝的各教会里为你们夸口，都因你们在所受的一切逼迫患难中，仍旧存忍耐和信心"（帖后1：4）。（8）这完全印证了彼得的话，"时候到了，审判要从上帝的家起首"；也印证了他这里所引用的先知的话："看哪，义人在世尚且受报，何况恶人和罪人呢？"（箴11：31）（9）我认为，上帝借着先知拿单警示大卫王（撒下12）也是这个原因。虽然大卫悔罪之后，上帝很快就宽恕了他，但所有那些灾难仍然会临到他头上。这是要显明，所赐予的宽恕是灵上的，以警示那些现在不愿意改过自新的人，将来什么样的惩罚正等着他们。（10）彼得在别处还说："为此，就是死人也曾有福音传给他们，要叫他们的肉体按着人受审判，他们的灵性却靠上帝活着"（彼前4：6）。（11）我说这些是要表明，尽我所能，且尽《圣经》现有经文所许可，上帝所赐予的恩典与平安不应该被随意解释，以致有人认为，上帝会偏离公义。（12）甚至当应许他的平安时，主说，"我将这些事告诉你们，是要叫你们在我里面有平安。在世上你们有苦难"（约16：33）。但是，借着上帝的公义、作为对罪的报偿而临到的苦难和折磨，不会使良善而公义的人转去犯罪。他们不喜悦自己的罪超过任何身体上的疼痛，而这些试炼和苦难使他们洗去任何不洁。（13）如果我们的灵现在不动摇、不改变地紧握着平安，这平安是主借着信已经赐给我们的，那么等到日子满了，身体上的完美平安就将会得到确认。

11. 保罗说，"愿恩典、平安从我们的父上帝并主耶稣基督，归与你们"，而没有加上圣灵。在我看来，他在这里说得很明确，使我们会认识到，上帝所赐予的正是圣灵。的确，恩典与平安如果不是上帝的恩赐，还能是什么呢？（2）恩典使我们脱离罪，平安使我们与上帝和好，二者都是惟独借着圣灵才赐予人的。由此，这句问安同样承认了三位一体，也承认了不变的上帝统一性。（3）我完全相信这一点，因为保罗习惯于以这样的问安开始写信，只有《希伯来书》是个例外。在那里，他有意遗漏了这句问安，以免肆意诋毁他的犹太人被这个名字所冒犯，或者带着恶意去读，或者选择根本不去读他为他们的救赎所写的书信。（4）为此，一些人犹豫是否把这封书信收入正典。但即便如此，除了这个例外，其他得到众教会普遍确认的保罗书信都包含这样的问安，只是在写给提摩太的两封书信中，保罗增添了一个词“怜悯”。（5）在那里，他写道：“愿恩典、怜悯、平安从父上帝和我们主基督耶稣归与你”（提前 1：2、提后 1：2）。（6）保罗这样写是因为，在写信给提摩太时，彼此更为亲密，也由此更为甜蜜。他以这个词清楚地解释和教导说，圣灵被赐给我们，不是因为我们先前事工的功德，而是借着上帝的怜悯，以至不仅使我们的罪被除灭，这罪曾经使我们背离上帝，也使我们与上帝和好，从而紧紧地依靠他。

12. 在教会承认是使徒所写的其他书信中，没有一封不在开头就充分向我们论及三位一体。（2）彼得说：“愿恩典、平安多多地加给你们”，并随即补充说，“愿颂赞归于我们的主耶稣基督的父上帝”（彼前 1：2—3）。因为恩典和平安表示圣灵，他再提起父与子，就让我们记住三位一体。（3）与此相应，他在另一封信中说：“愿恩典、平安因你们认识上帝和我们主耶稣，多多地加给你们”（彼后 1：2）。（4）基于同样或其他原因，约翰也遗漏了这样的开头，但清楚的是，他并没有忘记三位一体，而用“相交”代替了“恩典”和“平安”：他说，“我们将所看见、所听见的传给你们，使你们与我们相交。我们乃是与父并他儿子耶稣基督相交的”（约一 1：3）。（5）但在第二封信中，约翰重复了保罗对提摩太所说的：“恩典、怜悯、平安从父上帝和他儿子耶稣基督……必常与我们同在”（约二 1：3）。（6）在第三封信的开头，约翰完全没有谈到三位一体，但我认为，是因为这封信太简短了。他开头说：“作长老的写信给亲爱的该犹，就是我在真理中所爱的”（约三 1：1）；我认为，这里的“真理”就代表三位一体。（7）在提到父上帝和主耶稣基督之后，犹大用了三个词，使人借之认识到圣灵，它是上帝的恩赐：“耶稣基督的仆人、雅各的弟兄犹大，写信给那被呼召、在父上帝里蒙爱、为耶稣基督保守的人。愿怜悯、平安、慈爱多多地加给你们”（犹 1：1—2），（8）因为没有怜悯和慈爱，人们就不能理解恩典和平安。此外，雅各以最为常见的开头来写信，他写道：“作上帝和主耶稣基督仆人的雅各，请散住十二个支派之人的安”（雅 1：1），（9）我相信，他认为，“请安”[①] 只能借着上帝的恩赐才能存在，这恩赐也就是恩典和平安。即使在“请安”一词之前，他已经提到上帝和我主耶稣基督，但因为人只能借着父上帝和主耶稣基督所赐的恩典和平安获得拯救，我就认为，正如约翰在其第三封信中用了“真理”一词，雅各在这里就用“请安”一词来代表三位一体。

13. 当然，我认为，我在这里应该提及，在与一些说迦太基语的乡下人谈话时，主教瓦莱里（Valerius）[②] 有一个惊异的发现。无意中听到有人对另一个人说 salus，瓦莱里就问一个通晓拉丁语和迦太基语的人，salus 是什么意思。那个乡下人回答说，“三”（tria）。（2）之后，瓦莱里欢喜地意识到，我们表示问安的词 salus 意指“三位一体”；他认为，这种语言上的契合不是偶然的，而是神意的最为隐秘的分布。因为当有人说拉丁语 salus 时，迦太基人就将之理解为“三”；而当迦太基人用自己的语言说“三”时，其在拉丁语中就被理解为 salus（拯救）。（3）此外，当一个迦南妇人来为她女儿的健康祈求时，即来自推罗和西顿的迦太基或腓尼基妇人，这两个地方在福音书中代表外邦人，主回答她说：“不好拿儿女的饼丢给狗吃”（太 15：26）。（4）她领受了这一羞辱，好像借着忏悔罪，她就将为自己的女儿求得健康（salutem，或拯救），即她的新生命。她说：“主啊，不错，但是狗也吃它

---

① Salus 有“问安”“拯救”和“健康”三重意思。在《罗马书断评》13.6 中，奥古斯丁探讨了这三重意思来推进论证。当一段拉丁文本使用了这三重意思时，就保留拉丁词“salus”，而不译出。

② 时任希波大公教会主教，而奥古斯丁是他的司铎，随后升为其同执主教。

主人桌子上掉下来的碎渣儿”（太 15：27）。（5）现在，在这个迦南妇人的话里，“三”听起来像 salus，而如果你问我们的乡下人它们是什么，他们会用迦太基语回答说 Chanani，虽然这个词少了一个字母，这种情况非常普遍，但它的意思不过是“迦南人”（Chananaei）。（6）由此，在祈求健康时，这个妇人祈求了三位一体，因为在迦太基语中指“三位一体”的拉丁词正是名词 salus（拯救）。这个妇人成了主来时的第一个外邦人，因为我们说过，她代表着外邦人。此外，当主回答这个好像要祈求饼的妇人时，他所见证的如果不是三位一体，还能是什么呢？（7）因为他在别处清楚教导说，有人会把三位一体理解成三个饼（路 11：5—13）。对于语词上的这种谐和，是偶然的，还是出于神意，我们不应该拼命探索以使所有人都赞同，与之相反，只要能够使听众欢喜地体谅解释者的技巧，就足够了。

14. 显而易见，人应该以缜密的心智来思考它，以全部的敬虔气力来拥抱它：如果在向三位一体祈祷时，保罗用“恩典”和“平安”来代表圣灵，那么绝望于、嘲笑或蔑视有关恩典和平安的预言——恩典能洗去罪，平安能使我们与上帝和好，且拒绝忏悔自己的罪的人，就犯了亵渎圣灵的罪。而只要他决定沉溺于罪的不敬虔和致死的甘甜中，这种亵渎就会延续到终末。

《八十三个问题》之 66、67 和 68

第 66 个问题

论信上所说，从“弟兄们，我现在对明白律法的人说：你们岂不晓得律法管人是在活着的时候吗?”（罗 7：1），直到“也必借着住在你们心里的圣灵，使你们必死的身体又活过来”（罗 8：11）。

1. 在这个类比中，保罗谈到丈夫和妻子。他看到，这里必须注意三样东西：妻子、丈夫和律法，妻子被丈夫的律法约束，即借着律法的约束，妻子就顺从丈夫，等到丈夫死了，她就脱离了这一约束，可以随意再嫁（罗 7：2—3）。因为保罗说，“就如女人有了丈夫，丈夫还活着，就被律法约束；丈夫若死了，就脱离了丈夫的律法。所以丈夫活着，她若归于别人，便叫淫妇；丈夫若死了，她就脱离了丈夫的律法，虽然归于别人，也不是淫妇”（罗 7：2—3）。这一类比既已至此，保罗随后就开始讨论本章的主题，以解释和检审为何引入类比。

对于这一主题，也必须注意三样东西：人类、罪和律法（罗 7：4—6）。因为保罗说，只要人还在律法之下，他就活在罪中（罗 7：1），就像只要丈夫还活着，妻子就在丈夫的律法之下（林前 7：39）。但在这里，罪要被理解为借着律法而进来的（罗 7：7）。他说，这罪更显出是恶极了（罗 7：13），因为当罪显明出来时，它就被过犯所增大；因为“哪里没有律法，哪里就没有过犯”（罗 4：15）。保罗还说，“叫罪人或罪因着诫命更显出是恶极了”（罗7：13）。由此，他说，虽然律法禁止罪，但赐予律法不是为了使人脱离罪，而是为了使罪显明出来（罗7：7），服事罪的灵魂就必须转向释放者的恩典，以脱离罪，“因为律法本是叫人知罪”（罗3：20）。保罗在别处还说，“但罪借着那良善的叫我死，就显出真是罪”（罗7：13）。在没有释放者的恩典时，对罪的禁止反而增加了犯罪的贪欲（罗7：8）。这肯定使灵魂认识到，它依靠自身不能够脱离罪的奴役；而一旦骄傲完全止息并就此被消除，它就会顺服其释放者，而人就会诚心地说，“我心紧紧地跟随你”（诗63：8），由此意味着，灵魂就不再在罪的律之下，而在义的律之中了。

现在，这被称为罪的律（罗8：2），不是因为律法自身是罪（罗7：7），而是因为它被强加给罪人；由此，它也是死的律（罗8：2），因为罪的工价乃是死（罗6：23）；死的毒钩就是罪，罪的权势就是律法（林前15：56）。因为当我们犯罪时，我们就陷在死里。但是，比起不受任何律法禁止，我们因为律法的禁止就愈发热衷于犯罪。然而，恩典的发动使得，我们现在以最大意愿且完全轻省地成全了律法曾经沉重地命令的东西。因此，罪和死的律（罗8：2）——之所以这样称，是因为它已经被强加于犯罪而将死的人——仅仅命令，我们不可起贪欲，但我们仍然起贪欲（罗7：7）。然而，赐生命圣灵的律（罗8：2）属于恩典，且脱离了罪和死的律（罗8：2）；它就使我们不起贪欲，反而成全律法的命令，但不是作为律法的奴仆借着害怕来成全，而作为律法的朋友借着爱来成全，并作为义的奴仆（罗6：18）来成全，而义是律法得以颁布的源头。然而，义绝不要人如同奴仆来服事，而要人出于意愿来服事，即在爱中，而不是在害怕中。由此，他实实在在地说，“这样，我们因信废了律法吗？断乎不是！更是坚固律法”（罗3：31）。因为信心才使律法成为命令。因此，律法是由信心建立的。如果信心不存在了，那么律法就仅仅命令和指控那些不能成全其禁令的人，以至它最终使那些叹息于不能成全律法的命令的人，转向了释放者的恩典。

2. 在之前的类比中，我们看到三样东西：妻子、丈夫和律法；而在引发这一类比的主题中，我们看到另外三样东西：灵魂、罪和罪的律。惟独不同的是：在类比中，如果丈夫死了，那么妻子就脱离了丈夫的律法，可以随意再嫁；但在后者中，灵魂在罪上死了，就会归于基督（罗7：2—6）。但当灵魂在罪上死了，它也就在罪的律上死了。保罗说，“我的弟兄们，这样说来，你们借着基督的身体，在律法上也是死了，叫你们归于别人，就是归于那从死里复活的，叫我们结果子给上帝。因为我们属肉体的时候，那因律法而生的恶欲就在我们肢体中发动，以致结成死亡的果子”（罗7：4—5）。其中，属肉体是指，我们被肉体的贪欲所捆绑。他说，在没有恩典时，律法所禁止的贪欲就会增加，过犯所招致的罪行就会被加添到罪的累积上，因为“哪里没有律法，那里就没有过犯”（罗4：15）。保罗说，这些恶欲“因律法而生”，“就在我们肢体中发动，以致结成死亡的果子”（罗7：5）。在恩典借着信心到来之前，灵魂就在这些恶欲下行动，好像在丈夫的管辖下。因此，只要人在心灵上服事上帝的律法，他就在这些恶欲上死了；但只要他在肉体上还服事罪的律，这些恶欲就还没有死（罗7：25）。因此，对于在恩典之下的人，还有某种东西留存在他里面，但既不能战胜他，也不能把他掳去，直到由作恶的习惯所滋养的一切都被治死；由此，只要身体没有正确地服事（圣）灵，它甚至现在就被说成是死的了（罗8：10）。但当这必死的身体活过来时，它就将完全地服事（圣）灵了（罗8：11）。

3. 由此，我们认识到，甚至在单个人中也存在四个阶段，且在依次经历了之后，他就将得到永恒的生命。因为，必然且正当的是，在我们的自然堕落进罪之后，在以“乐园”一词所指代的属灵的祝福丧失了之后，我们就应当生而为属血气的和属肉体的，而第一个阶段是在律法之前，第二个阶段是在律法之下，第三个阶段是在恩典之下，第四个阶段是在平安之中。在律法之前的阶段是，我们不知道何为律法（罗

7：7)，并追求属肉体的贪欲。在律法之下的阶段是，我们被禁止去犯罪，却仍然犯罪，已经被犯罪的习惯所胜，因为信心还没有帮助我们。第三个阶段是，我们完全相信我们的释放者，不把任何东西归于自己的功德，而是爱他的仁慈，就不再为作恶的习惯所带来的快乐所胜，虽然这些习惯还在努力引我们去犯罪；不过，即使我们并不顺从它们，但仍然允许它们来搅扰自己。第四个阶段是，等到必死的身体又活过来时（罗8：11)，在人之中就不存在任何东西抵挡（圣）灵，一切都和谐地结合并勾连在一起，在恒久的平安中保持着人的整全，而这必朽坏的变成了不朽坏的，这必死的变成了不死的（林前15：53—54)。

4. 作为第一个阶段的见证，我们想到如下经文："这就如罪是从一人入了世界，死又是从罪来的；于是死就临到众人，因为众人都犯了罪。没有律法之先，罪已经在世上；但没有律法，罪也不算罪"（罗5：12—13)。又有经文，"因为没有律法，罪是死的。我以前没有律法，是活着的"（罗7：8—9)。这里所说的，"罪是死的"（罗7：8)，就是之前所说的，"罪也不算罪"（罗5：13)，即罪被遮盖了。接下来说得很清楚，"但罪借着那良善的叫我死，就显出真是罪"（罗7：13)，即罪借着律法叫我死，因为"律法原是好的，只要人用得合宜"（提前1：8)。如果说，"就显出真是罪"（罗7：8)，那么很明显，它之前说，"罪是死的"（罗7：8）和"罪也不算罪"（罗5：13)，因为在被禁止罪的律法显明出来之前，罪就还没有显明出来。

5. 对于第二个阶段，有如下合适的经文："律法本是外添的，叫过犯显多"（罗5：20)，因为过犯也是外添的，之前并不存在。已经说过："因为我们属肉体的时候，那因律法而生的恶欲就在我们肢体中发动，以致结成死亡的果子"（罗7：5)。还说，"这样，我们可说什么呢？律法是罪吗？断乎不是！只是非因律法，我就不知何为罪。非律法说，'不可起贪欲'，我就不知何为贪欲。然而罪趁着机会，就借着诫命叫诸般的贪欲在我里头发动"（罗7：7—8)。随即又说，"但是诫命来到，罪又活了，我就死了。那本来叫人活的诫命，反倒叫我死，因为罪趁着机会，就借着诫命引诱我，并且杀了我”（罗 7：9—11）。说“我就死了”（罗 7：9），其意思是，我知道我已经死了，因为人借着律法看到，自己不应该作却仍然去作，就以过犯的方式犯了罪。但说，“罪趁着机会，就借着诫命引诱我”（罗 7：11），其意思是，或者在有禁令的地方，对快乐的渴求使人更强烈地去犯罪；或者即使人所作的符合律法的命令，但如果还没有在恩典之中的信心，那么他就会想将之归功于自己而非上帝，以致在这骄傲中犯了更大的罪。由此，接下来说，“这样看来，律法是圣洁的，诫命也是圣洁、公义、良善的。既然如此，那良善的是叫我死吗？断乎不是！叫我死的乃是罪。但罪借着那良善的叫我死，就显出真是罪，叫罪因着诫命更显出是恶极了。我们原晓得律法是属乎灵的，但我是属乎肉体的”（罗 7：12—14），即因为还没有被属灵的恩典所释放；我就是属肉体的，“是已经卖给罪了”（罗 7：14），即为尘世的快乐而犯罪；“因为我所作的，我自己不明白”（罗 7：15），即我不知道，自己是否在真理的诫命中，而只有在其中，才有真知识。主对罪人说，“我从来不认识你们”（太 7：23）。因为没有什么能够隐瞒他，但因为在诫命的统治下没有罪，而诫命是真理才有的，真理自身就对罪人说，“我从来不认识你们”（太 7：23）。正如眼睛在看不见时，就感知到了黑暗，当心灵不知道时，就感知到了罪。基于这一观念，我相信《诗篇》里说的，“谁能知道自己的错失呢？”（诗 19：12）“我所意愿的，我并不作；我所恨恶的，我倒去作。若我所作的，是我所不意愿的，我就应承律法是善的。既是这样，就不是我作的，乃是住在我里头的罪作的。我也知道在我里头，就是我肉体之中，没有良善。因为意愿为善由得我，只是行出来由不得我。故此，我所意愿的善，我反不作；我所不意愿的恶，我倒去作。若我去作所不意愿作的，就不是我作的，乃是住在我里头的罪作的。我觉得有个律，就是我意愿为善的时候，便有恶与我同在。因为按着我里面的意思，我是喜欢上帝的律；但我觉得肢体中另有个律和我心中的律交战，把我掳去叫我附从那肢体中犯罪的律”（罗7：15—23）。至此的经文都是指着在律法之下还未在恩典之下的人说的（罗6：14），即使他不意愿犯罪，也会被罪所胜。因为肉体的习惯和必死的自然束缚已经占了上风，而我们就在这二者中生于亚当。让这样的人去祈求帮助，还要知道，跌倒是他自己所作的，但站起来却不是。因为当他被释放且认识到释放者的恩典时，他说，“我真是苦啊！谁能救我脱离取这死的身体呢？靠着上帝借着我们的主耶稣基督而赐下的恩典就能脱离了”（罗7：24—25）。

6. 以下的经文开始论述在恩典之下的人，就是我们所说的第三个阶段。它抵挡肉体的必死，但并不能战胜这必死，也不能俘虏犯罪的倾向。由此，信上说，“这样看来，我以内心顺服上帝的律，我肉体却顺服罪的律了。如今那些在基督耶稣里的，就不定罪了。因为赐生命（圣）灵的律在基督耶稣里释放了我，使我脱离罪和死的律了。律法既因肉体软弱，有所不能行的”（罗7：25—8：3），即因属肉体的贪欲：律法没有被成全的原因是，对义自身的爱还没有出现，而这爱将会借着内在的吸引去抓住心灵，使其不会被尘世之物吸引去犯罪。由此，律法既因肉体软弱，即它不能使那些沉溺于肉体的人称义。然而，“上帝就差遣自己的儿子成为罪身的形状”（罗8：3）。这不是犯罪的肉体，也并不从肉体的快乐所生，但在其中存在着犯罪的肉体的形状，因为它是必死的肉体。然而，如果亚当没有犯罪，他就不应当得到死亡（创2：17）。但主作了什么呢？他“在肉体中定了罪案”（罗8：3），即借着披戴上有罪人类的肉体，教导我们应当如何生活，他就在肉体中给罪定了案，使得充满着对永恒之物的爱的灵不会被俘虏去顺服欲求。保罗说，“使律法的义成就在我们这不随从肉体，只随从（圣）灵的人身上”（罗8：4）。由此，律法的诫命不能借着害怕被成全，但现在已经借着爱被成全了。“因为随从肉体的人体贴肉体的事”（罗8：5），即他们渴求属肉体的善好，正如渴求最高的善好。“随从（圣）灵的人体贴（圣）灵的事。肉体的智慧就是死，（圣）灵的智慧乃是生命平安。原来肉体的智慧，就是与上帝为仇”（罗 8：5—7）。为了说明，为仇是什么意思，以免有人会认为，这是从别的地方引进来另一个原则，他就接着说，“因为不服上帝的律法，也是不能服”（罗 8：7）。因此，违犯律法就是与上帝为仇，这不是说，有什么东西可以伤害上帝，而是因为，凡是抵挡上帝的意志的人就伤害了自己。因为这是以脚踢刺，正如之前有声音从天上对保罗所说的，那时他还在逼迫教会（徒 9：5）。但这里说，“因为不服上帝的律法，也是不能服”（罗 8：7），即同样地，我们会说，雪不热，因为它不能热；而只要有雪，就没有热，否则它就会被融化和煮沸；由此，雪不热，而当它热时，它就不再是雪。由此，当灵魂渴求属世的善好，好像它们是贵重的善好，这智慧就被说成肉体的智慧。而只要这一倾向还存在于灵魂中，它就不能顺服上帝的律法，即不能成全律法所命令的。但当灵魂开始欲求属灵的善好并轻视属世的善好时，肉体的智慧就停止存在，也不再抵挡（圣）灵。当同一个灵魂渴求更低层级的事物时，它就被说成有肉体的智慧；但当渴求更高层级的事物时，它就被说成有（圣）灵的智慧。这不是因为，肉体的智慧是灵魂可以穿上或脱下的某种实体；而是因为，当把自身完全转向属天的事物时，灵魂的欲求就彻底停止存在。“而且属肉体的人不能得上帝的喜欢”（罗 8：8），即那些屈服于肉体的放肆的人。现在，以免有人认为，这是指着那些还没有离开今生的人说的，保罗就及时补充说，“你们就不属肉体，乃属（圣）灵了”（罗 8：9）。到此为止，很清楚的是，这是在说还在今生中的人，因为他们在灵里，即在信、望和爱里，他们默许对属灵的事物的欲求。“如果上帝的灵住在你们心里……人若没有基督的灵，就不是属基督的。基督若在你们心里，身体就因罪而死，（心）灵却因义而活”（罗 8：9—10）。身体就被说成是死的，只要它借着缺乏属身体的事物而搅扰灵魂，且以从这一缺乏而生发的各种冲动来烦恼它，而这些冲动使它渴求属世的事物。但即便如此，心灵已经服事上帝的律法，且坚立在恩典之下，就不去屈从作违犯律法的事。对此，之前所说的也适用于这里，“我以内心顺服上帝的律，我肉体却顺服罪的律了”（罗7：25）。这个人还没有得到完全的平安，就被描述为当前正在恩典之下，而完全的平安是随着身体的复活和变形才会临到的。

7. 接下来，信上恰好谈到身体的复活的平安，而这是第四个阶段，即最高的安息，如果能够被称为一个阶段的话。对于之后的事，信上说，“然而叫耶稣从死里复活者的灵，若住在你们心里，那叫基督耶稣从死里复活的，也必借着住在你们心里的（圣）灵，使你们必死的身体又活过来”（罗8：11）。这里也非常清楚地见证了身体的复活，而非常明显的是，只要我们还在今生中，从这一必死的肉体而来的搅扰，或从属肉体的快乐而来的瘙痒，就不会缺席。这是因为，虽然有人已经在恩典之下，且在心灵中服事上帝的律法，而不会屈从，但他在肉体中却仍然服事罪的律法（罗7：25）。

一旦有人借着这些阶段而变得完全，就可以发现，恶并非实体。律法也不是恶的，它向人显明了自己陷于其中的罪的锁链，但只要借着信心呼求释放者的帮助，他就应当被释放、提升和完全地坚立。在第一个阶段，即在律法之前，我们并不与此世的各种快乐斗争。在第二个阶段，即在律法之下，我们与之斗争但为之所胜。在第三个阶段，我们与之斗争且取了胜。在第四个阶段，我们不再与之斗争，而是安息在完全且永恒的平安中，因为在我们之下的就顺服我们；而它们曾经不顺服，是因为我们之前舍弃了在我们之上的上帝。

第67个问题

论信上所说，从“我想，现在的苦楚若比起将来要显于我们的荣耀，就不足介意了”（罗8：18），直到“我们得救是在乎盼望”（罗8：24）。

1. 这段经文有些含混，因为没有清楚表明，其中所说的创造是指什么。而依据大公教会的教导，创造是上帝父借着他的独生子而在圣灵的合一中所作成和坚立的。由此，这里的创造一词不仅指我们的体，也指我们的魂和灵。现在，信上说，“但受造之物仍然指望脱离败坏的辖制，得享上帝儿女荣耀的自由”（罗 8：21），好像我们不是受造之物，而是上帝的儿女，因为其荣耀的自由，受造之物就将脱离奴役。与此类似，信上说，“我们知道一切受造之物一同叹息、劳苦，直到如今。不但它，还有我们也是如此”（罗 8：22—23），好像我们是一类，而受造之物是另一类。由此，必须细致考察这一整段经文。

2. 信上说，“我想，现在的苦楚若比起将来要显于我们的荣耀，就不足介意了”（罗 8：18）。这里很清楚，因为保罗之前说过，“若靠着（圣）灵治死肉体的恶行，必要活着”（罗 8：13）；这并非唾手可得，而是需要忍耐。他稍前所说的也表明这一点，“如果我们和他一同受苦，也必和他一同得荣耀”（罗 8：17）。由此，当保罗说，“受造之物切望等候上帝的众子显出来”（罗 8：19），我认为，他说了同样的意思。因为当我们治死肉体的恶行时，我们就遭受苦楚。例如，借着自我节制，我们就或饥或渴；借着圣洁，我们就省察性行为的快乐；借着忍耐，我们就承受冒犯的撕扯和辱骂的毒钩；借着无视和弃绝诸般贪欲，我们就为母教会的善好而劳苦：在这些或那些苦难中，使我们遭受苦楚的都是受造之物的一部分。因为作为受造之物，体和魂遭受苦楚，等候上帝的众子显明出来，而它们等候的时刻是，自己被呼召去意愿的东西显明在其被呼召而将得的荣耀中。上帝的独生子不能被看作受造之物，因为上帝所造的一切都是借着他造的。与之相较，我们可以被恰当地看作在荣耀显明之前的受造之物，也可以被恰当地看作上帝的众子，虽然我们是借着收养而成为后嗣的，而他却借着自然是上帝的儿子。由此，“受造之物切望等候上帝的众子显出来”（罗 8：19），就是我们的切望，即等候之前被应许的东西显明出来，而我们现在所盼望的也将在现实中显明出来。因为“我们现在是上帝的儿女，将来如何，还未显明；但我们知道，主若显现，我们必要像他，因为必得见他的真体”（约一3：2）。这里说的是，上帝的众子显明出来，且正是受造之物现在所等候的。不是受造之物等候某种其他的即不是受造之物的自然显明出来，而是像现在这样，等候它将成为其将要成为的样子。做个类比，在画画时，画家调制好各种颜色，准备下笔，这些颜色就切望等候整幅图画显明出来；它们不是将成为别的东西或不再是颜色，而只是将拥有更多的美。

3. 信上说，“因为受造之物服在虚空之下”（罗8：20）。这是指，“虚空的虚空，虚空的虚空，凡事都是虚空。人一切的劳碌，就是他在日光之下的劳碌，有什么益处呢?”（传1：2—3）在这之前，经上说，“你必汗流满面才得糊口”（创3：19）。之后，“受造之物服在虚空之下，不是自己意愿”（罗8：20）。有很好的理由来补充说，“不是自己意愿”。人类犯罪肯定是出于自己的意志，但被定罪却不是出于自己的意志。犯罪是一个出于意愿地违犯真理的命令的行为，而顺服于谬误就是对罪的惩罚。受造之物服在虚空之下，这不出于自己的意愿，“乃是因那叫他如此的”（罗8：20），即因为上帝的公义和怜悯，他既不会留下任何一桩罪不受惩罚，也不愿意任何一个罪人不被治愈。

4. “因为受造之物”（罗8：20），即人类自己，一旦形象的标记因为罪而被失丧，就只有受造之物留下来。这里的“受造之物”，还不是指众子的完成形式，而是仅仅指“指望脱离败坏的辖制”（罗8：21）的受造之物。信上说，“受造之物仍然指望脱离”（罗8：21），其意思是，受造之物就像我们一样。换言之，甚至对于那些还没有被看作“上帝的众子”的人，将来也不存在绝望，因为他们还没有相信；他们仅仅被看作“受造之物”，因为他们将来也会相信，并脱离败坏的辖制，就像已经是上帝的众子的我们一样，虽然我们将要成为的样子还没有显明出来。他们将脱离败坏的辖制，“得享上帝众子荣耀的自由”

（罗 8：21），即他们也将从被辖制变成得自由，从死亡变成在完全的生命中得享荣耀，而这完全的生命是上帝的众子将得到的。

5.“我们知道一切受造之物一同叹息、劳苦，直到如今”（罗 8：22）。一切受造之物都囊括在人类里面，不是因为所有天使、至高的能力和权柄都在其中，或天、地、海及其间的一切都在其中，而是因为一切受造之物部分上是属灵的，部分上是属魂的，部分上是属体的。让我们从较低等级算起，属体的受造之物占据空间，属魂的受造之物赋予体以生命，而属灵的受造之物统治属魂的受造之物，当自己顺服于上帝的统治时，它就统治得很好；但当上帝的命令被僭越时，借着那些它曾经能够统治的东西，它就被卷入劳苦和重担中。由此，只要依照体而活着，他就被看作属体的或属魂的，被看作属体的是因为他追求属体的东西，被看作属魂是因为他被其魂的下流放荡所牵引，而灵并没有统治魂，或把它限制在自然秩序的界限内，因为灵自身也不顺服于被上帝所统治。人以其灵统治其魂，以其魂统治其体，就被看作属灵的；就像男人是女人的头，而基督是男人的头（林前 11：3），除非他允许上帝统治自己，否则他就作不到这一点。在今生之中经受苦难，但之后就不再经受任何苦难。最高的天使按照灵活着，最低的天使按照魂活着，而野兽和所有牲畜都按照体活着，尽管体不是活着而是被赋予生命，但一切受造之物都囊括在人里面，因为人以其灵来理解，以其魂来感觉，以其体来移动。由此，在人之中，“一切受造之物一同叹息、劳苦”（罗 8：22）。这里不是说“全部”（totam），而是说“一切”（omnem），就好像说，只要眼睛未受损伤，一切人都会看到太阳，但他们不是以自己的全部看到它，而只是以眼睛看到它。由此，一切受造之物都囊括在人里面；在其中，他理解、生活且拥有身体。但全部受造之物并不在人的里面，因为在人的外面，还有天使，他们理解、生活和存在；还有牲畜，它们生活和存在；还有各种物体，它们仅仅存在，因为有生命的高于没有生命的，有理解的高于有生命但没有理解的。人类在悲惨中叹息、劳苦，“一切受造之物一同叹息、劳苦，直到如今”（罗 8：22）。这里恰当地说“直到如今”，因为虽然有些人已经在亚伯拉罕的怀里（路 16：23），且强盗在相信的那天就与主在乐园里而不再劳苦（路 23：43），但直到如今，还是“一切受造之物一同叹息、劳苦”，因为从灵、魂和体来说，这一切都还在那些尚未被释放的人之中。

6. 信上说，“一切受造之物一同叹息、劳苦，直到如今。不但如此，就是我们……也是自己心里叹息”（罗 8：22—23），即不仅在人之中，体、魂和灵因为体的烦恼而劳苦，就是我们这些脱离了体的人也是如此，“这有（圣）灵初结果子的，也是自己心里叹息”（罗 8：23）。“有（圣）灵初结果子的”，这里的灵是指，那些已经被作为活祭献给上帝的人的灵，打个比方就是，他们已经被爱的神圣之火所抓住。这些是人的初结果子，因为真理先行触及我们的灵，使得其他一切都会被它抓住。人有了献给上帝的初结果子，就说，“我以内心顺服上帝的律，我肉体却顺服罪的律了”（罗 7：25），“用（心）灵所事奉的上帝”（罗 1：9）；而对于他，经上说，“你们（心）灵固然愿意，肉体却软弱了”（太 26：41）。但当他说，“我真是苦啊！谁能救我脱离取这死的身体呢”（罗 7：24），信上就说，“也必借着住在你们心里的（圣）灵，使你们必死的身体又活过来”（罗 8：11），但至今还没有毁灭。当“死被得胜吞灭”（林前 15：54），就有了毁灭，正如信上说，“死啊，你得胜的权势在哪里？死啊，你的毒钩在那里？”（林前 15：55）由此，信上说，“一切受造之物”，即包括体，“就是我们这有圣灵初结果子的”，即我们的魂，它已经把我们心灵的初结果子献给上帝，“自己心里叹息”，即脱离体，“等候得着儿子的名分，乃是我们的身体得赎”（罗 8：23），即一旦得到了我们被呼召以得为后嗣的特权，体就会在各个方面显明我们是上帝的众子；而一旦我们的一切烦恼都结束了，我们的全部就被释放了。“我们得救是在乎盼望；只是所见的盼望不是盼望”（罗 8：24）。由此，当我们所将成为的显明出来之后，我们现在所盼望的就会实现，即我们会像他，因为我们将“见他的真体”（约一3：2）。

7. 以上述方式来解释这段经文，就使我们不会掉进诸多困难，而这些困难迫使许多人说，在我们被完全释放之前，所有的天使和属天的德性都被叹息和劳苦包围，因为信上说，“一切受造之物一同叹息、劳苦”（罗8：22）。因为虽然他们帮助我们，以符合他们借着顺服上帝而被高举的状态，且上帝俯就我们，甚至为我们的缘故差派来他的独生子，但是必须相信，他们这样作并不伴有叹息和劳苦，以免他们被认为是悲惨的，而拉撒路——他是我们中的一员，已经安息在亚伯拉罕的怀里（路16：33）——却被认为比他们更幸福，特别是因为，信上说，叹息和劳苦的同一受造之物还服在虚空之下；由此使得，去相信最高和最贵重的受造之物即各种德性和权能，就是荒谬的。之后，信上说，受造之物不得不脱离败坏的辖制，我们对此不能相信，在天上过着至福生活的最高和最贵重的受造之物已经堕落了。凡事不能仓促肯定，而必须时刻以敬虔的专注来对待神圣文本，以免可能以另外的方式来理解，何为叹息、劳苦且服在虚空之下的受造之物，以致对至高的众天使有不虔敬的看法，因为他们是遵从我们的主的命令来帮助我们的软弱。至于是否应该提出对我们已经得出结论的这段经文或某一其他经文的解释，唯一必须注意的是，它不能诋毁或损害大公信仰。因为我知道，对于这段经文，愚昧的异端们已经说了许多不敬虔的和荒谬的话。

第68个问题

信上说，“你这个人哪，你是谁，竟敢向上帝强嘴呢？”（罗9：20）

1. 由于当信上说，“你这个人哪，你是谁，竟敢向上帝强嘴呢？”（罗9：20），保罗似乎在谴责好奇者，他们就忽略这个反问，并对谴责其好奇的这句话仍然好奇，且带着粗鄙的不敬说，保罗对之前问题的回答是不充分的，之所以谴责那些寻求理解的人，是因为他没有能力回答对自己的提问。此外，一些异端与反对律法和先知的人只会进行欺骗，假装具有他们从不对外展示的知识，就指控说，保罗针对他们而插入自己书信中的任何话，都不是真实的，而是被伪造者所窜添的；他们也决定把这句经文包括在他们所说的被窜添进来的经文中，并否认保罗说过，“你这个人哪，你是谁，竟敢向上帝强嘴呢?”（罗 9：20）如果这句经文是在说那些说诽谤话以欺骗他人的人，他们无疑将保持沉默，也不敢向他们想欺骗的天真的人假装，自己拥有关于大能上帝的意志的知识。不过，在阅读《圣经》时，有些人试图以良善和敬虔的心灵去探究，在这里要如何回应诽谤者和虚假的指控者。但为了拯救的缘故，我们就紧紧依赖使徒的权威，认为包含大公教导的书卷在任何方面都没有被篡改，并认可以下观点：这些事情对有些人是关闭着的，因为他们太不适宜且太软弱，以致不能理解神圣的奥秘。由于不知道上帝的计划，有些人就抱怨和恼怒，并开始说，“如此看来，上帝意愿谁，他就怜悯谁；他意愿谁，他就刚硬谁。……他还指责人什么呢？有谁抗拒他的意志呢?”（罗 9：18—19）在说这些话时，他们就开始毁谤《圣经》，或为自己的罪找寻借口，还蔑视他们借之被邀请进入善好生活的各种诫命。由此，让我们以最大的信心回应说，“你这个人哪，你是谁，竟敢向上帝强嘴呢?”（罗 9：20）让我们不要因为害怕他们，就把圣物扔给狗，或把我们的珍珠丢在猪前（太 7：6），只要我们自己不是狗和猪。在圣灵的启示下，让我们得出自己的结论，即使还是部分性的和模糊不清的（林前 13：12），但这一结论是令人尊崇的，远离了有关灵魂的功德的粗俗猜测。

2. 在这段经文中，保罗并不禁止圣徒们去寻求理解，而是禁止那些还没有在爱之中有根有基的人，因为他们还不能够和圣徒们一同明白，他在同一处所谈及的长阔高深和其他东西（弗 3：17—18）。他也不禁止他所说的属灵的人去寻求理解，即“属灵的人能看透万事，却没有一人能看透了他”（林前 2：15），且特别是，“我们所领受的，并不是世上的灵，乃是从上帝来的灵，叫我们能知道上帝开恩赐给我们的事”（林前 2：12）。他所禁止的是出于地的和属土的人，他们还没有重生和长大，带着首先被造的、出于地且属土的人的形象（林前 15：47、49），这人不愿意顺服创造自己的上帝，就跌回到他从之而被造的土里，而在犯罪之后，他就应当听到，“你本是尘土，仍要归于尘土”（创 3：19）。对于这样的人，保罗说，“你这个人哪，你是谁，竟敢向上帝强嘴呢？受造之物岂能对造他的说：‘你为什么这样造我呢？’”（罗 9：20）只要你是被造的东西，你就还不是完全的儿子，因为你还没有被领进丰满的恩典中，而我们已经借此被赐予了成为上帝的众子的权柄（约 1：12），以至能够听到，“以后我不再称你们为仆人；我乃称你们为朋友”（约 15：15）。“你是谁，竟敢向上帝强嘴呢”（罗 9：20），想知道上帝的计划？你是谁，如果你想知道和你一样的人的计划，却不先成为他的朋友，那不是很愚蠢吗？正如我们既有属土之人的形状，就让我们也有属天之人的形状（林前 15：49），脱去旧人而穿上新人（西 3：9—10），以至对我们说话就不像对从土所造的东西说话了，“受造之物岂能对造他的说：‘你为什么这样造我呢？’”（罗 9：20）

3. 由此很清楚，这不是对成圣的灵说的，而是对属肉体的土说的，看看接下来说的，“窑匠难道没有权柄从一团泥里拿一块作成预备得荣耀的器皿，又拿一块作成卑贱的器皿吗？”（罗 9：21）由于我们的自然在乐园里犯了罪，借着同样的神圣旨意，我们就借由必死的代际而被抟塑，不是属天的，而是属土的，即不是属灵的，而是属肉体的，我们都被抟成一团泥，就是罪的团块。借着犯罪，我们失去了所当得的，上帝的恩待也远离，而除了永恒定罪，没有什么应该临到罪人，出于这一团块的人意愿什么，会向上帝强嘴说：“你为什么造我呢？”如果你意愿知道，就别意愿还是泥，反而借着上帝的恩待而成为他的儿子，因为他赐权柄给信他名的人，作自己的众子（约1：12），但不给那些在相信之前就想知道神圣之事的人，就像你所意愿的。因为知识的报偿是偿付给当得的人，但功德是赐给信的人。然而，恩典自身是因着信仰才被赐下的，我们没有任何功德在恩典之前。因为罪人和不敬虔的人的功德是什么呢？基督已经为不敬虔的人和罪人死了（罗5：6、8），以使我们被呼召而去相信，不是借着功德，而是借着恩典，但因着相信，我们就会得到功德。由此，罪人就被命令去相信，使他们因着相信而被洗净诸般的罪。因为他们不知道，借着正直地生活，他们将会看到什么。因此，由于除非他们正直地生活，否则就不能看到。很清楚的是，他们必须从信仰开始，以至借着命令，那些相信的人就转离这个世界，而这些命令会使他们的心洁净，并得以看见上帝。“清心的人有福了，因为他们必得见上帝”（太5：8）；先知也说过，“以纯净的心寻求主”（智1：1）。由此，对于那些处于生命的暮色中、其灵魂的眼睛也因此昏暗不明的人，可以正当地对他们说，“你这个人哪，你是谁，竟敢向上帝强嘴呢？受造之物岂能对造他的说：‘你为什么这样造我呢？窑匠难道没有权柄从一团泥里拿一块作成预备得荣耀的器皿，又拿一块作成卑贱的器皿吗？’”（罗9：20—21）“你们既是无酵的面，应当把旧酵除净，好使你们成为新团”（林前5：7）。在新团中，就不再是在基督里为婴孩的，必须“用奶喂你们”（林前3：2），而是“长大成人”（弗4：13），成为所说的那类人，“在完全的人中，我们也讲智慧”（林前2：6）。之后，你的确将恰当地和不被扭曲地听到，有关灵魂的最隐秘的功德，有关恩典或公义，是否大能的上帝有什么奥秘。

4. 就法老的例子来说，很容易这样回答：因为压迫在他王国中寄居的以色列人（出1：8—22），法老就犯了过错；而相应的结果是，他的心被刚硬，就不相信甚至最明显的有关上帝的命令的记号（出9：12）。从同一团泥里，即罪人的团块，上帝既作成蒙怜悯的器皿，借此在以色列的子民祈求他时，就成为他们的帮助；也作成可怒的器皿，借着诸般的苦难磨炼他们，即法老和他的子民。因为虽然双方都是罪人，且由此属于一个团块，但对于向独一上帝叹息以寻求帮助的人，就采取一种方式对待；而对于那些被其不义的重担压迫去叹息的人，就采取另一种方式对待。“就多多忍耐宽容那可怒、预备遭毁灭的器皿”（罗 9：22）。因此，当说“多多忍耐”时，这是暗指他们之前的罪，但上帝忍耐他们，使得自己可以在恰当时机惩罚他们，即当这一惩罚有益于那些将被释放的人时。“又要将他丰盛的荣耀彰显在那蒙怜悯、早预备得荣耀的器皿上”（罗 9：23）。

也许你对此有所困惑，就回到以上问题：“如此看来，上帝意愿谁，他就怜悯谁；他意愿谁，他就刚硬谁。……他还指责人什么呢？有谁抗拒他的意志呢？”（罗 9：18—19）的确，上帝意愿谁，他就怜悯谁；他意愿谁，他就刚硬谁，但上帝的这一意志不能是不公义的。这源自最隐秘的功德，因为那些罪人由于普遍的罪而形成一个团块，但他们之间不是没有任何差异。有某种东西先行在一些罪人中，使他们借此应当得以被称义，虽然还没有被称义；同样，有某种东西先行在其他罪人中，使他们借此应当得到惩罚。保罗在别处也说，“他们既然故意不认识上帝，上帝就任凭他们存邪僻的心”（罗 1：28）。上帝任凭他们存邪僻的心，就等同于他使法老的心被刚硬；而他们故意不认识上帝，就等同于他们应当被任凭存邪僻的心。

5. 的确，“这不在乎那意愿的，也不在乎那奔跑的，只在乎发怜悯的上帝”（罗 9：16），因为即使某个人有较轻的罪甚或有许多较重的罪，尽管借着深长的叹息和忏悔的伤痛，他已经应当得到上帝的恩待，但这不在于他自己，因为如果被遗弃，他就会灭亡；而在于上帝的怜悯，因为他帮助那呼求和伤痛的人。除非上帝去怜悯，那才足以去意志，但除非意志已经先在了，否则呼召人进到平安中的上帝就不去怜悯，因为“地上的平安归于心怀善好意志的人”（路 2：14）。因为没有人能够去意志，除非已经被劝诫和呼召，或是内在地，没有人看到；

或者是外在地，借由可听见的话语或其他可看见的记号。就这样，上帝在我们里面做工，使之去意志（腓2：13）。不是所有被呼召的人都意愿来到主在福音里说已经预备好了的宴席，而除非被呼召，否则那些来的人就不能来（路14：16—24）。这样，那些来的人不应该将之归诸自己，因为被呼召了，他们才来；那些不意愿来的人也不应该将之归诸别人，而应该归诸自己，因为他们被呼召借着自由意志而来。呼召发生在意志应当得到之前。由此，即使有人将因被呼召而来归诸自己，他也不能将被呼召归诸自己。被呼召却没有来的人，并没有应得奖赏的功德以被呼召，但当被呼召却漠然不来时，他就开始有应得惩罚的功德。由此，就有两种结局，“我要歌唱怜悯和审判；耶和华啊，我要向你歌颂”（诗101：1）。呼召是出于怜悯，而祝福那些被呼召且前来的人，惩罚那些决意不前来的人，则是出于审判。难道法老不知道，借着约瑟的到来，多少好事临到这片土地即埃及吗？（创41）因此，对约瑟所成就的好事的感谢是，法老被呼召以怜悯对待以色列的子民，而不要忘恩负义。但他不愿意听从这一呼召，反而苦待那些应当被款待和怜悯的人，就招致应得的惩罚，不仅使自己的心被刚硬，还使自己遭受心灵的盲目，以致不相信从上帝来的如此众多且如此清晰的记号（出7：14—12：30）。借着这施加于他的惩罚，即他的顽固或最后被淹死于红海，民众就能够得到教导；而基于他们所承受的苦待，法老就应当得到隐秘的顽固和公开的溺毙。

6. 但是，这一呼召是至高且深邃的计划的一部分，它发生在合宜的时候，不管是在个体中，还是在万国或人类整体中。由此，经上说，“你未出母胎，我已分别你为圣”（耶1：5）；当你还在你先祖的腰中，我就看见了你（来7：10）；“雅各是我所爱的，以扫是我所恶的”（罗9：13），而这些话都是在他们出生之前说的。除了也许那些尽心、尽性、尽意爱主他们的上帝和爱邻如己的人（太22：37，39），否则没有人能够理解这些话。那些已经被坚立在如此大爱中的人，也许现在就能够与圣徒们一同理解，“爱是何等长阔高深”（弗 3：18）。然而，必须以最稳固的信心来把握：上帝不会作任何不公义的事，没有任何自然不将其存在归功于上帝，因为其贵重、美与各部分之间的和谐都出自上帝，而如果你要分析这一点，即某个特定自然的高贵、美与和谐，并将每个要素都追溯到其最终来源，那么没有什么会留下来。

答辛普利奇的问题汇编·第一卷

父亲辛普利奇，你把自己的问题送达给我，就向我表达了最诚挚的欢迎和最令人愉悦的尊崇。如果不尝试着回答它们，我就会觉得自己不仅傲慢无礼，也忘恩负义。实际上，你关于使徒保罗所提出的诸多疑难，我们之前已经多少讨论过，还写成了文字。[①] 但我仍然不满意我之前的研究和解释，因为我可能粗心地忽略了某种题中之义，现在就更为仔细和专心地考察了保罗的话和他要表达的意思。因为如果理解这些经文是轻而易举的事，那么你就不会认为，它们应该被深入研究。

第一个问题

1.1. 你想让我们解释的第一个问题是，从“这样，我们可说什么呢？律法是罪吗？断乎不是”（罗7：7），直到“在我意愿的时候，我觉得律法是善的”（罗7：21），我相信，还应该直到，“我真是苦啊！谁能救我脱离取这死的身体呢？靠着上帝借着我们的主耶稣基督而赐下的恩典就能脱离了”（罗7：24—25）。我认为，在这段经文中，保罗是把自己化身为某个在律法之下的人，并以他的口吻说话。他稍前说，

① 无疑，奥古斯丁是指《罗马书章句》的37—46和60—65，还指《八十三个问题》的66和68。

“但我们既然在捆我们的律法上死了，现今就脱离了律法，叫我们服事主，要按着（圣）灵的新样，不按着字句的旧样”（罗7：6）。但由于他说这句话好像是在谴责律法，就随即补充说，“这样，我们可说什么呢？律法是罪吗？断乎不是！只是非因律法，我就不知何为罪。非律法说，‘不可起贪欲’，我就不知何为贪欲”（罗7：7）。

1.2. 这里还要注意的是：如果律法不是罪，但栽种罪，那么这句话就谴责了律法。这就是为什么，它必须被理解为，律法被赐予，不是使罪被浇灌，也不是使罪被根除，而是仅仅使罪被显明。由此，借着罪的显明，律法就使人的灵魂陷入罪责，而它原本在无辜中似乎是平安稳妥的；因为离开了上帝的恩典，罪就不能被战胜，这使得，灵魂将借着不安地感受到罪责，就转而接纳上帝的恩典。于是，他并不说，“只是非因律法，我就不犯罪”；而说，“只是非因律法，我就不知何为罪”。他也不说，“非律法说，‘不可起贪欲’，我就不起贪欲”；而说，“非律法说，‘不可起贪欲’，我就不知何为贪欲”。这就清楚表明，贪欲不是律法浇灌进来的，而是它显明的。

1.3. 但接下来，由于人还没有接受到恩典，且不能抵挡贪欲，贪欲甚至被加添，变得更为旺盛；这是因为，借着违犯律法，贪欲就被加入过犯的罪行，而比起没有律法禁止，它反而获得了更大的力量。由此，保罗继续说，“然而罪趁着机会，就借着诫命叫诸般的贪欲在我里头发动”（罗7：8）。在律法之前，贪欲也存在，但在没有过犯的罪行时，它还不是无所不在的。正如保罗在别处说，“哪里没有律法，那里就没有过犯”（罗4：15）。

1.4. 对此，他补充说，“因为没有律法，罪是死的”（罗7：8）。这就好像是说，罪以前是隐藏着的，即它被认为是死的。稍后，保罗更为清楚地说，“我以前没有律法，是活着的”（罗7：9），即我以前不害怕从罪而来的死，因为当时没有律法，罪还没有显明出来。“但是诫命来到，罪又活了”（7：9），即罪显明出来了。“我就死了”（7：10），即我知道我是死的，因为过犯所导致的罪责用死的惩罚来威胁我。很明显，当保罗说，“诫命来到，罪又活了”，他以此来表明，罪曾经活着，即在我看来，在初人的过犯中，罪就被知道了，因为初人也曾经领受了诫命（创 2：16—17）。对此，保罗在别处说，“乃是女人被引诱，陷在罪里”（提前 2：14）；又说，“与亚当犯一样罪过的，亚当乃是那以后要来之人的预像”（罗 5：14）。除非罪曾经活着，否则就不能又活了。但那时，它是死的，即隐藏着的，必死的人生来没有律法的诫命，就无知地追求肉体的贪欲，因为还没有被禁止。由此，保罗说，“我以前没有律法”，以此来表明，他不是仅仅指着自己说的，也是指着所有人说的。“但是诫命来到，罪又活了，我就死了。那本来叫人活的诫命，反倒叫我死”（7：9—10）。如果有人顺服诫命，他就肯定活着。但只要违犯了诫命，活就变成了死，以致它不仅变成了罪，这罪甚至是在诫命到来之前就犯的，还变成了更深广、更致命的罪，因为这罪现在是一个知晓诫命的人所犯的。

1.5. 保罗说，“因为罪趁着机会，就借着诫命引诱我，并且杀了我”（罗 7：11）。罪非法地利用律法，因为其禁止而变得更有诱惑和更为甘甜，就引诱了我。引诱的甘甜带来了更多、更苦的惩罚。由此，那些尚未得到属灵的恩典的人非常理智地承认，有了禁止，罪就借着虚假的甘甜引诱了我；但由于过犯的罪责也到来，罪就杀了我。

1.6. “这样看来，律法是圣洁的，诫命也是圣洁、公义、良善的”（罗 7：12），因为它们命令所应当被命令的，禁止所应当被禁止的。“既然如此，那良善的是叫我死吗？断乎不是！”（罗 7：13）恶在于不合宜地使用某物，而不在于诫命自身；诫命是良善的，因为“律法原是好的，只要人用得合宜”（提前 1：8）。但如果人不以敬虔的谦卑顺服上帝，以至律法借着恩典而被成全，那么他就会不合宜地使用律法。对于不合宜地使用律法的人，他领受律法的目的不是别的，只是使得，他在律法的禁止之前所隐藏着的罪开始借着过犯显明出来，且更显出是恶极了，因为现在罪不仅是犯罪，还是违犯诫命。由此，保罗继续说，“但罪借着那良善的叫我死，就显出真是罪，叫罪人和罪因着诫命更显出是恶极了”（罗 7：13）。这就表明了，先前所说“因为没有律法，罪是死的”（罗 7：8）是什么意思，即不是因为罪之前不存在，而是因为罪之前还没有显明出来；也表明了，为何说“罪又活了”（罗 7：9），即不是说，罪还是它在律法之前的样子，而是说，罪因为违犯律法而被显明出来，因为保罗在此说，“罪借着那良善的叫我死，就显出真是罪”（罗 7：13）；他没有说“为了成为罪”，而说“为了显出真是罪”。

1.7. 随后，他给出了理由，“我们原晓得律法是属乎灵的，但我是属乎肉体的”（罗 7：14）。他这样说就表明，除了属灵的人，没有人能够成全律法；但没有恩典，就不能成为属灵的人。人越多地遵从属灵的律法，即越多地接近属灵的心性，他就越多地成全律法；因为当他不再被律法的重担所劳苦，而被它的轻省所加力，他就越发喜悦律法。因为“耶和华的命令清洁，能明亮人的眼目”（诗 19：8）；“耶和华的律法全备，能苏醒人心”（诗 19：7）。借着恩典，上帝赦免罪，浇灌下爱的灵，这就是为什么，行义不再是重担，而是可喜悦的。

保罗的确说，“但我是属乎肉体的”（罗 7：14），还要说明，这是什么样的肉体。因为有些人已经活在恩典之下，被主的血所救赎（彼前 1：18—19），借着信仰得了重生，但还在某种程度上被称为属乎肉体的。对于他们，保罗说，“弟兄们，我从前对你们说话，不能把你们当作属灵的，只得把你们当作属肉体、在基督里为婴孩的。我是用奶喂你们，没有用饭喂你们。那时你们不能吃，就是如今还是不能”（林前 3：1—2）。保罗这样说，是要表明，那些在基督里为婴孩的、不得不用奶喂的人，实际上已经借着恩典得了重生，但他仍然称他们是属肉体的。还不在恩典之下而在律法之下的人是属肉体的，因为他还没有脱离罪而得重生，却“是已经卖给罪了”（罗 7：14）；之所以如此，是因为，他出于意愿接受了致死快乐所带来的甘甜代价，并被其所欺骗，也喜悦于违犯律法，因为越不被允许的，就越有诱惑。他不能把这一甘甜当作其境况的代价来安享，除非他服事自己的肚腹，就像一个被买来的奴仆。因为他被禁止，且知道这一禁止是正当的，但却仍然违犯禁令，就认识到，自己是贪欲的奴仆，而贪欲辖管着他。

1.8. 保罗说，“因为我所作的，我自己不明白”（罗7：15）。他这里不是说，“我自己不明白”，好像他不知道自己在犯罪。否则，这就与之前说的冲突了，即“但罪借着那良善的叫我死，就显出真是罪”（罗7：13），再之前还说，“只是非因律法，我就不知何为罪”（罗7：7）。罪是如何显明的，或他如何知道自己之前不知道的？保罗说这话的方式等同于，主对作恶的人说，“我不认识你们”（太25：12）。没有什么是对上帝隐藏着的，因为“耶和华向行恶的人变脸，要从世上除灭他们的名号”（诗34：16）。但有时候，我们不赞同的东西会被说成是，我们不知道。在这一意义上，保罗说，“我所作的，我自己不明白”（罗7：15），即“我自己不赞同”。随后就表明了这一点，他说，“我所意愿的，我并不作；我所恨恶的，我倒去作”（罗7：15）。当保罗说，“我所恨恶的”，其意思是，“我自己不明白”，因为主对那些人说，“我不认识你们”（太25：12），经上也有话对主说，“凡作孽的，都是你所恨恶的”（诗5：5）。

1.9. “若我所作的，是我所不意愿的，我就应承律法是善的”（罗7：16）。因为这也是律法所不意愿的，因为律法禁止它。他应承律法是善的，不是因为他作了律法所禁止的，而是因为他不意愿去作他所作了的。他被战胜，还没被恩典释放；虽然借着律法，他已经既知道所作的是错的，也不意愿去作。但接下来，他说，“既是这样，就不是我作的，乃是住在我里头的罪作的”（罗7：17）。他这样说，不是因为他不同意去犯罪，虽然他赞同律法，且律法不赞同犯罪。因为保罗仍然以在律法之下而尚未在恩典之下的人的口吻说话，而在贪欲的辖管下，且借着被禁止的罪的欺骗的甘甜，这人实际上被拖着去作恶，虽然他因为知道律法就不赞同如此。但他说，“就不是我作的”（罗7：17），因为他已经被战胜。这实际上是贪欲作的，而他屈服于它的得胜。但有了恩典，他就不会屈服，他的心灵也被坚固而抵挡住贪欲。对此，保罗随后会说到。

1.10. 保罗说，“我也知道在我里头，就是我肉体之中，没有良善”（罗7：18）。至于他所知道的，他应承律法，但至于他所作的，他认可罪。如果有人问，“这起源于何处，他说没有良善在他肉体之中，是指罪在其中吗?”除了起源于必死性的传递和快乐的再现，还有什么呢?前者出于对原罪的惩罚，后者出于对重复的罪的惩罚；借着前者，我们出生在今生今世，借着后者，我们徒增在世的年日。正是自然与习惯的结合，它们才造就了最为有力而不可战胜的欲求，保罗称之为罪，并说是在他肉体之中，成为某种辖制，就好像抓到了统治权。这就是为什么《诗篇》说，“我宁可被抛在上帝的殿中，也不愿住在恶人的帐篷里”（诗84：10），就好像他无论被抛在哪里，都不是在居住，虽然他在那里。由此表明，“居住”应该被理解为某种程度的辖制。但如果他在别处所说的应该借着恩典临到我们，即罪不应该在我们必死的身体中统治，使我们顺服它的贪欲（罗6：14，12），那么说居住在那里就不再恰当了。

1.11. 保罗说，“意愿为善由得我，只是行出来由不得我”（7：18）。对于那些不正确地理解的人，他说这些话好像取消了自由决断。但当他说，“意愿为善由得我”，又如何取消了呢?显然，去意愿自身在我们的权能之中，因为它由得我们，但去行善却不在我们的权能之中，这出于原罪的报偿。因为人的第一自然没有留下别的，只留下对过错的惩罚，借此，必死性自身就像是人的第二自然，而创造主的恩典解救了借着信仰而顺服于他的我们。但那些话是在律法之下却还不在恩典之下的人说的，因为由于贪欲掌了权，还得到必死性的束缚和习惯的重担的助力，还不在恩典之下的人就不会行他所意愿的善，而只会行他所不意愿的恶。如果他行了所不意愿的，那么就不是他自己行的，而是住在他里面的罪行的，就像之前所说的和所解释的。

1.12. 保罗说，“我觉得有个律，就是我意愿为善的时候，便有恶与我同在”（罗7：21），即当我意愿去作律法所要求的，我就发现，律法对我来说是善好的，因为恶与我同在，也由此容易去作。他之前说，“意愿为善由得我”（罗7：18），就是指容易去作。对于在律法之下的人，还有什么比起去意愿善和去行恶更容易呢？一方面，他去意愿是毫无困难的，虽然他不能容易地去行自己所容易地去意愿的；另一方面，他容易去行自己所恨恶的，虽然他不去意愿，就像有人被推倒，他就毫无困难地向下倒去，虽然他不意愿却恨恶这样。就像有个人，一旦被推，就容易继续倒下去，虽然他不意愿而是恨恶这样的事。我这样说，是依据他所用的表述，即“与我同在”（罗7：21）。在律法之下而还没有被恩典释放的人可以见证，律法是善好的。它的确向他作了见证，因为他节制自己不去违犯律法，并发现律法对自己来说是善好的，甚至当他意愿去作律法所命令的却不能作出来时，因为贪欲战胜了他。由此，他就看到，自己被过犯的罪责所俘获，以致必须祈求释放者的恩典。

1.13. 保罗说，“因为按着我里面的意思，我是喜欢上帝的律”（罗7：22），且肯定喜欢如下律法，“不可起贪欲”（罗7：7）；“但我觉得肢体中另有个律和我心中的律交战，把我掳去叫我附从那肢体中犯罪的律”（罗7：23）。他把肢体中的律法看作是必死带来的重担，而我们为之叹息劳苦（林后5：4）。“因为败坏的身体把灵魂坠了下来”（智9：15）。这就经常使得，不被允许的事情不可避免地让人喜悦。由此，他把律法看作压迫人的重担，因为它被当作神圣审判所施与的惩罚，且由上帝强加于人，正如上帝之前警告亚当说，“你吃的日子必定死”（创2：17）。这个律法与心中的律法相冲突，后者说“不可起贪欲”（罗7：7），且人内心里喜欢它。尚未进入恩典之下时，这个律法就与心中的律法相冲突，以致使人被掳到罪的律法之下，即在它自身之下。因为当说“肢体中”（罗 7：23），他就表明，这与他之前所说的相同，“我觉得肢体中另有个律”（罗 7：23）。

1.14. 说这一切，是要让人类明白，作为被俘虏的人，绝对不能依赖自己的力量。这就是为什么，保罗责备那些因骄傲而夸口的犹太人，他们认为律法的事工是自己作的，虽然他们被贪欲牵引去作违犯律法的事，而他们所夸口的律法对此说，“不可起贪欲”（罗 7：7）。对于被打败、被定罪和被俘虏的人，接受了律法并不就是胜利者，反而是过犯者，必须谦卑地说，谦卑地悲叹，“我真是苦啊！谁能救我脱离取这死的身体呢？靠着上帝借着我们的主耶稣基督而赐下的恩典就能脱离了”（罗 7：24—25a）。在这必死的今生中，留给自由决断的不是，一个人在意愿时就会成就义，而是借着哀求的敬虔，他会转向上帝，而借着上帝的恩赐，他就能够成就义。

1.15. 对于我们正在解释的这一整段经文，有些人会认为，保罗认为律法是坏的。因为他说，“律法本是外添的，叫过犯显多”（罗 5：20）；“那用字刻在石头上属死的职事”（林后 3：7）；“罪的权势就是律法”（林前 15：56）；“你们借着基督的身体，在律法上也是死了，叫你们归于别人，就是归于那从死里复活的”（罗 7：4）；“那因律法而生的恶欲就在我们肢体中发动，以致结成死亡的果子。但我们既然在捆我们的律法上死了，现今就脱离了律法，叫我们服事主，要按着（圣）灵的新样，不按着字句的旧样”（罗 7：5—6），还有我们发现的保罗说的其他类似经文。这些人应当认识到，说上面的话都基于如下事实，即律法因为其禁止反而加添了贪欲，因为过犯反而捆绑了有罪的人；律法命令了人在软弱中所不能成全的，除非他们在敬虔中转向上帝的恩典。有鉴于此，那些被律法辖管的人就被说成在律法之下；律法辖管那些它惩罚的人，且惩罚所有违犯者。但那些领受律法的人都违犯律法，除非借着恩典，他们才可能成全律法所命令的。这就使得，律法不再辖管那些害怕律法且曾经被定罪的人，而辖管现在在恩典之下借着爱正在成全它的人。

1.16. 如果以上所说的使得有人认为，保罗是在批评律法，那么我们如何解释他说，“因为按着我里面的意思，我是喜欢上帝的律”（罗7：22）？他这样说，肯定是在赞美律法。听到这句话，那些人就回答说，保罗在这里是指着另一个律法说的，即基督的律法，而不是指着赐给犹太人的律法说的。如果我们问他们，当他说，“律法本是外添的，叫过犯显多”（罗5：20），是指着哪个律法说的呢？他们无疑会回答，“这是指着赐给犹太人的律法说的”。那么可以看看，这是否也是以下经文所说的律法？“罪趁着机会，就借着诫命叫诸般的贪欲在我里头发动”（罗7：8）。如果“叫诸般的贪欲在我里头发动”（罗7：8）说的不是“叫过犯显多”（罗5：20），那么还会是说什么呢？也可以看看，以下经文是否前后融贯：“叫罪人和罪因着诫命更显出是恶极了”（罗7：13）。这里的意思是，罪会显出是恶极了，即罪会显多。如果我们已经表明，诫命是良善的，但借着诫命，“罪趁着机会，就叫诸般的贪欲发动”（罗7：8），以致自己显出是恶极了，那么让我们也表明，律法是良善的，却“本是外添的，叫过犯显多”（罗5：20），以致罪会叫诸般的贪欲发动，且显出是恶极了。让他们听听同一位使徒所说的，“这样，我们可说什么呢？律法是罪吗？断乎不是！”（罗7：7）他们说，这是指着基督的律法说的，即恩典的律法。如果是这样，就让他们回答，要如何理解以下经文：“非律法说，‘不可起贪欲’，我就不知何为贪欲。然而罪趁着机会，就借着诫命叫诸般的贪欲在我里头发动”（罗7：7—8）。这里的措辞清楚表明，保罗在说哪个律法，“律法是罪吗？断乎不是！”（罗7：7）即他所说的律法是，借着律法的诫命，罪就得到了机会，叫诸般的贪欲发动，而律法是外添的，叫过犯显多；但他们却认为，这个律法是恶的。保罗稍后说得更为明确，“这样看来，律法是圣洁的，诫命也是圣洁、公义、良善的”（罗7：12）。他们再次说，这里不是指着赐给犹太人的律法说的，而是指着福音说的。摩尼教徒的这一悖谬是多么不可言喻得盲目啊！因为他们没有注意到其后清楚直白说的，“既然如此，那良善的是叫我死吗？断乎不是！叫我死的乃是罪。但罪借着那良善的叫我死，就显出真是罪，叫罪人和罪因着诫命更显出是恶极了”（罗 7：13），即借着圣洁、公义和良善的诫命，而诫命是外添的，叫罪显多，即叫罪更显出是恶极了。

1.17. 如果律法是良善的，那么为什么它被称为死的管家？因为“但罪借着那良善的叫我死，就显出真是罪”（罗 7：13）。当说到福音的劝诫时，你们不应该惊讶：“因为我们在上帝面前，无论在得救的人身上，或灭亡的人身上，都有基督馨香之气。在这等人，就作了死的香气叫他死；在那等人，就作了活的香气叫他活”（林后 2：15—16）。至于犹太人，由于他们的硬心，律法甚至被写在石版上，被称为“死的管家”，但这不是对我们说的，因为我们借着爱成全了律法。“所以爱就完全了律法”（罗 13：10）。律法被写成石版上的字句，其中说，“不可奸淫，不可杀人，不可偷盗，不可起贪欲”（出 20：14、13、15、17）等。保罗说，这一律法是借着爱被成全，“因为爱人的就完全了律法。像那不可奸淫，不可杀人，不可偷盗，不可起贪欲，或有别的诫命，都包在‘爱邻如己’这一句话之内了”（罗 13：8—9），因为爱邻如己也被写进同一个律法中。

如果律法是良善的，那么为什么律法是罪的权势呢？因为罪借着那良善的叫我死，更显出是恶极了，即罪会从过犯那里获得更大的力量。

如果律法是良善的，那么为什么我们借着基督的身体向律法死了？因为我们已经向辖管我们的律法死了，就脱离了律法所惩罚和定罪的那种境地，而我们通常是在警告、灌输害怕和惩罚的语境中来说律法的。同样可以说，律法是针对害怕的人，而恩典是针对爱的人。由此，福音中说，“律法本是借着摩西传的，恩典和真理都是由耶稣基督来的”（约 1：17）。这同一个律法，之前借着摩西传下来，是为了激起害怕，但现在借着耶稣基督，就成为恩典和真理，旨在被成全。由此，信上说，“你们在律法上也是死了”（罗7：4），好像是说，“借着基督的身体”（罗7：4），你们向律法的惩罚是死了，且罪也已经被赦免，这些罪原本应该被按着律法来惩罚。

如果律法是良善的，那么为什么罪的欲望起源于律法？因为保罗想让我们理解，这里是指已经被频繁说到的那些欲望，即禁止带来贪欲的增加，而过犯带来惩罚的罪责，因为“罪借着那良善的叫我死，叫罪人和罪因着诫命更显出是恶极了”（罗7：13）。

如果律法是良善的，那么为什么，“我们既然在捆我们的律法上死了，现今就脱离了律法，叫我们服事主，要按着（圣）灵的新样，不按着字句的旧样”（罗7：6）？对于不以爱的灵来成全律法的人，律法就只是字句，而爱是新约的领域。那些向罪死了的人就脱离了字句，而没有成全字句的过犯者就被囚禁在字句中。对于知道如何阅读字句却不能够成全它的人，律法不是纯粹的、单单的字句，还会是什么呢？那些领受律法的人并非不知道，但因为其知道的程度仅仅是将之当作书写的字句来阅读，而不是当作爱的对象来成全，律法对于他们就只不过是字句。这一字句对其读者不是帮助，反而见证了犯罪的人。那些借着灵而被更新的人就脱离了字句的定罪，以至不再受缚于字句的惩罚，反而借着义实现了理解。由此，信上说，“那字句是叫人死，（圣）灵是叫人活”（林后3：6）。如果仅仅被阅读，而不是被理解和成全，律法的确会把人杀了，而之后就被称为“字句”。但是，灵赐予生命，因为律法的成全就是爱，而爱是借着“所赐给我们的圣灵被浇灌在我们心里”（罗5：5）。

第二个问题

2.1. 在我看来，现在是时候开始讨论你提出的第二个问题了。它涉及如下的整段经文："不但如此，还有利百加，既从一个人，就是从我们的祖宗以撒一次怀了孕，双子还没有生下来，善恶还没有作出来"（罗9：10—11），直到，"'若不是万军之主给我们存留余种，我们早已像所多玛、蛾摩拉的样子了'"（罗9：29）。这一段经文极其晦涩难解。但我确实知道，鉴于您对我的关怀，除非您已经向主祈求，使我能够做到，否则你不会要求我来解释这段经文。借着这一帮助，我就打消疑虑，开始着手解释。

2.2. 首先，我会抓住保罗的主要思想，而这在我将要考察的整封书信中是非常明显的。它就是，没有人可以夸口自己的事工的功德。以色列人胆敢夸口说，他们遵守了赐给自己的律法（罗2：17—23），就由此领受到福音的恩典，好像这恩典是他们的功德所应得的，因为自己遵守了律法。由此，他们不想让同样的恩典被赐给外邦人，认为后者不配得到，除非其遵守犹太人的仪礼；而当这一问题出现时，《使徒行传》就开始着手处理（徒15）。因为他们不明白，福音的恩典并不依赖事工，否则恩典就不再是恩典了（罗11：6）。

在许多地方，保罗不断论证说，恩典先于事工，但不是要废掉事工，而是要表明，事工并不先于信仰，而是紧随信仰而来。换言之，这使人不会认为，他得到恩典，是因为自己之前作了善工；反而是，除非借着信仰得到了恩典，否则他不能够作出来善工（罗5：2）。由此，只有当借着内在的或外在的催促而进入信仰并开始相信上帝时，他才开始得到恩典（罗10：14）。

现在，重要的是要知道，恩典是否在某些特定时刻或在圣礼仪式上才更充分、更显明地被浇灌下来。望教者并不缺少信仰，如果他们缺少，那么看见天使进前来的哥尼流就没有相信上帝，虽然他的祷告和周济已蒙上帝纪念（徒10：1—4）。除非他之前已经相信上帝，否则他不可能作出这些事；而除非他已经被隐秘的催促所呼召，这催促是他自己的心灵或灵能够感知到的，或被借着自己的身体感官而临到他的、更明显的催促所呼召，否则他不会相信（罗10：14）。在某些人那里，就像望教者或哥尼流，在借着参与圣礼而加入教会之前，信仰的恩典无论有多大，都不足以使之进入天国（徒10：44—48）；但在其他人那里，这一恩典是如此得大，以至他们已经被算作属于基督的身体，且属于上帝的圣殿。对此，保罗说，“因为上帝的殿是圣的，这殿就是你们”（林前3：17）。主自己也说，“人若不是从水和圣灵生的，就不能进上帝的国”（约3：5）。由此，信仰的开端就像是怀孕。为了进入永生，人必须不仅要被怀上，还要被生出来。然而，没有上帝的怜悯作为恩典，这二者都不可能实现，因为正如他们所说，即使善好的事工也是在恩典之后，而不是先于恩典。

2.3. 保罗想要强调这一点，正如他在别处说，“这并不是出于自己，乃是上帝所赐的；也不是出于事工，免得有人自夸”（弗2：8—9）。因此，他就援引那些尚未出生的人作为证据。因为没有人能够说，尚未出生的雅各在上帝面前已经借着他的事工而有了功德，以至正如上帝所启示的，“将来大的要服事小的”（创25：23）。他说，“到明年这时候我要来，撒拉必生一个儿子。不但如此，还有利百加”（罗9：9—10）。以撒显然并不借着任何事工而在上帝面前有了功德，以至有应许临到说，他将要出生，而亚伯拉罕的后裔都是从他生的（罗9：7），即他们将分享圣徒的份额，这份额是在基督里的，并将理解到，他们是应许的儿女（罗9：8），不夸口自己的功德，反而将自己在基督里同作后嗣（罗8：17）归于自己蒙召的恩典（罗9：12）。当应许他们将出生时，尚未出生的他们并不应得什么。保罗继续说，“不但如此，还有利百加，既从一个人，就是从我们的祖宗以撒一次怀了孕”（罗9：10）。他非常准确地说，是“一次怀了孕”，而所怀的是孪生子。否则，这可能被归于父亲的功德，以致有人会说，这个或那个儿子的出生是因为，他的父亲撒种在他的母亲身体里时以某种特定方式受了影响，或他的母亲在怀上他时以某种特定方式受了影响。然而，以撒是同时撒种，利百加也是同时受孕。保罗说，“一次怀了孕”，旨在强调，这里没有给星象学家或那些所谓的生辰八字专家留下任何机会，使他们可以基于出生日期来猜测各人的不同行为和不同命运。因为他们不知道要说什么，当一次怀孕发生在一个确切时间，而诸天和星辰都以特定方式布列，以至在孪生子身上无法识别出任何星象上的差别，但他们最终却有着天壤之别。只要意愿，他们就很容易看到，自己卖给悲惨之人的预言并不来自通晓任何科学理论，而来自偶然的猜测。

针对现在的问题，回忆这些旧事是为了碾碎和推翻一些人的骄傲，他们不感谢上帝的恩典，反而胆敢夸口自己的功德。“双子还没有生下来，善恶还没有作出来，不在乎人的事工，乃在乎呼召人的主。上帝就对利百加说：‘将来大的要服事小的’”（罗 9：11—12）。恩典来自施展呼召的上帝，而作为其后续结果，善工来自接受恩典的人；但善工不是生了恩典，而是被恩典所生。这就如同，火并不发热以燃烧，而是因为它燃烧，才发热；轮子不是转动顺畅以成为圆的，而是因为是圆的，才转动顺畅。由此，没有人作善工以得到恩典，而是因为他已经得到了恩典，才作善工。人还没有被称为义，怎么能够公义地活着呢？同样地，人还没有被称为圣洁，他就不能圣洁地活着；或还没有被赐予生命，他就根本不能活着。正是恩典使人称义（罗 3：24），以至被称为义的人能够公义地活着。因此，恩典先行到来，善工才随后到来。正如保罗在别处说，“作工的得工价，不算恩典，乃是所欠的债”（罗 4：4）。这里的问题是，紧随善工而到来的不朽是否被当作所欠的债来报偿。保罗还说，“那美好的仗我已经打过了，当跑的路我已经跑尽了，所信的道我已经守住了。从此以后，有公义的冠冕为我存留，就是按着公义审判的主到了那日要报偿给我的”（提后 4：7—8）。也许由于他说，“那日要报偿给我”，这就成为一种债。当“他升上高天的时候，掳掠了仇敌，将各样的恩赐赏给人”（弗 4：8），但不是报偿给人。保罗自己如何会假定，他不先得到并不欠他的恩典，债才会被报偿给他，而这恩典使人被称义（罗 3：24），他藉之才能够打那美好的仗？因为他从前是亵渎上帝的、逼迫人的和侮慢人的，但正如自己所见证的，他蒙了怜悯（提前 1：13），相信了使恶人而非正直人称义的上帝，以至上帝称他为义，使他变得正直（罗 4：5）。

2.4. 保罗说，“不在乎人的事工，乃在乎呼召人的主。上帝就对利百加说：‘将来大的要服事小的’”（罗 9：11—12）。这是指着之前说的，“双子还没有生下来，善恶还没有作出来”（罗 9：11），以至可以说，“不在乎人的事工，乃在乎呼召人的主”（罗 9：11）。这使得有人会问，为什么保罗说，“只因要显明上帝拣选人的旨意”（罗 9：11）。当两个人之间没有任何差别时，所作的拣选如何是公义的或有质量保证的呢？雅各还没有出生，没有作出任何事工，如果他被拣选不基于任何功德，那么这一拣选就不是任何字面意义上的，因为在他和以扫之间完全没有差别，以致无法作出拣选。同样地，以扫也还没有出生，没有作出任何事工，而经上却说，“将来大的要服事小的”（罗 9：12）；既然以扫不是基于任何功德而被拒斥，那么这一拒斥如何能够被称为是公义的呢？基于怎样的区分行为，又基于怎样的公义判断，我们才能够理解其后所说的，“雅各是我所爱的，以扫是我所恶的”（罗 9：13）？这句话当然是先知写下的，他在很久之后预言了他们如何出生和死亡（玛 1：2—3）。然而，“将来大的要服事小的”（罗 9：12），似乎被用于既在他们出生之前，又在他们作出任何事工之前。如果他们还没有出生，还没有作出任何事工，也就没有机会得到功德，那么这个拣选或任何其他的拣选是如何作出的呢？是否他们可能有不同的自然？但谁能够这样说呢？因为他们拥有同一位父亲和同一位母亲，来自同一次受孕，且拥有同一位创造主。正如同一位创造主从同一团泥里造出了不同的有生命的和自我繁衍的生物（创 1：24），是否他从两个人的同一次结合中造出了不同的孪生子后裔，就爱这一个，恶那一个？由此，不会存在任何拣选，除非有什么东西可以被拣选。如果雅各被造为良善的，以至将得蒙喜悦，那么他如何在被造之前就得蒙喜悦，以至将被造为良善的呢？由此，他不是被拣选，以至被造为良善的，而是被造为良善的，以至能够被拣选。

2.5. 按着拣选，预知一切的上帝会看到尚未出生的雅各的将来信仰，而人并不借着自己的事工就应当被称义，因为除非被称义，他就不能行善工；上帝叫外邦人借着信仰而称义（加 3：8），但除非借着自由意志，没有人会相信；上帝预见这相信的将来意志，并借着预知而拣选尚未出生的人，以使他称义吗？如果拣选是借着预知，上帝预知到雅各的信仰，那么你怎么证明，上帝拣选他不是出于他的事工？如果他们尚未出生，也还没有作出善恶，他们中就没有一个已经相信。然而，预知看到了谁将来会相信。预知能看到谁将来行事工，那么，就像有人被说成，其被拣选是出于上帝预知了其将来的信仰，而有人能够说，他自己被拣选是出于上帝同样预知了其将来的事工。然而，保罗怎么表明，说“将来大的要服事小的”（罗 9：12）并不出于事工呢？因为如果他们尚未出生，那么说这话就既不出于事工，也不出于信仰，因为尚未出生的人缺乏这两者。由此，他不想让这句话被理解为，小的被拣选以被大的所服事，是出于预知的结果；而想表明，这不是出于事工，就补充说，“双子还没有生下来，善恶还没有作出来”（罗 9：11），否则有人会对他说，“但上帝已经知晓谁将会作什么。”而问题是，这一拣选是如何作出的。如果不是基于事工，因为在没有出生的人那里还不存在事工，也不是基于信仰，因为还不存在信仰，那么拣选是如何作出的呢？

2.6. 是否必须说，如果他们在母腹中没有任何差别，无论是在信仰、事工还是某种功德上，那么就没有拣选？但信上说，“只因要显明上帝拣选人的旨意”（罗 9：11），于是我们就尝试去发现为什么这样说。也许这句话应该以其他方式来解释，使得我们不会把，“只因要显明上帝拣选人的旨意”（罗 9：11），看作紧随着，“不在乎人的事工，乃在乎呼召人的主。上帝就对利百加说：‘将来大的要服事小的’”

（罗9：11—12），而看作为指着尚未出生的双子说的，只是他们还没有作出任何事工，以至不能认为，这里的拣选是出于事工。“双子还没有生下来，善恶还没有作出来，只因要显明上帝拣选人的旨意”（罗9：11），即“善恶还没有作出来”（罗9：11），这句话使得，对于作出来善的人，可以基于这一善行而得到某种拣选。然而，这里不是要拣选作出某种善的人，以显明上帝的旨意，因为信上说，“不在乎人的事工，乃在乎呼召人的主”，以至“上帝就对利百加说：‘将来大的要服事小的’”（罗9：11—12）。换言之，这在乎上帝，是他呼召恶人来信仰，并借着恩典使之称义。

由此，上帝的旨意不依赖拣选，而是拣选出自于他的旨意。就是说，这不是因为，上帝在人之中发现了他所拣选的善工，且由此实施他使人称义的计划；而是因为，他的旨意是使相信的人称义，且由此他发现了事工，以至现在可以拣选他们进入天国。除非作出拣选，否则就没有被拣选的人，经上也就不会说，“谁能控告上帝所拣选的人呢？”（罗8：33）然而，不是拣选先于称义，而是称义先于拣选。除非完全不同于被拒斥的人，否则没有人会被拣选。因此，我没有看到，如果不是出于预知，那么怎么能够说，“上帝从创立世界以前，拣选了我们”（弗1：4）。但这里说，“不在乎人的事工，乃在乎呼召人的主。上帝就对利百加说：‘将来大的要服事小的’”（罗9：11—12），他想被理解为，这个拣选不是出于功德，因为功德发生在人被恩典称义之后；而是出于上帝之恩赐的慷慨，以免有人夸口自己的事工。“你们得救是本乎恩，也因着信；这并不是出于自己，乃是上帝所赐的；也不是出于事工，免得有人自夸”（弗2：8—9）。

2.7. 但问题是，信仰是否使人应当被称义，或不是信仰的功德先于上帝的恩待，而是信仰自身就列于恩典的恩赐之中，因为保罗这里说，“不在乎人的事工”（罗9：11），没有说，“出于信仰，上帝才对利百加说，‘将来大的要服事小的’”，而是说，“乃在乎呼召人的主”

（罗 9：11）。没有被呼召，就没有人相信，但怜悯的上帝就呼召，在没有信仰的功德时赐予，因为信仰的功德接续着呼召，而不是先于呼召。因为“未曾听见他，怎能信他呢？没有传道的，怎能听见呢？”（罗 10：14）如果上帝的怜悯不以呼召的形式先行临到，那么就没有人能够相信，以至从之开始被称义，且得到去作善工的能力。恩典在任何一种功德之前，因为基督已经为罪人死了（罗 5：6）。不出于他自己的事工的任何功德，而出于呼召人的上帝，小的才得以被大的所服事，所以经上记着说，“雅各是我所爱的”（罗 9：13），这不出于雅各的事工，而出于呼召的上帝。

2.8. 然而，以扫会怎么样呢？基于何种恶行，使得他应当服事自己的弟弟，且正如信上所说的，“以扫是我所恶的”（罗 9：13）？当说“将来大的要服事小的”（罗 9：12）时，以扫既还没有出生，也还没有作出任何善行或恶行。是否也许，正如说到雅各，他没有基于任何善行而有功德，以扫没有基于任何恶行而有功德，却被上帝所恨恶？如果上帝预定以扫去服事自己的弟弟，因为上帝预知到他将来的恶工，且也这样预定雅各，使得哥哥将服事自己，因为上帝预知到他将来的善工，那么保罗说“不在乎人的事工”（罗 9：11）就是假的。但如果这真的不基于他们的事工而上帝也表示认可，因为所说的双子还没有出生，也还没有作出任何事工；也真的不基于信仰，因为相似地，尚未出生的人还没有信仰，那么以扫基于何种功德使得，自己在出生之前就被上帝恨恶呢？毫无疑问，上帝爱他所创造的一切。如果我们说，上帝恨恶他所创造的，这就与另一处经文发生矛盾，即“你并不在恨恶中创造任何东西，你并不恨恶你所创造的任何东西”（智 11：24）。基于什么功德，太阳被造为太阳？或者月亮违犯了什么，以至低于太阳？或者它有什么功德，以至被造得比其他星辰更加明亮？不过，这一切都被造为善好的，各从其类（创 1：16—18）。上帝不会说，“太阳是我所爱的，月亮是我所恶的”，或者“月亮是我所爱的，众星是我所恶的”，但他的确说过，“雅各是我所爱的，以扫是我所恶的”（罗9：13）。虽然被布列在不同的等级上，但上帝爱所有这些日月星辰，因为在用自己的言创造时，上帝看它们是好的（创1：16—18）。不公义的是，他恨恶以扫，而以扫没有任何不义以致应当被恨恶。如果我们承认这一点，那么雅各就基于称义的功德而开始被爱。如果这是真的，那么“不在乎人的事工”（罗9：11）就是假的。是否也许基于因信而称的义？不过，“双子还没有生下来”（罗9：11），这句经文如何能够支持你的立场呢？实际上，在还没有出生的人中，不可能有任何因信而称的义。

2.9. 保罗看到，他的话会对自己的听众或读者有何等影响，就立即补充说，“这样，我们可说什么呢？难道上帝有什么不公义吗？断乎没有！”（罗9：14）好像要教导，这是何等荒谬，他就接着说，“因他对摩西说：‘我将来怜悯了谁，就将怜悯谁；我将来恩待了谁，就将恩待谁’”（罗9：15）。借着这句话，他就解决了问题，或者反而使它更加复杂了。因为使人困惑不已的是：如果上帝将来怜悯了谁，就将怜悯谁；我将来恩待了谁，就将恩待谁，那么这一恩待为何没有临到以扫，使得他借之变成良善的，正如雅各借之变成良善的那样。或者是否可以说，“我将来怜悯了谁，就将怜悯谁；我将来恩待了谁，就将恩待谁”，因为上帝将怜悯某个人，为了要呼召他；将对他施怜悯，使得他会相信；也将恩待他所恩待的人，使他得蒙恩待，以至也作出来善工？在这一点上，我们被警告说，没有人可以夸口或骄傲其借着上帝的怜悯而作出来的事工，或借着声称上帝的事工好像是自己的，来说自己应得上帝的怜悯；但实际上，只是那要恩待谁就恩待谁的上帝向他施与了他所领受的恩待。如果有人夸口自己借着相信而应得恩待，那么他就应该知道，上帝借着启示信仰怜悯了自己要怜悯的，并向他展示了这一怜悯，使得自己的呼召临到此时还没有信仰的人。对于已经与恶人分别开来的有信仰的人，保罗说，“你有什么不是领受的呢？若是领受的，为何自夸，仿佛不是领受的呢？”（林前4：7）

2.10. 说得好！但为什么这一恩待没有临到以扫呢？为什么他没有被如此呼召，以至一旦被呼召，他就会被启示信仰，且作为一个相信者而得蒙恩待，最终作出来善工？是否也许因为他不意愿这样？如果雅各相信，是因为他意愿相信，那么上帝就没有赐予信仰给他，而是他借着意愿的行为把信仰赋予自己，且他有的某种东西并不是领受的。是否是这样：没有人能够相信，除非他意愿相信，且没有人能够意愿相信，除非他被呼召，但没有人能够使呼召临到自己，只有上帝借着呼召使信仰临到他，因为没有人能够相信，除非他被呼召，虽然人出于意愿才会相信？“未曾听见他，怎能信他呢？没有传道的，怎能听见呢？”（罗10：14）由此，没有被呼召，就没有人相信，但并非每个被呼召的人都相信了，因为“被呼召的人多，被拣选的人少”（太20：16）；有些人并不藐视呼召他的上帝，而是借着相信就跟随了上帝。毫无疑问，他们出于意愿才会相信。其后怎么说呢？“据此看来，这不在乎那意愿的，也不在乎那奔跑的，只在乎发怜悯的上帝”（罗9：16）。是否是这样：除非我们被呼召，否则我们就不能意愿；而除非上帝帮助成全，否则我们的意愿就一文不值？去意愿和去奔跑是必要的，因为经上说的不是空话，“在地上平安归于有善好意志的人”（路2：14）；“你们也当这样跑，好叫你们得着奖赏”（林前9：24）。“据此看来，这不在乎那意愿的，也不在乎那奔跑的，只在乎发怜悯的上帝”（罗9：16），我们就得到了我们所意愿的东西，到达了我们所意愿的地方，而以扫没有意愿，也没有奔跑。如果他既意愿，又奔跑，那么他就会借着上帝的帮助到达那个地方，而上帝也会借着呼召把意愿和奔跑赋予他，只要他之前没有藐视这一呼召，以致使得自己不蒙认可。一则，上帝赋予，以至我们会意愿；二则，上帝赋予我们已经意愿的。这就使得，我们会意愿和他意愿，就既是他的，也是我们的，即呼召是他的，跟随是我们的。然而，只有他自己才赋予我们已经意愿的，即能够行善和一直幸福地生活。然而，以扫还没有出生，既不能意愿什么，也不能不意愿什么，那么为什么当他还在母腹里时，他就不蒙认可呢？这使得我们重新回到之前的诸般难题，而由于问题的晦涩不明和我们的不断回溯，事情就变得越发复杂了。

2.11. 为什么以扫不蒙认可，他当时还没有出生，还不能相信呼召他的上帝，或藐视这一呼召，或去作出任何善或恶的事情？如果上帝预知到以扫将来的恶的意志，那么为什么雅各得蒙认可，不是借着上帝预知到他将来的善的意志？如果你一旦承认，基于人里面还没有的东西，但上帝预知到他里面将会有的东西，他就能够被认可或不被认可，那么他也就能够基于事工而得蒙认可，且这事工是上帝预知到他里面将会有的，虽然他还没有作出任何事工。然而，当信上说，“将来大的要服事小的”（罗 9：12）时，他们都还没有出生，这一事实将完全不支持你的立场；因为你必须证明，这不是基于事工说的，因为他还没有作出任何事工。

2.12. 如果仔细考察以下经文，“据此看来，这不在乎那意愿的，也不在乎那奔跑的，只在乎发怜悯的上帝”（罗 9：16），那么我们就会看到，保罗这样说是因为，它不仅是借着上帝的帮助才使我们得到自己所意愿的，也寓于他在另一处经文中所指的处境，“就当恐惧战兢，作成你们得救的工夫；你们意愿和作工，都是上帝在你们心里运行，为要成就善好意志”（腓 2：12—13）。他在这里清楚表明，甚至善好意志自身也是借着上帝的作工才成就在我们里面。如果仅仅说，这不在乎那意愿的，而在乎发怜悯的上帝，因为除非上帝的怜悯前来帮助，否则人类的意志不足以使我们生活在正直和义中，那么也可以说，这不在乎发怜悯的上帝，而在乎人类的意志，因为除非我们的意志同意参与其中，否则上帝的怜悯自身并不足以成事。显然，除非上帝施与怜悯，否则我们的意志是徒然的。但我不知道是否可以说，除非我们意愿，否则上帝的怜悯是徒然的。因为如果上帝是怜悯的，那么我们也意愿。“你们意愿和作工，都是上帝在你们心里运行，为要成就善好意志”（腓 2：12—

13），这实际上是指我们所意愿的同一个怜悯。如果我们问，是否善好意志是上帝的恩赐，而如果有人胆敢否认，那就太奇怪了。因为不是善好意志先于呼召，而是呼召先于善好意志，我们去意愿善好的东西，这一行为就应当归诸进行呼召的上帝，而不能归诸被呼召的我们。不能认为，经上说，“据此看来，这不在乎那意愿的，也不在乎那奔跑的，只在乎发怜悯的上帝”（罗 9：16），是因为，没有他的帮助，我们就不能够得到我们所意愿的；而是因为，没有他的呼召，我们就不会意愿。

2. 13. 如果这一呼召引生出善好意志，使得每个被呼召的人都会跟随它，那么经上怎么说，“被呼召的人多，被拣选的人少”（太 22：14）？如果这句经文是对的，即有人被呼召，却没有跟随和顺从它，因为他的意志不去顺从，那么就可以正当地说，这不在乎上帝的怜悯，而在乎人的意愿和奔跑，因为呼召者的怜悯并不充分，除非有被呼召者的顺从跟随其后。如果被以这种方式呼召的人不同意跟随，那么会怎么样呢？如果被以别的方式呼召，他们是否会使自己的意志去适合信仰呢？既然“被呼召的人多，被拣选的人少”（太 22：14），那么可以推断得知，虽然许多人被以同一种方式呼召，但由于不是所有人都被以同一种方式打动，那么唯有那些发现呼召合宜被抓住的人才会跟随它。既然“据此看来，这不在乎那意愿的，也不在乎那奔跑的，只在乎发怜悯的上帝”（罗 9：16），那么对于跟随呼召的人，上帝就是以合宜于他们的方式去呼召的。呼召的确临到其他人，但由于他们不能被它打动，且不合宜于抓住它，他们就被称为已经被呼召却没有被拣选的人；我们不能借此认为，这不在乎上帝的怜悯，而在乎人的意愿和奔跑。因为上帝的恩待的效力不能是在人的权能之中，以致如果人不意愿，他的仁慈就完全无用，因为如果他意愿去怜悯那些人，他就能够以合宜于他们的方式呼召他们，以使他们会被推动、理解并跟随。由此，真的是，“被呼召的人多，被拣选的人少”（太 22：14）。那些被拣选的都是被合宜地呼召的，而那些不应和也不顺从呼召的都是不被拣选的，因为尽管被呼召，他们却没有跟随。同样地，既然“据此看来，这不在乎那意愿的，也不在乎那奔跑的，只在乎发怜悯的上帝”（罗 9：16），那么即使上帝呼召了很多人，但他仍然只是赐怜悯给那些他以合宜的方式呼召的人，使得他们会跟随这一呼召。但如果有人说，这不在乎上帝的怜悯，而在乎人的意愿和奔跑，那么就犯了错误，因为上帝临到人的怜悯不会是徒然的。对于所怜悯的人，上帝就以自己所知道的合宜于他的方式来呼召，使得他不会拒斥自己的呼召。

2.14. 对于这一点，有人会说，“为什么以扫没有被这样呼召，使得他会意愿顺从呢?”我们看到，当同样的事情被展现或显明出来时，其他人都被打动而信仰。例如，得了圣灵的启示之后，西面就认出尚还是小婴孩的我们的主耶稣基督，并相信了他（路 2：25—35）。当听到耶稣说，“腓力还没有招呼你，你在无花果树底下，我就看见你了”（约 1：48），拿但业就回答说，“拉比，你是上帝的儿子，你是以色列的王”（约 1：49）。当彼得后来也宣认这一点时，他就听到，自己是有福的，耶稣要把天国的钥匙给自己（太 16：16—19）。福音书作者约翰提到耶稣所行的第一个神迹，即他在加利利的迦拿把水变成酒，门徒就相信了他（约 2：1—11）。耶稣说，他邀请许多人来相信；但即使他使死人复活，还是有许多人不相信（路 16：13）。甚至门徒都恐惧于耶稣被钉十字架而死，以致内心动摇（太 26：56）；而那个盗贼并不把他看作行为上卓越的人，而看作与自己一起被钉十字架的同类，却相信了他（路 23：40—42）。在耶稣复活之后，比起他活生生的肢体，一个门徒更愿意相信他的新伤痕（约 20：27—29）。在把耶稣钉十字架的人中，有许多见过他行神迹，却藐视他；然而，当他的门徒传讲耶稣，奉他的名作同样的事时，他们却相信了这些门徒。

既然这个人以这种方式被打动，那个人以那种方式被打动；同样的事情在此时说给这个人听就打动了他，在彼时说给那个人听却没有打动他；或打动这个人却没有打动那个人，谁还会胆敢说，上帝缺乏呼召以扫的合宜方式，以使他也能够让自己的心灵和意志进入信仰，而正是这个信仰使得雅各被称义？

如果一个人的意志的抵抗力是如此得强大，以致心理上的强烈反感使他的心刚硬，不接受任何形式的呼召，那么可以追问，是否这一刚硬来自神圣的惩罚，即借着不以使他转向信仰的方式来呼召，上帝就已经摒弃了他。谁会说，全能者缺乏使这个人会被说服而去信仰的方式呢？

2. 15. 我们为什么要这么问呢？因为保罗自己补充说，“因为经上有话向法老说：‘我将你兴起来，特要在你身上彰显我的权能，并要使我的名传遍天下’”（罗 9：17）。他补充这句话，是要证明自己之前所说的，“据此看来，这不在乎那意愿的，也不在乎那奔跑的，只在乎发怜悯的上帝”（罗 9：16）。好像被追问，自己的教导有什么依据，他就回答说，“因为经上有话向法老说：‘我将你兴起来，特要在你身上彰显我的权能，并要使我的名传遍天下’”（罗 9：17）。他这样就证明了，“据此看来，这不在乎那意愿的，也不在乎那奔跑的，只在乎发怜悯的上帝”（罗 9：16），还总结说，“如此看来，上帝意愿谁，他就怜悯谁；他意愿谁，他就刚硬谁”（罗 9：18），而这两者之前都没有提到过。“据此看来，这不在乎那意愿的，也不在乎那奔跑的，只在乎发怜悯的上帝”（罗 9：16），保罗说这话的方式不同于说如下的话：“这不在乎那不意愿的，也不在乎那藐视的，只在乎叫人刚硬的上帝”。这就很清楚，保罗说的，“如此看来，上帝意愿谁，他就怜悯谁；他意愿谁，他就刚硬谁”（罗 9：18），可以与之前说的相吻合，即“据此看来，这不在乎那意愿的，也不在乎那奔跑的，只在乎发怜悯的上帝”（罗 9：16），从而可以理解为，上帝的叫人刚硬是指，上帝不意愿去怜悯他。由此，他没有强加什么东西使人变得更糟糕，而只是不赐予任何东西使他变得更善好。如果这发生在彼此没有任何功德差异的时候，谁不会爆发出保罗用以反问自己的话，“这样，你必对我说：‘他为什么还指责人呢？有谁抗拒他的意志呢？’”（罗 9：19）正如《圣经》中不断表明的，上帝时常指责人，因为他们不意愿去相信和过正直的生活。而那些相信并遵守上帝的旨意的人，就被说成是，“没有可指摘的”（路1：6），因为《圣经》上没有指责他们什么。但保罗要问，既然“如此看来，上帝意愿谁，他就怜悯谁；他意愿谁，他就刚硬谁”（罗9：18），那么为什么这里有了指责，“有谁抗拒他的意志呢?”（罗9：19）让我们思考一下之前所说的，并在此基础上，借着主的帮助，形成自己的观点。

2.16. 他稍前说过，“这样，我们可说什么呢？难道上帝有什么不公义吗？断乎没有!”（罗9：14）让这句话立定在我们心里，即上帝没有什么不公义；这心在敬虔上是严肃的，在信仰上是坚定的。由此，“如此看来，上帝意愿谁，他就怜悯谁；他意愿谁，他就刚硬谁”（罗9：18），其意思就是，他怜悯他意愿去怜悯的人，不怜悯他不意愿去怜悯的人；要以全然的坚韧和笃定来相信，这是指某种隐秘的公义，远非在各种人类事务和地上协议中所能寻索到和观察到的。除非紧抓住永恒公义的某些被清楚标识的残迹，否则我们脆弱的诸般努力将永远不会指向和渴望属灵诫命的最神圣、最圣洁的安息地和圣所。“饥渴慕义的人有福了，因为他们必得饱足”（太5：6）。在我们的生命的穷乏和这一必死处境的穷乏中，除非公义的最轻盈的薄雾从上面飘落下来，否则我们枯萎会比我们饥渴更快。由于人类社会是借着给予和接受才结合起来的，尽管给予和接受使得，有的人欠债，有的人不欠债，但是谁会看不到，要求别人偿还欠自己的不能被指控为不公义，出于意愿免除别人欠自己的更不能被这样指控；而债应该被偿还，还是应该被免除，其决定权不在于那欠债的人，而在于那索债的人？正如上文所说，这一看法或残迹已经被从公义的最高点清晰地印在了人类事务上。

就如使徒所说，“在亚当里众人都死了”（林前15：22），从他起，冒犯上帝的源头就渗透进整个人类种群，使得所有人都从属于一个罪的团块，应当承受来自神圣且最高的公义的惩罚，不管这一惩罚是被执行，还是被免除，都没有什么不公平。他们都是欠了债的，却骄傲地判断应该对谁执行，对谁免除，就像那些被雇到葡萄园干活的工人，当付给别的工人与他们同样的工钱时，就不公义地生气埋怨（太 20：1—12）。而使徒就驳斥这一无理的质问说，“你这个人哪，你是谁，竟敢向上帝强嘴呢?”（罗 9：20）因为上帝指责罪人使他不快，就这样向上帝强嘴，好像上帝迫使人去犯罪，虽然他自己其实并不迫使人去犯罪，而只是不赐予使之得以被称义的恩待给某些罪人，但却由此被说成，他使某些罪人心刚硬，虽然是因为他不怜悯他们，而不是因为他迫使他们去犯罪。然而，对于那些他不怜悯的人，就是出于最隐秘且最远离人的感知的公义而不应该被赐予恩待的人，他就审判他们。因为，“他的判断何其难测！他的踪迹何其难寻！”（罗 11：33）上帝公义地指责罪人，而他自己并不迫使他们去犯罪。同样地，对于上帝所怜悯的人，他们就会有呼召临到，而当上帝指责罪人时，他们的心就会被刺透，转向他的恩典。因此，上帝的指责是公义的和满有怜悯的。

2.17. 上帝意愿这个，就保守这个，意愿那个，就摒弃那个，没有谁抗拒他的意志。因为他保守的和摒弃的都出自同一个罪人的团块，二者都欠了应受惩罚的债，但这个被强索，那个却被免除。如果这些让人感到困惑，那么“你这个人哪，你是谁，竟敢向上帝强嘴呢?”（罗 9：20）我认为，这里的人与其下的人同义，即“你岂不是人，照着人的样子行吗?”（林前 3：3）借着这一术语，他们就被看作属肉体的和属魂的人，正如信上所说，“我从前对你们说话，不能把你们当作属灵的，只得把你们当作属肉体”（林前 3：1）；“那时你们不能吃，就是如今还是不能。你们仍是属肉体的”（林前 3：2）；“然而，属魂的人不领会上帝圣灵的事”（林前 2：14）。对于这些，信上说，“你这个人哪，你是谁，竟敢向上帝强嘴呢？受造之物岂能对造他的说：‘你为什么这样造我呢?’窑匠难道没有权柄从一团泥里拿一块作成预备得荣耀的器皿，又拿一块作成可怒的器皿吗?”（罗 9：20—21）借着这些话，保罗似乎足够清楚地表明，他正在向属肉体的人说话，因为泥自身就暗示了，初人亚当是从中被造的（创 2：7）。正如已经指出的，在保罗看来，“在亚当里众人都死了”（林前 15：22），而他就说，所有人都在同一个团块中。虽然可以“拿一块作成预备得荣耀的器皿，又拿一块作成可怒的器皿”，但甚至那被作成预备得荣耀的器皿的，起初也是属肉体的，从之才逐渐长成为属灵的成熟状态，因为他们已经被作成预备得荣耀的器皿，且已经在基督里得了重生。因为这里在说婴孩，保罗也就把他们当作属肉体的，“我从前对你们说话，不能把你们当作属灵的，只得把你们当作属肉体、在基督里为婴孩的。我是用奶喂你们，没有用饭喂你们。那时你们不能吃，就是如今还是不能。你们仍是属肉体的”（林前 3：1—2）。虽然保罗说，他们是属肉体的，但他们其实已经在基督里得了重生，在基督里为婴孩，且还必须喂奶。他补充说，“就是如今还是不能”，以此表明，这些人将可能逐渐长成，因为当他们在灵上得了重生，恩典就开始浇灌在他们里面。虽然这些人被作成预备得荣耀的器皿，但信上仍然可以正当地对他们说，“你这个人哪，你是谁，竟敢向上帝强嘴呢？”（罗 9：20）如果对这些人这么说是正当的，那么对没有得重生或已经被作成可怒的器皿的人，就更可以正当地对他们这么说了。借着坚定的信仰，我们应该坚持认为，上帝没有什么不公义，他免除或强索欠自己的债，被正当地强索的人不能够抱怨他不公义，而被免除的人也不应该夸口自己的功德。因为前者只是偿还自己所欠的，而后者只是得到自己所领受的。

2.18. 在此，借着主的帮助，我们必须努力去发现，以下两句经文如何都是正确的，“你不恨恶由你所创造的任何东西”（智 11：24）；“雅各是我所爱的，以扫是我所恶的”（罗 9：13）。如果上帝恨恶以扫，因为他是被作成可怒的器皿，而同一个窑匠把这个作成预备得荣耀的器皿，却把那个作成可怒的器皿，怎么能够说，“你不恨恶由你所创造的任何东西”（智 11：24）？因为他明显恨恶以扫，才将之作成可怒的器皿。如果我们看到，上帝是所有受造物的创造者，那么这个问题就可以被解决。上帝的所有受造物都是善好的（提前 4：4），而每个人，因为他是人而不因为他是罪人，都是这样的受造物。上帝是人类身体和灵魂的创造者，这二者都不是恶的，也都不被上帝所恨恶，因为上帝不恨恶由他所创造的任何东西。灵魂比身体卓越，而作为二者的肇始者和创造者，上帝比它们更卓越。除了罪，上帝并不恨恶人之中的什么。而罪是人之中的无序与背谬，是转离更高等的创造主，而转向更低等的被造物。因此，上帝并不恨恶作为人的以扫，但恨恶作为罪人的以扫。正如有关主所说的，“他到自己的地方来，自己的人倒不接待他”（约 1：11）。对此，主自己说，“你们不听，因为你们不是出于上帝”（约 8：47）。如果不是因为，一个东西被说成是出于主自己所创造的人，另一个东西被说成是出于主自己所责备的罪人，那么他们怎么会既是属于上帝的，又不是出于上帝的呢？同一个人既是人，又是罪人，但作为人是出于上帝的创造，作为罪人是出于自己的意志。

至于上帝爱雅各，难道雅各不是罪人吗？但上帝爱的不是他所除去的罪责，而是他所赐予的恩典。因为基督已经为罪人死了，但不是他们仍然是恶的，而是借着被称义，他们就脱离了之前的恶行，相信了使恶者被称义的上帝。上帝恨恶恶行。在一些人那里，他借着给他们定罪就惩罚了恶行；而在另一些人那里，他借着使他们被称义就免除了恶行。虽然“他的判断何其难测”（罗 11：33），但在他们身上必然成就。从他不会使之被称义的恶人中，上帝选出来作成可怒的器皿，但他并不恨恶自己创造了他们。他们因为自己的恶行而被咒诅，但既然被作成器皿，他们就有一定的用处，即借着已经对他们所判决的惩罚，被作成预备得荣耀的器皿就越发接近神圣。上帝不恨恶他们，是因为他们是人类，而不是因为他们是器皿，即他既不恨恶自己以创造在他们中所作的，也不恨恶自己以判决在他们中所作的，因为“你不恨恶由你所创造的任何东西”（智 11：24）。然而，当把他们作成预备遭毁灭的器皿以纠正其他人时，他恨恶他们中的恶行，但这恶行不是他作成的。正如法官恨恶一个人偷窃，但并不恨恶判决他去矿山服劳役，因为盗贼做了前者，而法官做了后者。上帝并不恨恶他所创造的，因为从恶人的团块中，他作成预备遭毁灭的器皿，即他判断预备受惩罚的，而惩罚是那些正在败亡之人所应得的；在其中，那些他赐予怜悯的人就发现了自己得蒙拯救的机会。由此，上帝对法老说，“我将你兴起来，特要在你身上彰显我的权能，并要使我的名传遍天下”（罗 9：17）。上帝的权能的彰显和他的名传遍天下，有利于那些合宜于听到这一呼召的人，使得他们会害怕并改正自己的作为。相应地，保罗接着说，“倘若上帝要显明他的愤怒，彰显他的权能，就多多忍耐宽容那可怒、预备遭毁灭的器皿”（罗 9：22）。其意思是，“你这个人哪，你是谁，竟敢向上帝强嘴呢?”（罗 9：20）当我们把这节经文与前文联系起来，其意思是，如果上帝意愿显明他的愤怒，却忍耐宽容了可怒的器皿，那么“你这个人哪，你是谁，竟敢向上帝强嘴呢?”（罗 9：20）然而，他不仅意愿“显明他的忿怒，彰显他的权能，就多多忍耐宽容那可怒、预备遭毁灭的器皿”（罗 9：22），也意愿“又要将他丰盛的荣耀彰显在那蒙怜悯的器皿上”（罗 9：23）。上帝本来可以依从自己的判断，摧毁并利用预备遭毁灭的器皿，以拯救那些他赐予怜悯的器皿，但他却多多忍耐宽容这些器皿，到底对他们有什么益处呢？这的确有益于那些上帝利用预备遭毁灭的器皿来拯救的人，正如经上说的，义人的手在罪人的血中洗净（诗 58：10），即当看到对罪人的惩罚时，他的手会因为害怕上帝而洗净各种恶行。上帝意愿显明他的愤怒，却忍耐宽容可怒的器皿，这既营造了一种有益的害怕，而其他人必然置身其中，又使得他丰盛的荣耀彰显在那蒙怜悯的器皿上，使之“早预备得荣耀”（罗 9：23）。的确，叫恶人刚硬表明了两件事。一是，什么应当被害怕，使得人借着善好可以转向上帝；二是，应当如何感谢上帝的怜悯，他在惩罚一些人中显明了自己在其他人中所赦免的。但如果上帝向一些人索偿的不是公义的惩罚，那么未被公义惩罚的其他人也就没有什么被赦免。上帝的惩罚是公义的，在他没有什么不公义，当他免除了没有人可以正当地说自己所不欠的债时，谁能够给予他足够的感谢呢？

2.19. "这器皿就是我们被上帝所召的，不但是从犹太人中，也是从外邦人中"（罗9：24），即"那蒙怜悯、早预备得荣耀的器皿"（罗9：23）。因为被呼召的不是所有犹太人，而是从犹太人中；也不是外邦的所有人，而是从外邦人中。从亚当来的是由罪人和恶人组成的独一团块，远离了上帝的恩典，而犹太人和外邦人都属于这个团块。如果从同一团泥里，窑匠拿一块作成预备得荣耀的器皿，又拿一块作成可怒的器皿，且如果从犹太人中，如同从外邦人中，一些器皿被作成预备得荣耀的，另一些器皿被作成可怒的，那么他们应该都被理解为，属于同一个团块。

随后，保罗开始以时间倒叙的方式为个别案例提供先知的见证。他之前先说犹太人，后说外邦人，但现在所提供的见证则先说外邦人，后说犹太人。"就像上帝在何西阿书上说：'那本来不是我子民的，我要称为我的子民；本来不是蒙爱的，我要称为蒙爱的。从前在什么地方对他们说，你们不是我的子民，将来就在那里称他们为永生上帝的儿子'"（罗9：25—26）。这被看作，已经谈到了外邦人，因为他们没有单独的地方来祭祀，不像犹太人在耶路撒冷那样。但使徒们被差派到外邦人中间，"他就赐他们权柄，作上帝的儿女"（约1：12），使他们会相信，各守其位；而他们在哪里归信，就在那里献上赞美为祭（诗50：14）。

保罗说，"以赛亚指着以色列人喊着说"（罗9：27）。而为了避免有人相信，所有以色列人都已经陷在毁灭之中，他在这里也教导说，一些器皿已经被作成预备得荣耀的，另一些器皿已经被作成可怒的。"以色列人虽多如海沙，得救的不过是剩下的余数"（罗9：27），即剩下的器皿都是预备遭毁灭的。保罗说，"因为主要在世上施行他的话，叫他的话都成全，速速地完结”（罗9：28），即旨在拯救那些相信的人（林前1：21），而他们的相信是借着恩典以朴素的信仰实现的，不是借着遵守无数的诫命实现的，因为这些诫命重压他们，使他们如同奴仆。借着恩典，主就在世上为我们速速施行他的话，“我的轭是容易的，我的担子是轻省的”（太11：30）。稍后，信上说，“这道离你不远，正在你口里，在你心里。就是我们所传信主的道。你若口里认耶稣为主，心里信上帝叫他从死里复活，就必得救。因为人心里相信，就可以称义；口里承认，就可以得救”（罗10：8—10）。这是主在世上速速施行的话。借着其简洁和迅疾，那个盗贼就被称义，虽然他的四肢被钉在十字架上，但有两样器官不受阻碍，即以心相信而被称义，以口承认而被拯救，还得以立即听到耶稣对他说（路23：32—43），“今日你要同我在乐园里了”（路23：43）。如果借着得到恩典而活得更长一些，那么他的善工就会随即而来。然而，这些善工并没有先行到来，使得他应得同样的恩典；反而是，借着恩典，作为盗贼而被钉十字架的他就被从十字架上带到乐园里了。

保罗说，“又如以赛亚先前说过：‘若不是万军之主给我们存留余种，我们早已像所多玛、蛾摩拉的样子了’”（罗9：29）。这里说“给我们存留余种”，在稍前就是，“得救的不过是剩下的余数”（罗9：27）。但其他人欠了惩罚的债，就作为预备遭毁灭的器皿而灭亡。不是所有人都要像所多玛和蛾摩拉那样灭亡，但这不在于他们应得什么，而在于上帝的恩典给他们存留余种，使得将在全地再次收割庄稼。稍后，保罗也说，“如今也是这样，照着拣选的恩典，还有所留的余数。既是出于恩典，就不在乎事工；不然，恩典就不是恩典了。这是怎么样呢？以色列人所求的，他们没有得着，惟有蒙拣选的人得着了，其余的就成了顽梗不化的”（罗11：5—7）。蒙怜悯的器皿发现这一点，但可怒的器皿却盲目不见，而就像所有外邦人，他们出于同一团块。

2.20.《圣经》中有一段经文非常契合当前的讨论，并为我们的解释提供了令人惊讶的证据。这就是《便西拉智训》，其中写着，“每个人都是用泥土做成的，就像亚当一样。在丰盛的诫命中，耶和华使他们分开，又改变他们所走的道路。他祝福一些人，使他们得荣耀而且圣洁，待在主的身边。他咒诅另一些人，使他们卑微，到处迁徙。正如黏土在陶匠手中，任其随心所欲地制成各种形状一样，我们在造物主的手中，也由他任意摆布。善的对立面是恶，生的对立面是死，罪恶的对立面是信主。请注意：至高者使万物成双成对，有此物必然有彼物，相互对立”（便 33：10—15，张久宣《圣经后典》译文）。

这里首先提到的是上帝的诫命。其中说，“在丰盛的诫命中，耶和华使他们分开”（便 33：11）。如果这不是脱离乐园的祝福，还会是什么呢？“又改变他们所走的道路”（便 33：11），以致他们现在活着，却如同死人。虽然基于上帝的抟塑和创造，所有人都是善好的，但他们之后从罪的遗传和必死的惩罚而生，就形成一个团块。在所有人中，都存在着身体的美和各肢体之间的和谐，而保罗以之来说明，应该如何维持彼此间的爱（林前 12：12—27）；在所有人中，也都存在活泼泼的灵，赋予其属地的肢体以生命；灵魂做主人，身体做奴仆，人的整个自然就如此令人惊讶地协调起来。然而，肉体的贪欲起源于对罪的惩罚；因着最初的罪责，这一贪欲就把持久的混乱掺和进一切，现在则辖管了整个人类，使之如同一个团块。但经上也说，“他祝福一些人，使他们得荣耀而且圣洁，待在主的身边。他咒诅另一些人，使他们卑微，到处迁徙”（便 33：12）。

正如保罗说，“窑匠难道没有权柄从一团泥里拿一块作成预备得荣耀的器皿，又拿一块作成可怒的器皿吗?”（罗 9：21）上面经文中使用了同样意象，“正如黏土在陶匠手中，任其随心所欲地制成各种形状一样，我们在造物主的手中”（便 33：13）。但保罗说，“难道上帝有什么不公义吗?”（罗 9：14）注意这里所补充的，“也由他任意摆布”（便 33：13）。虽然公义的惩罚临到已经被定罪的人，但因为这转而有益于那些蒙怜悯的人，使他们越发接近神圣，我们就要注意其后所说的，“善的对立面是恶，生的对立面是死，罪恶的对立面是信主。请注意：至高者使万物成双成对，有此物必然有彼物，相互对立”（便33：14—15）。两个坏的东西结合在一起，就有更好的东西生成，且越发接近神圣。然而，它们是借着恩典才变成更好的东西，就好像之前所说的，“得救的不过是剩下的余数”。以得救的剩余者的口吻，作者继续说，“我本是最后一位值班人，好像要走遍葡萄园去拾取那些摘葡萄者拉在后面的一切”（便33：16）。有什么证据表明，这不是出于功德，而是出于上帝的怜悯？作者说，“主保佑着我，我干得漂亮，如同一位摘葡萄者，装满了自己的酒榨”（便33：16）。虽然他是最后一位值班人，但正如所说的，“在后的将要在前”（太20：16），以色列剩下的民被摘净（耶6：9），并把盼望交给主，就已经从遍满全地的葡萄园的丰盛中装满了自己的酒榨。

2. 21. 就像那些已经被称义的人，使我们借之可以理解恩典，保罗的主要观点恰恰是，“夸口的当指着主夸口”（林后10：17）。从同一团块里，主定罪这个，称那个为义，谁会质疑他的这些事工呢？意志的自由决断的确举足轻重，但在已经被卖在罪之下的人中（罗7：14），它还算什么呢？保罗说，“因为肉体和（圣）灵相争，（圣）灵和肉体相争，这两个是彼此相敌，使你们不能作所意愿作的”（加5：17）。有命令说，我们应当正直生活，而实际上，这一奖赏已经被赐予，即我们应得永远蒙福地生活。但还没有被因信称为义（罗5：1），谁能够正直生活，并作出善工呢？有命令说，我们应当相信，以至借着爱而接受圣灵的恩赐，就能够作出善工。但还没有被呼召，即还没有被相关见证所触动，谁能够相信呢？谁有能力使自己的心灵被这样的见证触动，并使自己的意志转向信仰呢？谁会发自内心地拥抱并不吸引他的东西呢？谁有能力要么联系上能够吸引他的东西，要么一旦联系上就会被吸引呢？由此，当有什么吸引我们，使我们会转向上帝，这是由上帝的恩典所促发和提供的，而不是由我们的认可、努力或事工的功德而获得的，因为无论是意志的认可，还是不懈的努力，还是出于炽热的爱而行的事工，这都是他所赋予的，是他所恩赐的。我们被命令去祈求，使我们会得到；被命令去寻找，使我们会寻见；被命令去叩门，使门会向我们打开（太 7：7）。我们的祷告有时候不冷不热，或冰冷且实际上并不存在，或的确有时候完全不存在，难道我们在内心里没有注意到这一点却还不懊悔吗？这还向我们展示了，除非因为他允许我们去祈求、寻找和叩门，否则他不会命令我们去这样作。“据此看来，这不在乎那意愿的，也不在乎那奔跑的，只在乎发怜悯的上帝”（罗 9：16），因为除非借着他的推动和促发而能够去作，否则我们就既不会去意愿，也不会去奔跑。

2. 22. 如果这里做出了某种拣选，正如从经文所理解的，“照着拣选的恩典，还有所留的余数”（罗 11：5），那么这个拣选就不是指着已经被称义以得永生的人说的。相反，那些将被称义的人就被拣选，而这一拣选却是隐秘的，以至处于同一团块中的我们完全不能够认识到。或即使某些人可以认识到，但我承认，我在这事上无能为力。因为在我看来，即使我被允许稍微窥探进这一拣选，我也不能够看出来，那些人如何被拣选而得到拯救的恩典，是出于其更大的天赋，还是出于其更少的罪，或者出于这二者。如果你意愿，我们还可以加上善好且有用的学识。无论是谁，如果只被最少的罪所俘获和玷辱，因为没有人会完全没有罪，又被赋予理智，被博雅学问所锤炼，那么这就似乎是，他肯定已经被拣选来得到恩典了。但当我得到这一结论，即“上帝却拣选了世上愚拙的，叫有智慧的羞愧；又拣选了世上软弱的，叫那强壮的羞愧”（林前 1：27），上帝就取笑我，使我注视他时被羞耻所缄口，就像我自己开始取笑许多人那样，他们比那些罪人更圣洁，比那些渔夫更口才斐然。难道没有注意到，我们中的许多人相信上帝并行他的道路，但在天赋上却比不过某些异端，甚至还比不过某些演员？另外，难道没有看到，一些人，无论是异端、异教徒甚或真信仰和真教会的肢体，或男或女，平静地生活在婚姻的圣洁中，但他们是如此不冷不热，以致我们惊讶于，他们不仅在忍耐和性情上，也在信、望和爱上，都被经历过突然归信的妓女和演员所胜过？

由此可见，意志会被拣选。但除非意志接触到愉悦和吸引灵魂的东西，否则它自身绝不能被推动。然而，意志所接触到的，并不在人的权能之内。除了闯进各家、寻索、捆绑和杀害基督徒，扫罗还意愿什么呢？多么疯狂、野蛮而盲目的意志啊（徒 8：3、9：1—2）！不过，借着从天上来的一个声音，保罗就扑倒在地，接触到如此这般的异象，他的心灵和意志就被强力所打开，被倒转和校准到信仰，他就被始料未及地从福音的极力逼迫者转变为极力宣扬者（徒 9：3—22）。

“这样，我们可说什么呢？难道上帝有什么不公义吗？”（罗9：14）上帝向他喜悦的人索偿，赐予他喜悦的人，但他永远不会索偿并不欠自己的东西，也永远不会赐予不属于自己的东西？难道上帝有什么不公义吗？断乎没有！”（罗 9：14）但为什么对这个人这样，对那个人那样呢？“你这个人哪，你是谁？”（罗 9：20）如果你不偿付所欠的债，你就有可感谢的了；如果你偿付，你就没有可埋怨的了。让我们只要相信，即使我们还不足以理解，因为你创造和坚立了整个创造，不管是属灵的，还是属体的，你以度量衡布列一切（智 11：20）。但“他的判断何其难测！他的踪迹何其难寻！”（罗 11：33）让我们说“哈利路亚”，并齐唱颂歌，而不要说“这为什么”或“那为什么”，因为一切事物的被造皆有其定时（便 39：21）。

中译者后记

本书收录了奥古斯丁的三篇重要作品：《独语录》《论自由意志》以及《罗马书释义》。《独语录》是奥古斯丁设计的“自我”（ego）与“理性”（ratio）之间的对话，形式是对话，其实是独白。他自创“*Soliloquia*”这个词作为题目，就可见一斑，“这个名称诚然是我新造的，可能有点生硬，但非常恰当地表明了它所指向的目标”。《论自由意志》的拉丁文是“*De libero arbitrio*”，按字意可译为“论自由决断”，但奥古斯丁讨论的核心问题是自由决断的主体性根源。奥古斯丁将自由决断归于意志和意愿，自由决断是出于意志和意愿的行为；也就是说，奥古斯丁并不是要讨论决断或选择这种行为，而是讨论选择背后的主体性活动，指出这种主体性在于意志，而不是希腊人所谓的理性。因此，译为《论自由意志》更符合奥古斯丁的用意，也更能呈现其思想贡献。《独语录》与《论自由意志》的中译严格依照拉丁文本，所采用的版本为 Migne, S. Aurelii Augustini Opera Omnia: Patrologiae Latinae，同时主要参考了两个英译本：一个是选自 Ludwig Schopp 主编的 *Writings of Saint Augustine*, *volume* 1, *Soliloquia*, translated by Thomas F. Gilligan, O. S. A., M. A. Villanova College, 1948；另一个是 *Augustine*: *Earlier Writings*, edited and translated by J. H. S. Burleigh, 1953。《独语录》的导论采纳了 Ludwig Schopp 本；《论自由意志》的导论则是中译者根据 Burleigh 本的导言再行编写而成。在翻译《论自由意志》时，还参考了两个中译本：

一个是成官泯先生的《论自由意志》（上海世纪出版集团 2010 年版，内含《独语录》）；另一个是台湾王秀谷先生译的单行本《论自由意志》（闻道出版社 1974 年版），颇多受益，在此致谢。同时，要诚挚感谢徐则静同学帮我们从香港辛苦复印王秀谷先生的译本。

此外，奥古斯丁使用的是七十子的希腊文《圣经》译本，我翻译时主要参考和合本《圣经》。出入较大者，则依据拉丁文和英文直译。中译本每节标题都是依据拉丁文本译出。个别拉丁文标题并不十分贴切，但出于翻译的信实保留原意。拉丁文本的极个别标题把一个句子分为两半，分别冠于两节之上，遇见这种情况，中译本会略作调整。

《罗马书释义》由湖南大学岳麓书院花威教授翻译，包含四个短篇：《罗马书章句》《罗马书断评》《八十三个问题》中的 66、67 和 68，以及《答辛普利奇的问题汇编》第一卷。其中，《八十三个问题》中的 66、67 和 68 和《答辛普利奇的问题汇编》第一卷，已经收录在本人早先翻译出版的奥古斯丁《时间、恶和意志》（中国社会科学出版社，2020 年）。虽然如此，不同版本的互参具有学术价值，因此这里仍然收录。花威教授把它们与《罗马书章句》和《罗马书断评》合集，是因为它们共同关涉自由意志的某些主题，与本译著《论自由意志》（花威在译序中将该作品译为《论自由决断》，为统一起见，均改为《论自由意志》）是一个主题整体。此外，花威原译为《回顾篇》的篇名，为了统一，亦改译为《订正录》。奥古斯丁使用的拉丁文是 *Retractationes*，有的学者译成《更正篇》，有的译成《回顾篇》，有的译成《订正录》。Retractationes 有回顾的意思，也有订正或者更正的意思，但奥古斯丁本人应是属意于“订正”或者“更正”。正如 *Retractationes* 的英译本译者所言，奥古斯丁在这部回顾他著述生涯的晚年作品中，确实有过不少的订正或者更正（对他的早年作品更正尤多），围绕着或轻或重的问题作了或多或少的更正，虽然订正或者更正的意义可能无足轻重（Mary Inez Bogan，“Introduction”，xiv，see in Saint Augustine，*The Retrac-*

tations，The Catholic University Of America Press，1999）。可见，奥古斯丁本人应属意于在回顾中订正或者更正，任何订正或者更正肯定需要回顾，但回顾却未必一定订正或者更正。在这个意义上，译为《订正录》或者《更正篇》更能够完整地体现 *Retractationes* 的意思。同样是出于统一，花威教授原译为"辛普里西安"的人名也统改为"辛普利奇"，"《致辛普利奇》"改为"《答辛普利奇的问题汇编》"，其余皆保留他本人的表述习惯，特此说明。

随着《论自由意志》这部译作的完成，奥古斯丁早期著作的主体部分已经翻译完成。这些译作均根据拉丁文本（Migne，PL：S. Aurelii Augustini Opera Omnia：Patrologiae Latinae），并参考英译本；或者根据英译本，但严格对勘拉丁文本。全部译作均由中国社会科学出版社出版，中译著作目录如下：《论秩序》（2017 年）、《论灵魂的伟大》（2019 年）、《时间、恶与意志》（2020 年）、《论音乐》（2021 年），还有这部《论自由意志》。奥古斯丁的其他著作也会陆续译出。按照奥古斯丁著述的时间顺序，这里把已经译出的作品与已经出版的书目对照罗列如下，方便参考：

1. 《论幸福生活》（*De beata vita*），最早写成的作品（386 年）。（《论秩序》）

2. 《驳学园派》（*Contra academicos*），最早开始写作的作品（386 年）。（《论灵魂的伟大》）

3. 《论秩序》（*De ordine*），386 年。（《论秩序》）

4. 《独语录》（*Soliloquia*），386 年末—387 年初。（《论自由意志》）

5. 《论音乐》（*De musica*）始于 387 年，成于 391 年后。（《论音乐》）

6. 《论灵魂的不朽》（*De immortalitate animae*），387 年。（《论灵魂的伟大》）

7. 《论灵魂的伟大》（*De quantitate animae*），388 年。（《论灵魂的伟大》）

8. 《论自由意志》（*De libero arbitrio*），第一卷写成于 388 年，第二卷和第三卷写成于 396 年前。（《论自由意志》）

9. 《八十三个问题汇编》（*De diversis quaestionibus octoginta tribus*），始于 388 年，成于 396 年。（《时间、恶与意志》）

10. 《论教师》（*De magistro*），389 年。（《论秩序》）

11. 《论真宗教》（*De vera religione*）391 年。（《论秩序》）

12. 《〈罗马书〉章句》（*Expositio quarundam propositionum ex epistula Apostoli ad Romanos*）和《〈罗马书〉断评》（*Epistulae ad Romanos inchoata expositio*），394—395 年。（《论自由意志》）

13. 《答辛普利奇的问题汇编》（*De diversis quaestionibus ad Simplicianum*），390 年代中期。（《时间、恶和意志》）

14. 《论善的本性》（*De Natura Boni*）404 年（非早期作品）。（《论秩序》）

15. 《杜尔西提乌斯的八个问题》（*De octo Dulcitii quaestionibus*）425 年（非早期作品）。（《时间、恶与意志》）

本译作是国家社科基金重点项目“新柏拉图主义哲学经典集成及研究”（批准号 17AZX009）的中期成果。

译作中的不足之处，敬请读者批评指正，不胜感激！

石敏敏
浙江工商大学
2021 年 2 月